人と文化の探究⑮

柳宗悦と民藝の哲学

「美の思想家」の軌跡

大沢啓徳著

ミネルヴァ書房

はじめに

「民藝の哲学」を、柳宗悦《やなぎむねよし》の思想と生き方をとおして明らかにすることが本書の課題である。民藝を、いわゆる民藝品、たとえば郷土色のある素朴な伝統工藝品としてイメージしているひとにとっては、この「民藝の哲学」という主題は、奇妙なものに思われるかもしれない。しかし、民藝とは、一般的に理解されているような、たんに「もの」としての工藝品・民藝品を意味するだけではない。民藝は、私たち人間のあるべき存在の仕方に――大宇宙・大自然に抱かれて生きる人間の真理に――関わるものであり、その形而上学的な真理を形而下であるこの生活世界に実現しようという志である。あるいは、「もの」をとおして「もの」に生命を与える「心」、すなわち精神的な働きを把握しようとする企てである。柳は断言する――「工藝に形而上学を見出そうとするようなことは、夢とも思われているだろう。だが哲学をもたない歴史に力があろうか」(八―一二三四)。そうであるから、民藝について、あるいは人間が生きるということについて真摯に思うならば、「民藝の哲学」を避けることはできない。そして「民藝の哲学」とは、ひとえに柳宗悦の生涯を賭した思索と実践の結実なのである。

もちろん、「もの」としての具体的な民藝品の提示が、民藝運動の主導者としての柳の大きな功績であることに間違いない。柳は、盟友、河井寛次郎・浜田庄司とともに「民衆的工藝」略して「民藝」という術語を案出した。それは、無名の人々によってつくられてきた伝統的な手工藝品＝実用品がもつ美しさの「発見」であった。またそれは、一部の才能ある芸術家だけが美を生み出すことができるとするような、あるいは日常づかいの実用品は美とは無縁であるとするような、在来の美の見方に対する異議申し立てであり、一つの新しい美的範疇の創出であった。そして歴史的名著『工藝の道』（一九二八年）において民藝の立場を提唱した柳は、そのような美しい手工藝品＝実用品がまだ人々の日常生活のなかにあり安価で入手できた最後の時代に、全国津々浦々を旅して周り、後世に伝えるべき民藝品を蒐集し、それらを展示する場として「日本民藝館」を設立したのである。さらにこの民藝館を本拠地として、衰退の危機にあった全国各地の伝統的手工藝に新しい息吹を与えること、すなわち民藝運動を展開していったのである。

ここで特筆すべきは、柳自身は、決して具体的な制作を行う作家ではなかったということである。柳の妻・兼子《かねこ》は述べている。「どなたにとっても大事な仕事を、筆と頭とで先端を切ったのが柳の役目だったので、民藝の仕事そのものはそれら多くのお友達の力が重い役目を荷って居られました」[1]。柳は、あくまでも思想家として、民藝の精神的な意義を、民藝が人間の生の問題と一つであることを説いたのである。それが人々の心の琴線に響いた。たとえば自らも柳の「著作をむさぼり読んだ」という多々納弘光《たたのひろみつ》によれば、『工藝の道』によって触発され「人生を変えられた人は本当に多い」という[2]。

とはいうものの、言葉だけでは──観念的な思想だけでは、民藝運動は前進しなかっただろう。柳はただ言葉を弄するだけではなかった。柳において優れていたのは、その「眼の力」である。彼が選び出したもの、彼が指摘したところのものが、同時代の多くの作家たちを納得させ、魅了したのであった。親友バーナード・リーチが「柳の審美哲学は、浜田庄司と河井寛次郎の一貫した支持を獲て、〈無名の二人〉に寄せる信頼にその根を下ろしている」[3]と指摘するように、なにより河井・浜田という世界的に著名な二人の作陶家をはじめとした実際の作家たちの全面的な支持によって、柳の思想は広く承認されるに至ったのである。その河井は柳を「人に灯をともす人／人の灯明に灯をともす人」[4]と讃え、また柳の死に臨んで「道を歩かなかった人／歩いた後が道になる人／これが柳」[5]という言葉を献げている。あるいは浜田は次のように述べている。

柳は古いものも新しいものも、今までになかった角度から切り返して、特別の新しさで美しさを見せた。柳の見方に決して二番煎じはなかった。土も糸も木も金も、形の材料を持たずに眼だけで大した工藝を創作した。柳を知って四十余年、いつでも驚くのは、美しいものに対するこの柳の眼の力だった。物差しなしで直かに観た……物を作る自分達にとっては、いつも厳しい眼を想うことによって、どれほど仕事の間違いを少なくさせて貰ったか知れない。(6)

このように柳自身は作家ではなかったが、「眼の力」によってものの価値を新たに創り出す「創造的批評家」（浜田 二三二）であった。そしてその「眼の力」ひとつで、民藝という一つの美的範疇を創出し、豊かな教養に支えられた流麗な文章によって民藝を理論化し、一群の作家たちの心を掌握し、一連の民藝運動を主導し、工藝に携わる多くのひとの人生に決定的影響を与えたということは、もはやそれだけでも尋常なことではないだろう。

しかしながら、柳はその生涯において、ただ民藝だけを論じたのではない。哲学・思想家としての柳宗悦にとっては、民藝以前・以後がある。そして自ら創造していく一流の人間にふさわしく、それらすべては柳の人格に貫かれていて相互に浸透しており、決して個々に分解することのできないものである。民藝以前の柳の思想的遍歴が民藝との宿命的な邂逅をもたらし、民藝のなかで熟した思索すなわち民藝理論が、まさにそこから溢れ出るような仕方で、民藝以後の柳の思想を自明的に導いていく。そしてそのような思想的連続性のなかに同時に発展や純化があり、また柳自身の人間的成長を認めることができるのである。

そうであるから、民藝について、もしくは民藝以外の柳の諸々の言説について正しく知ろうとするならば、このような柳宗悦の全貌を把握しておく必要があるだろう。大略をいえば、心理学に期待し挫折した学生時代から、ウィリアム・ブレイク研究を経て、神秘思想に没頭した宗教哲学研究を踏まえなければ、民藝理論の真意は把握されず、同時に民藝理論に精通しなければ、すでに後の民藝理論の萌芽を懐胎していた柳の宗教哲学研究の独自性が明瞭にならない。また民藝理論がなければ晩年の仏教美学は生起することなく、同時に仏教美学を欠くならば民藝理論の宗教性が――それが美を媒介とした社会改革運動にとどまらず、美によってすべてひとの心の安寧を願うものであることが――閑却される。あるいは単純に柳の政治的言動――朝鮮問題に関する発言や沖縄方言論争――を論じる場合でも、ただ実際の出来事を指摘するだけではなく、それがどのような思想的背景から、あるいは柳のどのような性格――端的にいえば純粋な理想主義であり、その傾向は『白樺』や妻・兼子との関係に如実に反映されている――から生じたものであるかを踏まえておく必要はあるだろう。要するに、相互に浸透しあっている柳のさまざまな言説＝部分が、その思想全体のなかでいかなる位置を占めているかを確かめることが、それぞれの言説を理解するための不可欠な前提であると思われる。

このような立場から、本書では、柳の思索と実践の全体を示し、そこに漲っている精神を把握することを目的とする。その精神こそが「民藝の哲学」である。同時にその精神は、つねに美――たんなる装飾としての美ではなく人間の正しさと結びついた「健康の美」――を求めつづけたものであるから、本書の一連の叙述は、「〈美の思想家〉の軌跡」とも命名されるのである。

柳宗悦と民藝の哲学——「美の思想家」の軌跡　目次

はじめに

第Ⅰ部　民藝理論以前

第Ⅱ部　柳宗悦の民藝理論

【凡　例】

柳宗悦の著作は、『柳宗悦全集』（筑摩書房、一九八〇―一九九二）から引用し、巻数と頁のみを示す。ただし一部旧字・旧仮名遣いを改めた。引用文中における〈　〉は原文中の強調、〔　〕は筆者による補足的説明。また傍点は、断りのない限りは、筆者による強調。

第Ⅰ部　民藝理論以前

第Ⅰ部では、民藝理論が確立される前の柳宗悦の思想的発展について考察する。まず柳の基本的な性格を確認した後で、初期の思想形成（科学論・ブレイク研究・宗教哲学研究）、朝鮮・沖縄・アイヌとの関わり、コレクションの思想（木喰上人研究・蒐集の理念・日本民藝館の使命）について論じていきたい。この一連の考察をとおして、民藝理論の生まれてくる背景や柳の思考様式、あるいは人間としての柳の生き方・在り方の本質的な傾向を把握することが課題である。

第一章　理想主義的性格

ここでは『白樺』創刊と兼子との結婚生活をとおして柳の基本的な性格——純粋無私な理想主義——を描き出したい。『白樺』創刊においてすでにその傾向が明らかにされる。また兼子との結婚生活は、妻・兼子の視点による柳の生涯の叙述でもあり、在来の柳中心の評伝とは趣の異なるものである。

1　『白樺』創刊

思想家・文筆家としての柳の出発点は、学習院で学んでいた彼が仲間とともに、雑誌『白樺』を立ち上げたところにある。『白樺』は明治の終わりから大正時代——具体的にいえば日露戦争の後から関東大震災まで——にかけて、多くの若者に影響を与えた文芸運動である。その運動は、人道主義・理想主義を掲げ、個性を尊重し、人間としての生き方、あるいは愛し方を問うものであり、また文化・芸術に至上の価値を認めるものであった。ゴッホやセザンヌ、ロダンなど、西洋美術の紹介としての役割もはたした。このグループ、いわゆる白樺派の主要メンバーとなることで、有島武郎、武者小路実篤、志賀直哉、梅原龍三郎、高村光太郎、その友人だったバーナード・リーチといった、柳の財産ともいえる人間関係が形成されていく。また『白樺』が、柳にとっての自己表現の場となっていく。

このような白樺派は、それを立ち上げたのが学習院の華族の子弟であったということ(1)、そしてそのような物質的に恵まれた彼らが人道主義・理想主義を掲げたということで、それだけを見るならば、いいとこの「おぼっちゃん」たちの甘い青春の夢、というような評価も可能であるだろう。しかし、事情はもう少し複雑である。

というのも日露戦争に勝利した後、乃木希典《のぎまれすけ》将軍が学習院の院長に就任したことで、それまで穏やかで自由であった学校の教育方針が、質実剛健・規律的になっていった。また陸軍系の子弟、海軍系の子弟というように、生徒たちの間で派閥が形成され、そして彼らは勝利の余韻に浸り、その勝利がまるで自分たちの功績であるかのように振る舞うようになっていった。そのような集団化に向かう雰囲気の高まりのなかで、『白樺』は、そこに居心地の悪さを覚えた少数の学生たちによる、個と自由を護るための、ささやかな抵抗の場であったのである。(2) すでに『白樺』が刊行される以前、一九歳の柳は、次のような文章を書いている。

我が敵は外にあらず、彼らは、吾が胸中にあり、その戦野は吾が体なり……汝他人と残忍なる争をなすを止めよ。汝は先ず自己に向ひて戦を宣言せよ……国を愛し君を愛するとは外敵を滅ぼすことにのみあらざる也……「山中の賊を破るは易し、心中の賊に至って甚だ難き也……善の為の戦に於いて我らは高き位爵と美しき勲章とを得ざる可し、されど我らは真理を見、正義を得るならずや、こは之れ最高の賞与に非ずして何ぞ。

（一―一五九～一六五）

要するに「敵は我にあり」ということ、その我が内なる敵＝諸々の我欲を克服することこそが――世間的な地位や名誉とは無縁であるとしても――まことの愛と正義とを実現することだと訴えている。このような考えを公言していた柳が、学習院卒業にあたって文集に寄せた文章は、きわめて冷淡である。

少数の人を除いて大概の人からは、いやがられてこの学校を出る様になった……皆から好かれる様な善良な学生になっていたら自分は今よりもう少し堕落した人間になってたろう……自分はかく人から憎まれて、学生として孤独な生涯を送ったため幸いに少数の知己を得、読書に趣味を有し芸術や宗教や科学に尊敬の念を払い得るようになった……こういうことに注意を払うことが学校から好かれない原因であったのは明らかな事実である。

（一―一九五）

さらに卒業後、求めに応じて母校に寄せた文章は、内容が批判的すぎるということで改稿を余儀なくされる[3]。もとの文章は『白樺』に掲載されるが、そこで柳は、後輩のために、母校に次のように懇願している。

不幸にも私自身は周囲から圧迫と憎悪と非難とを受けてきました。しかし他の人々にはどうかかかる態度を再びとらないで下さい……学生の望むところはいつも簡明です。ただ自由な成長を許してほしいのです。干渉を望まないのです。干渉せられるならば同情ある態度がほしいのです。少なくとも心の生長を抑える様なことをしてほしくないのです。理解と指導とを望み得ない場合には、いつも沈黙と認許とを望みたいのです。愛が得られないならば自由が得たいのです。（一―三六七）

このような個の自覚という問題について考えるとき、私たちは、『白樺』ならびに白樺派の意義について、改めて注目する必要があると思われる[4]。後年、日本民藝館を天皇・皇后両陛下がご見学された際、「自分は学習院の出身だから皇室の方に対する礼儀は知っている」という柳は、近所の人たちが歓迎の列をつくろうとすることを拒んだという（実際には警備・報道陣も含め、かなりの人出があったという）。あくまでも民藝館を訪れた一人の客人を一人の主人として心から迎えるべきであるということ、すなわち人間関係は、権威・肩書きの一切に依らず、一個人と一個人とのつながりであるということが、柳の基本的な考え方であった。

しかしながら、人道主義・理想主義・芸術至上主義を標榜する白樺派には、その裏返しとして、精神貴族的・観念的・耽美的・自己陶酔的な側面があったことも否めない。理想と現実との間には距離があり、その距離を正しく認識したうえで、失敗を重ねながらもその間を少しずつ埋めていく努力をすることが私たちに必要な態度であるだろう。しかし彼らには、時として現実から遊離し、観念の世界だけで出来事を完結させてしまう傾向が、一言でいえば、美しい物語でまとめてしまう傾向が――多少なりとも――あったとはいえないだろうか。そしてその傾向が、『白樺』主要メンバーの一人である柳にも感じられるのである。

たとえば『白樺』に掲載された「妹の死」という文章がある。柳の妹が産褥熱で亡くなる、その死の間際の様子を克明に綴ったもので、まだ若い妹が死に臨んで夫に述べるこれまでの感謝とお詫び、まもなく母を失う子供たちにいい含める言葉などは、さすがに胸を打つものがある。その最後は次のような一節で閉じられている。

おお、悲しみよ、吾れらにふりかかりし淋しさよ、今にして私はその意味を解き得たのである。おお悲しみよ、汝がなかったら、こうも私は妹を想わないであろう。愛を想い、生命を想わないであろう。悲しみに於いて妹に逢い得るならば、せめて私に悲しみを傍ら近くに呼ぼう。悲しみこそは愛の絆である。おお、死の悲哀よ、汝よりより強く生命の愛を吾れに燃やすものが何処にあろう。悲しみのみが悲しみを慰めてくれる。淋しさのみが淋しさを癒やしてくれる。涙よ、尊き涙よ、吾れ御身に感謝す。吾れをして再び妹に逢わしむるものは御身の力である。（一―四四三）

ところで「妹の死」というのはきわめて個人的な出来事であるから、それを文章化し公表することに抵抗を感じるひともいるだろう。なぜならば、一人の兄にすぎない柳の言葉によって、そして柳の視点によって、その妹の生涯が確定されてしまう可能性があるから。もしかしたら言葉にされないところに、妹の実人生にとって、あるいはその夫や子供たちにとって、大事なものがあったのかもしれないから。それはともかく、「悲しみの涙に感謝したい」というような文章は、少し感傷的すぎるような気がするのは、筆者だけだろうか。

また柳は、三男・宗法《むねのり》を生後わずか三日で失っている。『神に就て』と題された書物は、この宗法の霊に捧げられている。

神に関するこの小さな本を、今神の御許にいる吾が子に贈る……お前のお母さんはお前を抱きしめて泣き悲しんだ。生前お前に子守唄すら聞かせて上げる折がなかったからといって、棺にお前を納める時、シューベルトの曲を書き写してお前の胸の中に入れておいた。私がその紙切れを開いて見た時、終わりの方に「之を神様に唄ってお頂きなさい」と記してあった。お前の二人の小さな兄さん達も同じ唄で幾年かの宵を過ごしてきたのだ……神様の膝の上で遊んでいておくれ。そこから遠くに離れてくれるな。そこよりも安全な場所はない。そうして私が私の仕事を終えて、お前の所に行く日が来るのを待っていてくれ。お前のお母さんも同じ様にいっている。

（三―一七一）

間違いなく美文である。しかし、これより柳が宗法のことを想いつづけた様子はない。また柳の死後、この文章が話題になったとき、「お前のお母さん」すなわち妻・兼子は一言、「きれい過ぎると思わない？」と述べたという。(5)

最後に、これは有名な逸話であるが、晩年、不眠症に苦しんでいた柳に兼子が「念仏を唱えたら」と勧めたところ、

「念仏なんて唱えたってしょうがないよっ」と叱られたという。『南無阿弥陀仏』という名著を残した柳ではあったが、本人自身は「念仏のなかに入りきれなかった」様子である（兼子六二六）。

このような事例が示しているように、自由闊達に美しい言葉を紡ぎ出すことのできた柳ではあったが、時としてその文章の勢いに、本人自身がついていけない場合があったようにも見受けられる。いいかえれば、柳は、自分の理想やイメージを言語化することに性急なあまり、実際の我が身を顧みることを失念することもあった。それは一般的にいえば、人間としてささやかな一つの欠点であるだろう。しかし徹底した自己反省を旨とする宗教家としては、きわめて重大な欠陥である――後に述べることを先取りするならば、柳が宗教哲学者としては大成しえなかった理由はここにあると筆者は見ている。しかし同時に、そのように時として我が身を顧みず、ただ一途に理想を追い求めることのできる人間であったからこそ、民藝運動のような、前人未踏の領野を切り開くことができたともいえるだろう。以下つづけて、そのような柳の生涯を振り返ることにする。

2　兼子との結婚

（1）「よき調和者」という理想と現実

『白樺』が縁となって、柳は中島兼子と出会い、結婚する。この兼子との結婚も、柳の生涯における主要な業績の一つであると筆者は考えている。というのも、兼子はきわめて非凡な女性であり、柳の人生も、そして民藝運動も、兼子の存在なしには語ることができないからである。実際に最晩年の兼子を訪ねて直接話を聞いている鶴見俊輔は、兼子を「人間の大きさを感じさせる希有の人」と評価している。[6]一言でいえば、理想主義者である柳の負の側面を一身に背負った――外面のいい柳の「爆発の引受所」となった[7]――のが、兼子であり、この兼子との関係において、柳宗悦という人物が、よりはっきりと見えてくる。そこでここでは、在来の柳を中心とした見方ではなく、兼子からの視点をとおして、柳の生涯について確認することにしたい(8)。

兼子は「日本の声楽の母」と称えられるアルト歌手であり、女性としてはじめての芸術院賞受賞者である。下町（本所）に生まれ育ち、体を丈夫にするのが目的で、子供の頃から長唄をならう。一五歳の時に声楽を志望し――声楽ならば男女の差別がないというのが志望理由の一つだったという（小池二二）――一六歳で東京音楽学校（今日の東京藝術大学）に入学。恩師ハンカ・ペッツォルド(9)のもとで大きく成長し、一八歳からステージに立ち始め、たちまち注目の若手歌手となり、新聞各紙に名前が出るようになる。いわゆる鹿鳴館を引き継いだ華族会館――そこでは出演者よりも客席の方が華やかな衣装だったと兼子は述懐している――から、当時の日本で最高の舞台であった帝国劇場まで、そしてオーケストラを伴奏にドイツ歌曲からイタリア・フランスのオペラまで歌っている。兼子によって本邦初演となった曲も少なくない。また日本でラジオ放送が開始された初日にはマイクの前に立ち、全国に歌声を届けている。あるいはレコードの吹き込みを行い、それは各地の女学校での音楽教育に用いられたという（松橋一四六）。後年、ある生徒に「先生の若いころはたいそう有名だったと聞きますが、どれくらい有名だったのですか」と質問されて、「今の美空ひばりくらいかしら」とさらりと答えている。筆者の印象では、兼子は誇張するようなことは一切できない性格であるから、まずそのとおりの人気ぶりであったと思われる。

このような兼子は、一八歳のとき、新聞紙上で『白樺』創刊を知る。そして彼女のドイツ語の教師が学習院出身者であったことから、彼を介して白樺派の同人と、そしてその一人、当時二一歳の柳と出会う。二人はすぐに恋に落ちる――働きかけたのは一応は柳であるが、相互に惹かれ合うものがあったという(10)。兼子は次のような短歌を某雑誌に投稿している――「川添の／柳の糸をかきあげて／堤に上がる／人なつかしき」。この「柳の糸……」の強調箇所は「掲載誌のまま」であるというから、兼子の思いの強さが感じられる。ある日、二人は、他の仲間とともに、戸田の河原（荒川）を散策した。そしてたまたま溝を飛び超えるのに難儀した兼子に柳が手を貸したとき、兼子の「体の中を電流が一瞬に通りぬけた」（松崎二九）という。この短歌は、そのときの兼子の実体験を書き留めたものであるだろう。一方、柳の方は、芸術家としての兼子を全力で支えていくことを誓っている。

〔今日の日本では〕女の方が音楽家として立とうとせられる時は先ず一面に於いて女の使命を棄てることを予想しなければなりません。もし女性としての天賦を全うしようとする時は、まず芸術家たるの希望を棄てねばなりません……貴方は女性としてこの世に来られた方です、しかし同時に、芸術家たる使命を抱いてこの世に来られた方です……自分の一生が、この両者に対するよき調和者たることに捧げられることが、自分の使命たることを感じているのです……どうか女性としての使命を私に於いて全うして下さい、同時に自分は、芸術家としての貴方の使命を全うすることに、出来得る限りの力を尽くす覚悟でいます。（兼子宛宗悦書簡／小池四六）

ただし当時は、男女の自由な交際は難しい時代であったから、きわめて控えめな仕方——同じ車両に乗り、言葉は交わすこともなく、お互いに見つめ合うような——で、二人は交際を深めていった。約三年半の後、念願が叶って二人が結婚したのは柳二五歳、兼子二二歳のときであった。その間、柳は数百通にのぼる恋文を兼子に送り届けている。長男・柳宗理《むねみち》は書いている。「私は母兼子が死に近づきつつある時、彼女が大事に蔵っていたその手紙を、初めて開いてみて、その驚くべき量と、その切々たる純粋の思慕に、息子ながらも、この世にかくも純粋な恋心があるものかとびっくりして息を弾ませた」[11]。それでは、お互いに理想を思い描くことのできた恋愛関係から結婚生活という現実に入った後の二人の関係は、どうであったか。

河井寛次郎夫人・河井つねは、遠慮がちに次のように書いている。

身内には厳しく、他人には優しくという気風は明治時代に育った人の特性かもしれません。私たちには、やさしくあたたかかった柳さんでしたが、御身内には、こちらがひやひやする位、お厳しくあられたようにお見うけしました。[12]

愛妻家であった河井寛次郎は「柳は俺たちの前で奥さんをどならなくてもいいじゃないか。それが気になってしょうがない」とたしなめたという（「兼子〔談〕「柳宗悦の人間像」回想三五九）。一時期、柳夫妻のところに窯を築いていたリーチは、いつでも「柳はどうしてる、また機嫌悪いか」と兼子を気に掛けていたという（兼子六一七）。柳の母すなわち姑の勝子でさえ、兼子に同情したという（小池一四二）。兼子はいう。「こんなにこわい人じゃないと思ってお嫁に行ったのに、ほんとにこわいひとでした」（兼子五二八）、あるいは「ほかの人に当たらないんですよ、私だけに当たるの」（兼子六三〇）――要するに柳は、結婚前は理想主義者として女性の自立を高らかに歌いながら、現実の夫婦関係においては封建主義的な男性、それも「癇癪もちの殿様」という性格で、家事育児のすべてを妻に委ね、自分に対する反論は認めず、すぐに機嫌を損ねる――その不機嫌さは「何処までも続く執念深いもの」（宗理三〇七）だった――ような人間であった。しかしまた「母兼子は大変気丈な強い女だった」（宗理二九九）というから、家庭には夫婦喧嘩が絶えなかったという。[13]そうしたなかで、兼子は、家事育児をこなし、絶えることのない柳の来客に食事を用意し――「母は大層料理がうまかったため、お客も食事をご馳走になるのが愉しみでやって来たようである」（宗理三〇二）[14]――、その合間の時間で、音楽をつづけたという。結婚後の一時期、声の調子が落ちたという批評を受けるが、それは宗理を身籠っていた時期であった。その頃の様子を兼子は次のように綴っている。

車井戸で水を汲み、井戸端でおむつを洗い、ランプを点けて風呂を焚く生活は不自由であった。赤ん坊をおぶいながら、お風呂の火を焚き付けながら、あーあーと発声練習をしたけれど、柳の関係でお客も多く、時間を削かれて歌の練習に回す時間は僅かなものであった。しかし歌いながらやっていると仕事がリズミカルに進むのであった。（小池六六）

ところで柳は、在学中に処女作『科学と人生』（一九一一年）を出版し、大学卒業後（すなわち結婚後）は、いわゆる在野の思想家として『白樺』を中心に文章を書いていく。最初二人は柳の母と同居し（新婚の兼子は二作目の『ヰリアム・ブレーク』の校正を任される）、その後すぐに我孫子に新居を構える。[15] 柳は、父の遺産で、十分に生活できる経済的余裕があった。ところがそれが長兄の事業に費やされ、また銀行が倒産するなど、経済的に苦しくなる。結局、兼子の演奏活動と個人レッスンの収入が、一家の生活を支えることになる。[16] そしてそれからの柳の活動のすべて——朝鮮での活動、木喰上人研究、アメリカでの生活費、京都の朝市での買い物、沖縄行き、全国を旅しての民藝蒐集等々、その資金のほとんどが、兼子の歌によって賄われることになる。「猿回しの猿」（回想三五五）であったと自嘲するように、次々に湧き上がる柳の理想を実現させるべく、兼子は、通常のコンサートのみならず、募金のための独唱会を重ねていく。最初は『白樺』のための「為白樺美術館設立・柳兼子独唱会」であった。[17] その後、柳が「朝鮮人を想ふ」という一文を公表し「三・一独立運動」弾圧に抗議したところから、夫婦連名で「朝鮮の人々に捧げる〈音楽会〉趣意書」を掲げ[18]、まず日本国内の演奏会で資金を調達し[19]、その後、朝鮮での音楽会を展開していく。[20] さらに柳が計画した「朝鮮民族美術館」のための「募金独唱会」もさかんに行われるようになる。結局、柳が親友・浅川巧《あさかわたくみ》の協力を得て実現させたその美術館の資金の大半は、兼子の歌によるものであったという。なるほど、ここまでは理解できなくもない。しかし「木喰上人遺跡調査資金募集音楽会」（一九二六年）になってくると、いかに柳が経済的に困窮し、兼子に無理をさせていたかがよくわかる。「私は柳の申されるままお猿のようになって動いておりました。

疲れるし、いやだなってこともありましたけれど、だけどそんなこと言ったら大変だから黙って」（回想三五六）。「木喰上人―音楽会」の組み合わせは、どうみても不釣り合いだろう。また柳の沖縄訪問に際しては、兼子は同行して音楽会を行い、その収益で柳は買い物をする。しかし柳が買い物をしているときには、兼子は台湾に移動し、そこでまた次のステージに立っている……。

関東大震災をきっかけに、柳一家は京都に移り住む。そこで柳は、河井寛次郎、浜田庄司とともに民藝品を求めて朝市を渉猟してまわるが、その後を兼子はついて歩く。柳が持ち帰った古布の山を洗濯するのはもちろん兼子の役目である。あるいは後述の「木喰仏」を求めて、柳と河井は寺巡りをする。そこにも兼子はついていく。そのときの思い出を河井は次のように述懐している。

木喰上人につかれてしまって方々へ木喰上人の木彫を探しに歩き回るんです。そして雪の降る日、丹波の古寺の羅漢堂を探しあてて木喰上人の仏体を七、八体も見つけ出したときの感激ったらなかったネ。等身大の重い仏体を縁側へ抱え出し、それをながめながら柳夫人手づくりのサンドウィッチを食べた。そのコンビーフのうまかったことが今も忘れられない。(21)

もちろん京都でも、兼子は音楽会や個人レッスン――すでに著名人であった兼子がレッスンをする様子は写真入りの新聞記事にもなっている――を行っていた。同志社大学で教えていたときには、日本で最初の男女混声合唱団を立ち上げ、指揮をしている（柳も同志社大学に呼ばれ、気鋭の学者と一流音楽家の夫婦ということで、学生の間でも注目されていたようである。夫婦で学生を引率し、朝鮮修学旅行も実現させている）。その兼子は、三六歳のとき、自分で貯めた資金でベルリンに向かう。柳は断固反対したが――反対の理由は子供の育児と家計費の問題（本音は後者にあるだろう、「情けない顔をしていた」という）――姉夫婦が後押しをしてくれたという。[22] 兼子にとっては年齢的にこれが海外に出る最後のチャンスであった。それは留学ではなく、一音楽家としての渡欧であった。「人前で歌を歌うからには、自分を本場に持っていって、どのくらいの値打があるのかと、自分の姿を振り返ってみるのが第一の主眼でした」（回想三五一）。しかしベルリンからの手紙には、機嫌を損ねている柳の対応に苦慮する兼子の複雑な胸中がうかがえる。

貴方が私に仰有った御言葉、誤解は今も尚心に暗く残って居ります。それは余りに貴方らしからぬ……貴方が仰有るべきことでないようなことをいわれた様に思われ、さみしく情けなく心に残って居ります……私は宗様の考えていらっしゃるよりももっとより深く貴方を恋しています……でも貴方はそれは単に私のエゴイズムだとしかおとりになりませんでした。（宗悦宛兼子書簡／松橋一五八）

与えられた期間は半年、「カネ・ヤナギ独唱会」が成功を収め、大きな舞台での演奏依頼がきたものの、柳から「帰国を促す手紙が矢のように届いた」ことによって――夫婦関係の危機を感じて[23]――志半ばで帰国せざるをえなかった。そしてナチスの台頭もあり[24]、再訪の機会は失われる。

兼子の帰国後、入れ替わるように柳は、ラングドン・ウォーナー博士（後に米軍による京都・奈良への空襲計画に文化的見地から反対する）にハーヴァード大学に招かれて渡米（一九二九年四月）。家計は厳しく、兼子は、個人レッスンや演奏会でやり繰りする。しかし翌年、兼子は急遽柳のところに向かう（一九三〇年二月）――一人アメリカを横断し、ボストン着。ボストンとケンブリッジでもささやかながら「カネ・ヤナギ独唱会」[25]を催す。四ヶ月後に柳と帰国（当初はロンドンに渡る予定であったが、手持ちの資金はすべて柳の文献蒐集に費やされ断念）。「アメリカでは少しも楽しいことがなかったわ、宗悦は冷たかったし……」と後に兼子は語ったという（松橋一九九）。

帰国後、演奏活動はより活発になる。新交響楽団（N響の前身、当時の日本の唯一のオーケストラ）でのソリスト（たとえば『第九』は六年連続で歌っている）をはじめとする正式なコンサートに加え、柳を支援するための「独唱会」を数多くこなす。柳は民藝蒐集で全国を行脚する。そして雑誌『工藝』――民藝運動の指導的役割を担う――の刊行を企てるが、資金不足に直面し、兼子に相談。兼子の「どうにかするから」という一言で、刊行を決意する（これを機会として、夫婦は関東大震災後からの京都での約一〇年の生活に終止符を打ち、東京に戻る。その移動は、柳の蒐集品によって貨物列車二十数両ほどになったという。柳は一足先に東京に移り住み、引っ越し作業はすべて兼子が行った）。

東京では、柳の母が自分の老後のために残していた最後のお金を使って、駒場に家を建てる。兼子は義母の隠居所、『工藝』編集室、柳の書斎など、家族が落ち着いて生活できる静かな家をイメージし、毎日、設計図を書いたという。ところが浜田庄司の見つけた栃木の民家の「長屋門」を柳が気に入り、それを移築することになる。兼子は「困ったもんだ」と思ったという（兼子五一四）。結局は、この「長屋門」が機縁となって、大原孫三郎[26]からの大きな寄付を受け、向かいの土地に「日本民藝館」が設立されることになる。そこで兼子は、数多くの来客の饗応、あるいは全国を旅して不在がちの柳に代わって、民藝館の事務を引き受けつつ、併行して演奏活動を行っている。

やがて戦争がはじまると、「音楽による国威高揚」というスローガンのもと、西洋音楽は禁止される。兼子は軍歌を歌わされることを拒み[27]、民藝館の庭で畑仕事と花づくりに精を出す[28]。やがて空襲がひどくなり、住民のほとんどが疎開したなかで、夫婦は民藝館と心中する覚悟で駒場にとどまる。民藝館の隣に焼夷弾が落ちたときには、兼子は懸命の消火活動を行った（柳は身支度に時間がかかり手伝えず）。戦後、GHQによる民藝館西館＝柳邸の接収が決定したが、たまたま民藝館を訪れたアメリカ人女性に兼子が「これまでのこと、進駐軍のやり方などを、女同士の気安さからいっさいをぶちまけた」ところ、その婦人――ベス・ブレイク（フェニックス美術研究所所長）――が即刻マッカーサーを説得し、その日のうちに接収は解除され、民藝館は無事継続される（柳は不在）。また兼子は、失意の天皇を慰めるための「御前演奏」（一九四六年二月）を依頼され、シューベルト——半年前までは歌うことが許されなかった——を歌っている。

その後、戦後復興と歩調を合わせるかのように、民藝運動も全国的に拡がり、「民藝運動の家元」としての柳の名声は高まっていく。還暦を記念して、柳は『美の法門』（一九四九年）を刊行するが、同時に「私有の土地家屋調度及び蔵品のすべてを、日本民藝館に寄贈する」ことを公表し、実行する。[29] また朝鮮から引き揚げてきた浅川母子（柳の親友だった故・浅川巧の後妻ならびに先妻の遺児）が住み込みで民藝館を手伝うことになり、次第に兼子は民藝館の仕事から手を引くようになる。

兼子は精力的に音楽活動を継続し、[30] 民藝館西館で個人レッスンを行うとともに、六二歳から国立《くにたち》音楽大学で教えるようになる（八〇歳で退職）。兼子六一歳の演奏を聴いたバーナード・リーチは次のように記している。ここは全文を引用したい。

> 三月一六日——夕方、柳の夫人である兼子さんのリサイタルにみんなで押しかけた。彼女は長い間、日本を代表するアルト歌手として認められている。昔は、彼女の声域や歌唱術には驚かされたものの、西洋音楽やその背後の精神を理解し表現する自由には至っていないように自分は感じていた。だから、率直にいえば、今や年をとられた彼女の歌に感動を期待してはいなかった。
>
> 会場は満員だった。シューマンの歌曲が歌われ、プログラムの三曲目が終わる頃には、私は自分の考えを変えた。そして公演の最後、マーラーと日本の作曲家・信時潔《のぶとききよし》の歌になって、私はずっと彼女に不当な評価を下していたことを、そして、今や彼女は円熟しかつバランスのとれた芸術家であることを感じた。音楽に対する姿勢だけではなく、彼女の一挙手一投足に、誠実さと威厳と偉大な慎み深さがある。（リーチ49／五二）

新婚の頃からの二人を知るリーチは、ずっと「兼子さん、歌やめちゃいけないよ、歌やめちゃいけないよ」と励ましつづけたというから、そのリサイタルはリーチにとってひとしお感慨深いものだったと思われる。またリーチは「柳、ピアノ買ってくれたか」とも尋ねつづけた――兼子は、ガタガタの「チェンバロみたいな音」しか出ないピアノを数十年使いつづけていて、新しく買うためにお金を貯めるも、貯まりそうになると柳がもっていってしまったという（兼子五八六）。[31]

兼子六九歳の年、柳が七二歳で死去。同年、兼子は紫綬褒章を受章。七三歳で、女性としてはじめて芸術院賞を受賞。しかし柳の死後、民藝館とは疎遠になり、柳の死から五年後、半ば追い出されるように――それは柳が私財をすべて民藝館に寄贈してしまったことに起因する――民藝館西館＝柳邸を去って、三鷹のマンションで一人暮らしを始める。[32]八二歳でレコーディングを行う。[33]八七歳で柳宗理の町田の家に住む。八八歳、ミラノに向かう柳宗理を送る会でシューベルトを独唱し、歌い納めとする。年譜（松橋編集）を見る限り、一八歳の初演からこの歌い納めの数年前まで、ほとんど休むことなく歌いつづけている。九一歳まで個人レッスンを行い、九二歳で死去。思い出深い民藝館西館＝旧柳邸に帰りたがったという。葬儀は日本民藝館で行われ、柳と同じ小平霊園に葬られた。

（2）柳の女性観

このように歌手として成功を収めた――ただし本人としては、あと少しドイツにとどまることができれば「もう少し認められる音楽家になっていたでしょうか」（回想三五二）と控えめである――兼子であり、また柳の理想を実現させるために奮闘した――それでも「柳は気難しかったわよ、私ではとっても務まりきれなかった」（小池二二五）と自らの非力を嘆いている――兼子ではあったが、先に触れたように、その夫婦生活は、短気でわがままで気難しい柳の故に、また兼子自身が温和しく命令に従うような女性ではなかったが故に、争いの絶えることのない、過酷なものであった。一つにはすでに見てきた厳しい経済事情があった。「柳はいいものだ、欲しいと思ったら、どうしても手に入れたいのね。『お前、ちょっと無いか』『ないそでは振れないわ』なんてやりとりはしょっちゅう。なんとかやりくりして渡しても、少しでも苦しみを口にしたら『恩にきせるな』としかられて」（松崎二〇七）。あるときには子供の通学の定期代の捻出をめぐって口論している。しかしながら、激しくなる喧嘩の最大の原因は、兼子の激しい嫉妬心にあったようである。

柳の女性関係は、その深浅は不明であるが、その時々に目を掛けた女性はいたようである。むしろ、才気ある若人を正しく育てたいと思うのは、自然の気持ちであるだろう。しかし少しでも他の女性に柳の目が向かうのが、兼子には許せなかったようである。我孫子時代に手伝いに入った女性は、「兼子さんの嫉妬から居たたまれなくなり、予定より短く柳家を去った」という（松橋一二一）。柳の後を追って渡米するときには、「宗悦をとり返しにアメリカに行く」と周囲に告げたという（松橋一九六）。当然のことながら、美しいものを愛する柳であるから、美しいひとを悦んだだろう。また家の外では基本的に親切な人間であったから、彼を慕う女性は少なからずいただろう。さらに柳はつねに全国を旅していたから、さまざまな出会いの可能性も十分にあったのかもしれない。[34] しかしもっとも兼子を苦しめ、その人生に暗い影を残したのは、先述の浅川母子の存在であった。浅川母子が民藝館に入ったことにより、そして柳の情がその二人に傾くにつれて（下町生まれの兼子に対し、母の浅川咲子は京都生まれの温和しく品のある女性であり、また女の子のいなかった柳は、娘のように園絵を可愛がったという。やがて園絵は民藝館執事としてすべてを取り仕切るようになる）、来客はすべて民藝館で浅川母子がもてなすことになる。[35] とくに柳が脳血栓で左半身麻痺になり（柳六七歳）、車いすの生活になってからは、絶えず兼子と衝突し、対照的に浅川母子の家庭的な優しい心配りを好むことになった。柳は朝食後、通りを隔てた向かいの民藝館に出勤、夕方に帰宅する生活になる。

こうした状況で、兼子が柳をなじること、あるいは浅川母子に直接苦言を呈することもあり、夫婦関係は完全にこじれてしまった。松橋桂子は書いている。「兼子は常にストレートに感情を表現して宗悦にぶつかって行く。それが兼子なりの愛し方なのだ。他人は過剰なジェラシーと言うだろう。確かに兼子はそれも強い。だが兼子にとって〈愛すること〉は信仰に等しい。だからこそ、それを失いかねない時には戦いを挑むのだ」（松橋二四二）。兼子の言動はすべて、柳がよい仕事ができることを第一に考えている。柳の仕事ために、経済的・家庭的な問題の一切を引き受けている。柳が迷っているときには背中を押し、あまりにも脱線しそうなときには思いとどまらせている。[36]「金を送れ」という連絡がくれば金を送り、あちらこちらに長期滞在して著述を行う柳のために荷造りをする。柳が自分の仕事をしている間に、引っ越し等の雑務をこなす。どれほどしんどくても、「宗悦が喜んでいるんだからいいと思ってね」（兼子五〇七）というのが兼子なのである。しかしその思いの強さ、自己犠牲の精神が、同時に強い嫉妬心となってしまったようである。

要するに、あの戸田の河原で彼女の「体の中を一瞬に通り抜けた」という電流――それが兼子にとってすべてであった。つねづね「私の歌を一番ほめてもらいたかったのは柳なの」（松橋二九七）と嘆いていたという。兼子の思いは、一生変わることはなかったのである。結婚前の、柳からのあの数百通の手紙は、ずっと大事に、鞄の底にしまわれていた。しかしそのような兼子の心情を思いやる柳ではなかった。だから兼子は、自分自身で、自分の歌で、解決するしかなかった――「悲しい時には悲しい歌を歌って、悲しい心を歌えばそれで済むんです」（兼子六二四）。

このような兼子を柳はどう思っていただろうか。柳は自分の内面を明かすことのない人間であるから、推測するしかない。小池静子は次のように分析している。

宗悦の兼子に対する気持ちは……憎悪の気持ちというものではなかった。負けず嫌いな性格や、長い間の感情のもつれから、兼子に対し感謝の気持ちをうまく表せなかったに過ぎなかった。照れ臭さからであった。明治の男

性の典型的な一面である。（小池一八八）[37]

しかしこの解釈は、柳にとって優しすぎるような気がする。兼子が芸術家として、同時にまた一人の女性として生きるための、「よき調和者」になりたいという、結婚前のあの言葉は何だったのか。もちろん最初はそう考えていただろう。しかし自分の仕事に没頭していくことで、およそ妻たるものは、すべてを犠牲にして自分に尽くすことが当然の義務であると思っていた様子である。[38]

そもそも柳の女性観には、おそらくは先述の理想主義ゆえの、偏りがある。たとえば柳は「浄き母マリア」という一文を識し、そこに「読者は多少私の女性に対する考えを読むであろう」（三—五）と書いている。そこで主張されているのは、すべての女性が神と結ばれるべきという要求、神の愛を受けるに値する女性であれとする要求である。

すべての女よ、神を愛せよ、恋人を神に有てよ。何人よりもよき恋人である彼の愛を受けよ。臆せず神の愛に深く浸れよ。彼の愛に浴するとき、すべての女は処女であることを意識するであろう。彼の愛に浄められる福祉を、心の底から受けよ。（三—二九）

しかしながら著しく宗教的な女性を除いて、普通の女性——「普通」という言葉は曖昧であるが、とりあえず兼子もそうであったように、恋愛をして結婚をして出産をしようと思う女性としておく——は、このような要求を一蹴するだろう。そもそも一般的にいえば、聖母マリアは、暴力や競争といった男性的原理が支配するこの世の中にあって、傷ついた孤独な魂を優しく抱擁してくれる「慈母」という意味で、人々の信仰を集めてきた存在である。[39]しかし柳のマリア論には、この「慈母」という観点はなく、ただ聖母マリアが神と結ばれ神の子イエスを産んだ存在であるというところから、すべての女性に神との関係を、神の愛を受けるにふさわしい女性であることを要求するのである。ここに、女性に対して、そのありのままの姿を受け容れそして愛するのではなく、より観念的なものを期待してしまう柳の傾向――すなわち理想主義の負の側面――が感じられるのである。

(3) 結婚生活がもたらしたもの

だが、ここで柳の人間性を批判することは、筆者の意図するところではない。夫婦喧嘩が絶えなかったにしても、結局は夫婦だったのである。美を追い求める人間が心ならずも家庭を破壊し、孤独に迷い、酒色に溺れる例が多々あるなかで、柳は家庭を形成していた。大事なことは、いかなる場合でも、柳は必ず家に帰っていたということである。柳自ら書いている――「器を愛する者は家に帰ることを好む。器はよき家庭を結ぶ」(八―七九)。そして河井寛次郎夫人が述べていたように、柳は、外に対しては「やさしくあたたかかった」。なるほど柳は――とくにものを見る眼に関しては――自分に絶対の自信をもっていた。だから雑誌『工藝』の編集にしても民藝館の陳列にしても、自分の意を押し通すことはあった。けれども、本来的には、柳は心の深い、思いやりのある人間だった。だから白樺時代の友人も、民藝関係の友人も含め、多くの友人たちは、最後まで彼から離れることはなかった。[40]

とくに柳は、職人たち、自らの手できちんとしたものをつくり出す人たちに対しては、敬意をもって接し、上から見下ろすようなことは決してなかったという。[41] 反対に、実力なく威張る人間を軽蔑した。リーチは、自作の鑑定を求めてきた画家に対して、「柳はその人間とその作品とをしっかりと批評した……それは遠慮のない批評であったが、素直に受け入れられた」(リーチ155／二二〇)と書いているが、そこにも柳の誠実な姿勢がうかがえる。多々納によれば、旅費などを出したことは一度もなく、柳はいつでも自費で窯場を訪ねてきたと、また手紙にはかならず丁寧な返信を書いてきたという(多々納六四)。工藝についてあちらこちらで多くの助言を与えているが、それに対して謝礼を受け取るようなことは――その発想すら――まったくなかった。自分が与えることができるのはあくまでも「助言」であって、指導という言葉は好まなかった。柳に朝鮮工藝美の世界を示し、朝鮮での活動を支えた親友・浅川巧の死に寄せた「浅川のこと」は、ほんとうに心のこもった文章であるし、浅川の写真を最期まで書斎に飾っていた。その写真の人物について尋ねられると、「僕が心を許した親友だ。ただ若い頃に亡くなってしまってね、だけど何かあると語りかけるんだ」と答えたという。[42] 紹介文では、その人物や作品の長所を伝えるべく配慮している。有名になる前の棟方志功のために、自分では資金援助ができないかわりに、彼の版板を売り歩いて、お金をつくっている（一四―三四三）。浜田がヨーロッパで陶技実演をした際には、その足下で汗だくになりながら轆轤《ろくろ》を回したという。そして筆者としては、こちらの方がやはりほんとうの柳だと思うのである。[43]

結局は、二人の相性の問題だったのだろう。柳の疳に障るような何かが兼子にはあったのかもしれない。兼子とは正反対のタイプの女性であったなら、むしろ柳は優しく世話をしたのかもしれない。ただしそのような女性とともにいて、はたして柳が仕事を大成させることができたかどうかは疑問である。兼子のような強いエネルギーの持ち主であればこそ、また柳のエネルギーを最大限に引き出しえたのだとはいえないだろうか。

柳は、なるほど兼子の歌を利用して、活動資金を得てきた。しかし、それは決して自分の享楽のためのお金ではない。後述する朝鮮民族美術館であれ、木喰上人の調査であれ、民藝蒐集であれ、それが重要なことだから、どうしても活動しないわけにはいかなかった、もてるもののすべてを注ぎ込まなければならなかったのである。そして兼子のお金は、誰にも束縛されることもなく誰にも媚びる必要のない、純粋に目的のために使えるお金であった。その意味で、柳はつねに「無私」であり、ほんとうの理想主義者だった。かつて『陶磁器の美』（一九二二年）のなかで柳は書いていた――「読者はかつて陶工の伝記を読んだことがあるだろうか。真に美に奉仕する一生の実例をしばしばそこに読むことができる。試練に試練を重ね、幾度か失敗し幾度か勇気を起し、家庭を忘れ私財を尽し、真に仕事に一身を没入した彼らを、私は忘れることができない」（一二一―六）。結局、柳の人生――「真に美に奉仕する一生」――もこれと同じようなものであった。お金を出させておいて「恩に着せるな」とはひどい言葉であるが、いちいち恩に着ていたら身動きがとれなくなってしまっただろう。そしてそのようなひたすら理想を求め、仕事に打ち込む柳だったからこそ、兼子も、一生懸命にその資金を工面したのだろう。(44)音大で指導する兼子は、とくに男子学生に力を入れて指導したという。なぜならば「男の人の仕事へののめり込み方は、柳の仕事振りを見ても、女には出来ない闘志をもっている」（松橋三二〇）から。最晩年の柳との関係はとくに厳しかった。柳宗理は述べている。「しかし母は最後まで辛抱した。そして父が亡くなった時、さぞかしほっとしたに違いない」（宗理三〇五）。その一番の原因は、理想主義者である柳が、年齢的なこともありまた病気（左半身麻痺）の影響もあり、もはや以前のように理想を抱けなくなってしまったことにあると思う――「柳はこの頃駄目になってきた」（松橋二八五）と周囲に洩らすこともあったという。(45)しかしそれでも、その生涯をともに歩んできた兼子にとっては、柳は、ほんとうに仕事をしてきた人間であった。「亭主の好きな赤烏帽子」（兼子五〇〇）という言葉を兼子は使っている。河井や浜田と京都の朝市を渉猟する柳の後をついて歩いたのは、あるいは木喰仏を求めてともに雪道を歩いたのは、また彼女自身の喜びでもあっただろう。柳とともに生き、そして柳をとおして開かれた世界――それは民藝の美の世界でもあるし、また柳のよき友人たちとの交際でもある(46)――に触れえたことは、歌の世界だけでは学び取ることのできない多くのものを彼女の人生に与えたと思われる。(47)

　そしてこのことは、音楽家としての兼子の考え方によく反映されている。兼子の歌唱法は、名人芸的《ヴィルトゥオーソ》な演奏法で、歌詞の内容をよく吟味し、共感し、その情景を自らの内面に描き出して、「歌の心を伝える」ことをめざしたものであった。そのため戦後、主観性を排除した、譜面に忠実な歌い方が主流になると、「柳兼子は古い」という批判も出てきたという。しかし兼子にとって、ただ譜面に正確であるとか、音域が広いとか、声量があるとか、そうしたことは音楽の本質ではない。大事なことは、なによりも心である――「もし私の歌に感心して下さる方があったらね、それは私の歌の技術でもなければ何でもない。それは私の心がその方に通じたと思うわね」（松橋二七七）。また、芸術家には「謙遜という気持ち」が不可欠であると、すなわち何歳になっても、たとえ自分が先輩であっても、他のひとの歌を聴いて、学んでいく謙虚さが必要であると諭している。あるいは「媚びる歌を歌うな」（松橋二八〇）とくり返し戒めたという。歌が十分にできていないのにドレスを着飾ってくるような女生徒たちは、ひどく叱られたという。そして学生たちが試験のためにそつなく曲をまとめることのないように注意し、成功を急がないで広くものを見ることを、多少のミスは気にせず伸び伸び歌うことの大切さを説いたという（松橋三二一）。こうした考え方には、後述の民藝の精神――謙虚な心で、作意なきところから生まれる「健康の美」の理念――と相通じるものがある。そして、柳とともに歩んできた、その人生の足跡を感じ取ることができるのである。

以上で兼子についての叙述を終えることにする。もしかしたら兼子について長く書きすぎたかもしれない。しかしこれまでの柳を中心に書かれた評伝の多くが、どうしても柳を美化する傾向にあったことは否めない。兼子を通すことで、生粋の白樺派であり理想主義者である柳の姿が、その長所・短所を含め、顕わになってくる。そして、そうした短所をも併せもった一個の人間としての柳を知ることで、はじめて柳の思想全体を動かしている力を把握することができるのではないだろうか。人間である限り、人間としての欠点はある、しかしその欠点を上回るものがあるかどうか――そこが問われるのである[48]。

第二章　初期の思想形成

ここで再び白樺時代の柳に戻り、初期の柳宗悦の思想形成について考察する。それは心理学に依拠した科学論にはじまり、ブレイク研究を経て、宗教哲学研究に至る一連の流れであり、柳の精神的な成長の軌跡でもある。以下、順に考察していきたい。

1　科学論

（1）心霊現象への傾倒

学習院卒業後、柳は東京帝国大学哲学科（心理学）に進む（一九一〇年・二一歳）。その頃の柳の関心事は「心霊現象」であり、彼なりの答えを求めての進路選択だった。(1) 今日では、厳密な学問として「心霊現象」――精神感応（テレパシー）や透視、自動記述（その場に不在の第三者の意志に従う仕方で忘我状態でなされる記述）など――が扱われることはないだろう。しかし一九世紀から二〇世紀への転換期は、世界的に「心霊現象」が注目を集めた時期であり、(2) また日本でも「千里眼事件」(3) が社会現象になるなど、学問として「心霊現象」を扱う余地はあった。青春時代の柳は、こうした世の中の雰囲気に刺激を受けていたものと思われる。

柳は在学中、二二歳にして処女作『科学と人生』を刊行する。(4) そこで柳は、生物を対象とするものを第一の科学、物質を対象とするものを第二の科学とした上で、「心霊とは何ぞや」の問題に解答を下すものを第三の科学――「新しき〔い〕科学」――であると定義する。そこには科学に対する期待が溢れている。

> 宗教と道徳の権威が地に墜ちたる今日、思想に飢えたる吾等にとりて大なる力を有するものは科学である。若し吾等理知の文明に育ちたる民に再び人生の神秘を明らかに語り得るものがあるならば、そは古き信仰に非ずして新しき科学である。げに反抗を以て起ちたる過去の科学は、自己の天職を忘れつつ人生が凡ての不可思議なる事実をただ迷信なりとして笑い去った、然し科学が発展とは即ち宇宙の神秘が開発を意味するものである、ここに於て科学は単なる科学ではない、彼が関わる所は哲学、宗教と同一のものである、而して恐らくは将来に於て人の信仰の基礎を形造るものはかかる科学であろう、宇宙が一糸乱れざる法則の内に調和しつつある事を吾人に確信せしむるものは、今や独断的なる信条にあらずして、そは明かに科学では在るまいか……。（一―八）

整理するならば――近代人としての理知をもった私たちは、もはや既成の宗教や道徳を素直に受け容れ信じることはできない。かつての信仰に代わるのは、客観的な仕方で、すなわち私たちの理知を満足させる仕方で、「人生の神秘」を説明する科学でなければならない。しかしこれまでの科学は、「不可思議なる事実」である神秘を否定し、それらを迷信扱いしてきた。だが、科学の本来の責務とは、宗教・道徳に代わるものとして、まさに不可思議な「人生の神秘」あるいは「宇宙の神秘」を明らかにすることでなければならない。それは「単なる科学」ではなく、哲学と宗教と一つであるような「新しい科学」として誕生しなければならない。「宇宙が一糸乱れざる法則の内に調和しつつある事」――この法則とは、いわゆる科学法則を含む、しかしそれ以上の法則、すなわち宇宙全体を貫く心霊的な法則を意味する。「新しい科学」としての第三の科学は、このような法則の把握を目的とするものである。

もちろん、このような第三の科学が、ただちに成立するとは柳は考えてはいない。それは将来の課題である。「新しき科学が今なし得るものはむしろ緒論である、組織的な人生観を得るは将来のこの科学が使命に譲らねばならぬ」（一―五三）。柳によれば、現段階においては、第三の科学の領域の可能性、すなわち従来の科学が否定してきた神秘・心霊の領域を確保しておくことが課題である。それはいいかえれば、肉体から離れてもなお魂が残存しうるかということを、より宗教的にいえば、魂の不死や来世の存在の可能性を問うことである。

それらの可能性を実証するものとして、柳は、多くの心霊現象の事例を並べていく――精神感応、自動記述、心霊写真、幽霊屋敷など。ただし「事例は読者を倦ませる」かもしれないとして適当に切り上げ、ただ次の一点を強調する。それは「ベートーヴェンが残したものは記号であるが、巧みな弾奏者によって我々を涙させる」「丹青の色に染められた画布は、心ある人の眼にとっては、原作者の心の活ける事を味識させる」「涙ながらに書かれた詩人の歌は、心ある人にとって同じ涙を流させる」等々というような出来事――本書においてくり返し指摘することであるが、このように「形」（ここでは芸術作品）との関係で「心」が論じられるのが柳の思索の特徴である――が現実に起きているという事実である（一―五二）。そしてそのような事実から、柳は次のような結論を導く。

〔そのような事実は〕吾人の精神が強く動くとき、何者かに作用するべき永えの力を持っていることを示すものではないか。吾等が心霊の働きが烈しき時、死を越えてなお働くことは考えらるべきことである。殺戮、横死の際における吾人が怨恨の熱情は長く留まるべき力を有してはいまいか、吾等が肉体の生涯を終ゆる時感慨に溢れたるその情緒は、消えんにはあまりに強きものではないか……。（一―五二）

あるいは、天才と狂者がほとんど紙一重であることを柳は指摘する。まず一般人についてては次のようにいわれる。

「吾人がノーマルの状態とは、即ち注意力が各種の方面に配分せられつつあることを意味する」（一―二九）。それに対し、天才あるいは狂者においては、一般人においては適切に配分されているその注意力がある一点にだけ特化し、そのことによって「驚嘆すべき異常なる心理作用」が引き起こされる。そしてその注意力の偏りが、社会的・日常的生活において諸々の支障を及ぼすことになる。「天才のかかる多くの奇異なる習癖は、即ち彼等が変態的生理状態に在ることを示している。彼らが現実界に於て嘗めたる悲惨な運命は、彼等が狂者にして凡人ならざりしが故である」（一―三一）。しかしながら歴史を顧みるならば、この世の偉大な出来事は、狂気と紙一重であるような彼ら天才の創造である。「世はかかる狂者に負うところ多きを謝さねばならぬ、吾人の誇れる文化とはほとんど彼等狂者の賜物ではないか……然り凡人とは狂者に縁遠き人間の総称である」（一―三一）。このように我々一般人が拘束されていることの世界の秩序――物質的なものに支配される次元――から離れたところに生きる天才、すなわち「常に啓示の衝動によって活ける」（一―二九）ような天才が、我々のために大きな働きをなしてきたという事実は、心霊界が人間にとって真実であることの証であると柳は主張するのである。(5)

こうした洞察を踏まえた後で、「恐らくは物質的世界は絶対なものではない」というウィリアム・ジェームズの言葉を柳は引用する。要するに心霊現象とは「時間及空間の観念を全然超越せること」である。私たちのこの日常世界――物質的なものと関わる――は、時間・空間の制約を受けている。しかしその制約を超えたところに、さまざまな心霊現象を可能にさせている心霊の領域が拡がっている。(6) なるほど今日の私たちは、私たちの意識態度・思考様式に多大な影響を与えている在来の科学――時間・空間という条件のもとで因果律を適用する――の故に、そのような領域をまったく認めようとはしない。しかしながら、もはや「物質界を唯一絶対と思惟せる見解は全然誤謬といわねばならぬ」（一―五七）。そして柳は、原子物理学が「一切の物質を構成せる電子とは、既に物質にあらずして運動せるエーテルの波である」という結論（相補性の原理）に達していることを指摘する――「真の意味に於て、物質なるものが世界に存在せずとは最近の物理学が吾人に提供し得る最終の結論である」（一―五九）。つまり、最終的には、物質的世界は心霊的世界に還元される。そしてその心霊的世界を導いているのは「宇宙の霊的意志」であると柳は説くのである。

自然界に於ける法則とは、要するに宇宙の意志そのものに外ならぬ、かの微細な原子にもかかる意志は現れている、かの宏大なる星の運行にもかかる意志は流れている、一切のものは宇宙が心霊の影像である……この世界とは要するに宇宙の霊的意志の表現に外ならぬ。ここに於て自分には万有神論が最も深き意義を有しているように思われる……。（一―六二）

ここに至って、魂の不死も来世の意味も明らかになる。私という身体をとおして宇宙はその意志を表現してきた。そして身体がその役目を終えたことが、この世界における物質としての私の死である。しかしそれはあくまでも身体の死であって魂の死ではない。「吾等は死によって宇宙の本体に復帰する、そこには時間なく空間なく唯永劫の安住がある」（一―六二）。それが魂の不死であり来世の真義にほかならない。

伝統的には、このような宇宙的なレベルでの意志、すなわち神的な意志としてのこの宇宙の法則に関わるものが、宗教であり哲学であった。そして物理学がその一端を示したように、第三の新しい科学もまた、この法則に関わることを柳は主張する。宗教と哲学がかつてのような指導力を発揮しえない時代においては、まさにこの第三の科学こそが私たちを導くことになると柳は考えるのである。

ここで扱われているのは、今日でも議論されるべき問題である。[7]さまざまな批判は可能であろう。たとえば時間・空間を超えた領域、すなわち因果律（原因―結果関係）の妥当しない領域に対して、そもそも「科学」という言葉を適用することができるのか。あるいは、一個の魂の不死がどのようにして「宇宙の本体に復帰する」のかも定かではない。柳が述べていたように「怨恨の熱情」が魂の死後存続の原因となるならば、どうしてそれが「永劫の安住」に至るのかが不明である……。しかし、今はそうした疑念は保留にしておく。注目すべきは――一般的に処女作がそうであるといわれているように――柳にとって生涯をとおして基軸となる考え方が、すでにこの段階で、明確に提示されていることである。(8)それは、一言でいえば「万有神論」、すなわち「この世界は宇宙の霊的意志の表現」であり、この世界に存在するすべてのものが、この意志によって貫かれているという考え方である。要するに、宇宙的であり神的な意志としての心霊的な法則――科学的な法則を包含しつつそれ以上であるもの――が、私たちに先立ってすでに現前しているということ、そして人間も含めたこの世界のすべてのものは、この法則に従うときに正しく、健やかで、安住することができるという世界観である。それが「宇宙の本体への復帰」であり、後々まで柳が好んで用いつづける表現でいえば「帰趣」である。以下に述べるブレイク、宗教哲学、民藝理論、仏教美学と、つねに柳の思索の根底にあるのは、この世界観なのである。

(2)「健康」の問題

ところで『科学と人生』は二部構成になっており、これまで述べたところが第一部「新しき科学」である。第二部は「メチニコフの科学的世界観」という小論になっている。メチニコフはロシア人でフランスのパストゥール研究所で活動した細菌学者、柳によれば「科学的立脚地から人類が古くより悩んだ老病死の問題を解釈してこの人生に大なる希望を与え、積極的楽天主義の福音を宣伝した」(一―六四)人物である。「メチニコフの科学的世界観」は、その著述の要約である。

しかし、この文章は柳においてさほど重要なものではないと思われる。あくまでも紹介であり、さらに柳自ら振り返って「校正のときにあまりに下手な紹介なのに失望してろくに直す勇気が出ませんでした」（一―一四七）と告白しているほどである。またこれ以降、柳がメチニコフについて発言することもない。ただし、この文章のなかに登場する「順生涯」という言葉に言及しておく必要がある。「順生涯」とは「人生に存する多くの不調和を除いてかく完全な天寿を完うする」ことで「眠るが如き自然死」（一―一二一）を目的とするものであり、「この順生涯を終ゆる時人は人生の真の幸福を味わい得る」（一―一二六）、そして「順生涯を送る時、人は死に至るまで健全なる肉体と精神とを保持する」（一―一四〇）云々、というものである。鶴見俊輔は、この「順生涯」という概念に注目し、後の柳の民藝理論における「健康（あるいは健全）」概念は、ここから着想を得たものと説明している。(9) そして阿満利麿《あまとしまろ》をはじめとする多くの柳論も、その見解を継承しているようである。たしかに、ここは柳の論考において最初に「健康」が話題になる箇所である。しかしながら、筆者の見るところでは、ここで言及されている「順生涯」と、後の柳が明確な自覚をもって提示する「健康」概念とは、まず無関係であるように思われる。「順生涯」で述べられている内容は、たんに一生物としての人間が安らかに死を迎えるための処方箋の提示にすぎない。それはいいかえれば、身体が壮健で心穏やかな老後を迎えて苦しまずに死ぬことができればよいというような発想、要するに「積極的楽天主義」にとどまるものである。しかしそれでは、病気で苦しみながら生きている人は順生涯ではないから不健康だということになってしまうだろう。だが後に見るように、民藝理論における「健康」は、決してそのようなものではないし、またそのようなものであってはならない――先取りするならば、筆者は、前半部で提示されたこと、すなわち宇宙的であり神的な意志としての法則に適っていること、それが柳の意図する「健康」であると考えている。たとえば柳は、全身麻痺の患者が書いた著作に次のような紹介文を寄せている。「私はこの本が多くの方々に読まれることを望む……書かれている文章や思想に病的な箇所は一つも見出せない。どうしてそれが可能になったかは奇跡に近い」（一四―五三四）。この著者は、全身麻痺で苦しみながらもその精神は著しく健康であったのである。あるいは柳は、『キリアム・ブレーク』において、ひとは「〔ブレイクの〕奇癖の為にその思想その藝術をさけている。しかしすべての健全性と真摯性とによって、彼の雄大な姿は人類の未来に立っている」（四―三〇〇）と書いている。身体的な障碍や、一般的・社会的な意味における奇癖は問題ではない。精神が健全であり、同時に真摯である――そこに本来的な正しさがあることが重要なのである。そしてこのような精神における本来的な正しさという意味での健康性、それが柳の意図する民藝理論における健康性であると筆者は解釈する。要するに、心霊的であり神的である宇宙の意志に照らして、人間としてのあるべき在り方、あるいはものとしてのあるべき在り方が保たれているか否か、すなわち精神的な意味で宇宙の法則に適っているか否か、それが柳において健康と不健康＝病的とを見極める基準なのである。

（3）　心理学研究のその後

ところで、この「新しい科学」の試みが、これ以上に推し進められることはない。『科学と人生』刊行から二年後、柳は、「心理学は純粋科学たり得るや」という卒業論文を書いて大学を卒業する（一九一三年七月）。そしてほぼ同時期に書かれた「哲学におけるテムペラメント」（一九一三年一一月、後に『宗教とその真理』に所収）という小論――この小論を柳は「余の思想の出発」と位置づけている[10]――において、柳は自らの進む方向を大きく転換する。

> 人々は漸く哲学を離れ科学に一切の説明を求めようとあせっている。そうして今は科学に対する信頼の時代に還っている。しかし是等の訴えは果して正しいものであろうか……〔自分は〕哲学の価値に新しい光明を見出したいと思う。（二―二一〇）

このように述べて、柳は、ほんの数年前まで希望を抱いていたはずの「新しい科学」の試みを早々に放棄し、哲学の道を進む決意を表明する。そこで彼が哲学に期待するのは、科学が要請する理知や論理的正確性ではなく、それらを超えていく情動である。

> 哲学的内容は遂にその思考の論理的内容と同一ではない。吾々の精神的要求が論理の円周を破り出ようとする憧憬は、人々が思念しているよりも幽遠な根底を持っている。吾々本然の要求は遂に純知的の領域に帰趣の地を見出すことは出来ないでいる。（二―二一二）

このような「論理の円周を破り出ようとする憧憬」、すなわち論理に収まらず論理から溢れ出るような情動を、柳は「テムペラメント」と呼ぶ。一流の哲学者を動かしているのは知的に構築された静的な論理ではなく、彼らの心の根底にあるこの動的なテムペラメントである。冷静にして客観的な外見を呈している哲学的体系の背後には、その哲学者の情熱あるいは衝動が潜んでいるのである。このように哲学を理解する柳にとっては、哲学は芸術に等しいものになる――「哲学は一面においてそれ自身芸術的所産であると自分は考えている」、あるいは「哲学者は自ら芸術的心情に活きている」（二―二三〇）。そして「芸術的心情に活きる」とは、リズムがあって躍動しているということ、「動律的」であるということである。[11]

> 偉大な作品はすべて必然的であり直感《ママ》的であり動律的である。彼等は内心の要求の命ずるがままに、さながら流水の自然なるが如くに創造する。彼等はいつもリズミカルである。テムペラメントの流動と共に流動する。
>
> （二―二二九）

このように芸術的である哲学の目的は、自らのうちなるテムペラメントに導かれ、個性を発揮することである。哲学は一般のための哲学ではない、客観的抽象的一般的究竟の真理を吾々に与えようとするのが哲学本来の任務ではない。哲学は個性の為に存在する哲学である。彼〔そのような哲学〕は個性の内容を拡大し、充実し、実現するが為の哲学である。（二一—二三二）

吾々は無限の欲望を抱いて、動かし難い個性に基づくテムペラメントに自分の哲学を建設しなければならない。自己を離れて哲学に生命はない、権威はない。真理はいつも自己の経験にある。哲学は畢竟個性の深い直接経験の学である。（二一—二三三）

かくして『科学と人生』において期待されていた「第三の新しい科学」に対する柳の希望は完全に、あっさりと消失する。かつては「理知的」である科学こそが、哲学や宗教に代わるものだと主張されていた。しかし今では「純知的の領域に帰趣の地を見出すことは出来ない」とされ、「理知的」ではない哲学——論理的妥当性を超出する情動が讃えられるようになる。要するに、万人にとっての客観性を求める科学的態度ではなく、個性の発揮をめざす芸術的態度が要請されるようになる。ところでこの場合の個性の発揮とは、単純に「それが自分の個性なのだから好きにやって構わない」という意味ではない。それは「個性の深い直接経験」から生まれ来るもの——たんなる個性を突き抜けて宇宙の霊的な法則と一つになり、その法則から力を汲み取るような、すなわち個性を超えたものによって充実されるような個性を意味する。[12]

このような意識変化が生じた理由として、大学での学問に柳が馴染めなかったことが考えられよう。たとえば卒業時の日記には次のように記されている。

今丁度試験が終った処。もう二度と大学へは足を入れたくない気がしている。Academy of Academy とは永遠の縁が切りたい。(13)

ここで柳は、Academy of Academy（学問の学問）――アカデミズムの世界における「研究のための研究」からの訣別を宣言している。なるほど『白樺』同人であった柳にとって、「学問」という形式が息詰まるものであったのは想像に難くない。文学・芸術を愛好し、すでに自分の文体を確立していた柳――先に指摘したように時としてそれが自意識過剰になる傾向はあったにせよ――が、「学問」の世界で要求される即物的な文章――よくいえば客観的であり、悪くいえば無味乾燥である――に馴染めたとは到底思えない。(14) とくに「科学」であろうとするならば、より一層の客観性が求められたはずである。そもそも学習院時代から（一般的な意味での）個性の尊重を訴えていた柳が、多少なりとも封建的な雰囲気の漂うアカデミズムのなかに自分の居場所を見出しえたとは考えにくい。

しかし、それらは表面的な理由であるだろう。いちばんの理由は、自分がほんとうに求めているものが科学としての心理学にはない、ということに柳が気づいたことである。後に柳は自らの卒業論文について、次のように振り返っている。

〔その頃は〕実験心理学が重要なものでありました。つまり心の現象を科学的に研究する方法であります。しかし科学的実験は、要するに心を数的に割り切れる世界に導いてその負担を摑もうというのでありますが、果たしてかく割り切った数で心の真面目が理解出来るか、私はその方法に懐疑的とならざるを得ませんでした。そのころはまたベルグソンの哲学が読まれた時期で、私はヴント〔実験心理学的な哲学〕などよりベルグソンの方にずっと心をひかれ、科学として考えられる心理学に批判的となりました。つまり心理学が主として人間の心を対象とする限り、これを科学的に考究するだけでは駄目なのを感じ出しました。言葉を換えれば心理学は科学に余るものであり、科学としての心理学は、非常に限られた不十分な学問だと考えるに至ったのです……〔卒業論文では〕もし実験が科学の主要な方法なら、実験では〈心〉の当体は分からぬと考え、心理学が科学とは成れず、科学に心理学があるべきではないと論じたのです。心理学は立派な一つの科学なのだとむしろ自慢している先輩に、私は否定的論文を提出したのですから、こんな論文が受領されるかどうかも危ぶまれましたが、ともかく書き上げて出しました……ところが科学としての心理学に失望した私は、何とか〈心〉の問題を究めることは出来ぬかと考え、ついに宗教哲学を志すようになったのです。（二二上―二三五）

今は「科学」としての心理学の限界――「心を数的に割り切れる世界に導いて」取り扱うことの是非――についての議論は差し控えたい。重要なことは、柳自身が求めていた「心」の問題は、諸々の「心霊現象」を科学的に究明することでは決して解決しえないということを、柳本人が身をもって理解したということである。そして科学的探究では達することのできない「〈心〉の当体」＝人間の心の深いところ＝魂の次元、すなわち「個性の深い直接経験」の問題に関わることができるのは、かつて自分がその可能性を否定した哲学と宗教であるという見解に、柳は到達したのである。その契機となったのが、バーナード・リーチとの交友をとおして柳が深く傾倒することになる、ウィリアム・ブレイクである。[15]

2　ウィリアム・ブレイク研究

（1）研究の特徴

『科学と人生』が上梓された頃より、柳の関心はブレイク（柳はヰリアム・ブレークと標記するが、今日の慣例に従い、ウィリアム・ブレイクとする）に向かう。ブレイクについてのいくつかの小論を『白樺』に発表した後、二五歳で『ヰリアム・ブレーク』（一九一四年）という七五〇頁を超える大著を刊行する。ウィリアム・ブレイク（William Blake, 1757-1827）は、イギリスの詩人であり銅版画家。霊感鋭く、一生を通して幻像を見つづけ、その幻像を源泉とした創作を行う。著しく宗教的でありながら、その幻像体験の故に、既成の宗教（キリスト教）からは逸脱した独特の形而上学的世界観を描き出した。柳は彼を「神秘的象徴的芸術家」（四―三〇二）と呼んでいる。ブレイクの生涯を追跡し、その作品に対する批評と詩の解釈をとおして、ブレイク思想の全体像を描き出した柳の『ヰリアム・ブレーク』は、明治初期に日本に紹介されたブレイクについての、最初の研究書である。

もっとも、それがいわゆる「研究書」であるかどうかは議論の余地がある。本書刊行直後から、それがもっぱら著者の主観的な叙述――柳自ら「私のブレークは私に活きたブレークです」と公言している――に終始し、研究書としての客観性を欠いているとする批判が生じた。そのような批判に対して、柳は次のように抗弁している。

私は何処にも客観的にブレークを紹介しようとした事はありませんでした（只彼の伝記的事実を除いては）。私は彼を通して活きようとした私を書いたのです。私は目下の処、第三者として他人の伝を客観的に書く余裕も興味もないのです。私のブレークは私に活きたブレークです。他人のブレークをどうして私が書き得るでしょう……私はただ私に活きたブレークを他人に少しでも伝え得たならば私の仕事は足りるのでしょう。客観的ブレークに関してはいつか専門家が書く時が来るでしょう。しかしそれは歴史的叙述であって、個人性の表現ではなくなるでしょう。私にとってはブレークの精華が必要でした。その飢えを満たした喜びがあの本には伝わっているはずです。(四—六二七)

ここにも先述の「Academy of Academy とは永遠の縁が切りたい」と書いた柳の心境がうかがえよう。実際には、客観性は必要である——そうでなければ、著者の主観的な感情告白で終わってしまうから。しかし客観性にとらわれるならば「ブレークの精華」は失われ、「喜び」は伝わらないという柳の主張も十分に理解できる。真実をいえば、本質的なところは客観性ではとらえられず、純粋に主観的＝直観的に把握されなければならない。しかし同時に、直観的に把握されたものに客観性を付与していく作業も、あくまでも研究としては、必要である。要するに、客観的であり読者を十二分に説得させる力をもたせながら、なおかつそこに著者の個性が息づいているような論考を示すことが専門家の課題であるだろう。このような意味において、「専門家」が書く「客観的ブレーク」は「歴史的叙述であって、個人性の表現ではない」という柳の批判はいささか独断的である。しかし、往々にして専門家は客観性に安住してしまう——たとえば資料の蒐集と羅列で満足してしまう——傾向があるということも否定できない。さらにいえば、文学あるいは芸術を研究するという営為の存在理由が問われることにもなるだろう——ただ詩人のみが詩を理解する、とするならば。しかしそれは本書の範囲を超えた問題である。いずれにしても、柳のブレイク論は、今日の厳密な意味では、研究書として不適格であるとしても、それ故に研究書ではなくもはや柳の「作品」というべきものであるとしても、ブレイクの本質、ブレイクの生命を読者に伝える試みという意味で、先駆的な役割を担ったことは疑いのない事実である。[16] 以下、柳がブレイクから学び取り、私たちに伝えようと試みたものを摘出したい。それがどこまでほんとうのブレイクを表現しているかはともかく、ここで重要なのは、柳がブレイクのどこに魅せられていたかを把握することである。

(2) 柳のブレイク理解

まず柳は、若きブレイクの精神形成について説明する。柳は、ブレイクの両親が帰依していたスウェーデンボルグについて語るところから論を始める。「現代に開放を与えその未来の方向を予言した人として吾々は永遠にスウェデンボルグを忘れることはできない」(四―二五)。そしてこのスウェーデンボルグ(今日での一般的標記)を継ぐ預言的な人物として、柳はブレイクを理解するのである。ちなみにスウェーデンボルグは、ブレイクと同じように諸々の幻像を経験し、それらを言語化した『神秘な天体』(全八巻・一七四九―五六年)という大著[17]――柳によれば「不可思議な神意の書」(四―二四)――を残した人物であり、哲学の世界では、カントからの痛烈な批判を受けた人物として知られている。カントは、『視霊者の夢』(一七六六年)という書物を識して、人智の及ばない神秘の領域に人間は立ち入るべきではないと警告したのであった。そうであるから、「理知的」であろうとするならば、私たちはスウェーデンボルグという存在に対し――彼を肯定するにしても否定するにしても、あるいは中立的な立場を保つにしても――慎重な態度を取らなければならない。しかし柳は、一瞬の躊躇もなく彼を肯定し、神秘的預言の領域に入っていく。『科学と人生』では、いわば「第三の科学」として理知の拡張が期待されていたが、ここでは理知は最初から断念されるのである。

そのような柳は、豊かな自然がブレイクの精神を育んだことに注目する。

彼〔ブレイク〕の生涯を通して彼の精神に絶えない糧を与えたものはこの自然だった。彼にとって自然はただ形態と変化にのみ止まってはいなかった。彼の不可思議な霊眼は限りない永遠の世界をその内に見出していた。彼は一枝の花がよく万年の労作であることを認めていた。かの空を切って飛ぶ鳥の羽に無窮の喜びが潜むことを知っていた。黙した自然はいつも豊かな物語の巻だった。彼はその単一な一頁にすら複雑な真理を読んでいた。そうして現象の背後に不滅の生命が横たわっているのを見ぬいていた。（四―三七）

自然に深く感銘を受けるということは、ただ自然の表面上の美しさ、自然の風景を楽しむことではない。それは「現象の背後に不滅の生命が横たわっている」のを見抜くこと、すなわち目に映る自然をとおしてその背後にあるものを理解すること、いいかえれば、四時変化する自然の背後にその自然を動かしている生命の働きを感じ取ることであり、これがブレイクが自然から直に受けた教育であった――彼はいわゆる「学校」には通わず、そのことを彼は生涯にわたり自分の幸福としていた。柳によれば、このような意味での自然と、複製をとおして彼が見ることのできた一流の芸術作品たちが、ブレイクの教師であった。

ここで重要なのは「現象の背後」という表現である。現象――この世界において私たちに対象として現れるもの――がすべてではなく、その背後に心霊の次元――「不滅の生命」の次元――がある。いいかえれば五感では把握されない次元がある。「彼〔ブレイク〕は五個の器官の世界を超えて形態の背後に無形の実在を認めていた」（四―三六九）。そしてほんとうの自然とは、諸現象の背後にあるこの「無形の実在」としての「不滅の生命」によって充実された、生き生きとした自然そのものなのである。ここで柳は、ブレイクに従うことで、『科学と人生』第一部の最後に提示した「万有神論」――全宇宙が霊的な意志に貫かれているとする世界観――を保持している。[18]それに対して科学は、自然を無機的に取り扱うものである。科学は、本来は有機的連関にある一なる生きた自然を「分析と測算からなる思惟の規定」（四―一九五）によって分解してしまう。だから柳はいう。「ブレークにとって最も恐ろしい悪魔は人間の想像を破壊する機械的思索だった」（四―一四二）。要するに、科学が目的とする科学的法則の発見とは、総体としては因果関係を超出している全自然のなかに人為的に因果関係を探すこと、生きた自然を機械的に眺める態度にほかならない。それは「想像」――有機的な生きた自然をその生きたままに把握する直観能力――のための空間を破壊する。そうであるから、科学的思考というこの「悪魔」あるいは「幽霊の暴力」（四―三二五）に対抗し、生きた自然を護ること、そしてその生きた自然の一部である人間の生命を護ること、いいかえれば「全人の回復」、それこそがブレイクの理想の終極であると柳は解釈する。

> ただ彼が憎んだのは理性の専横であった。その残忍な分解によって直観の綜合が破壊される事であった……彼は理性を否定したのではない。直観の確立によって両者の順次を調和にもたらそうとしたのである。全人の回復、これは彼の理想の終極だった。彼が欲したのは理性に枯死しない人間の活きた生命だった。（四―三二五）
>
> 想うに人生の内容は数学的方式を越える。吾々の生命は論理的瓦石によって建築されているのではない。科学的法則はただ抽象的一般的概念そのものに止まっている……彼は法則を嫌っている。生命が数学的規則の圏囲を越えた自由の世界である事を味識していた彼はすべてのものを定限する法則を嫌っている。（四―三二一）

大事なことは、現象にとらわれず、現象の背後を見る眼、すなわち直観である。それは現象を構成している「主観―客観」（見る側―見られる側）という認識の枠組みを超えて、自分と対象とが一つになるような「自他未分」の経験である。ブレイクにおける「直観」について、あるいはブレイク独特の術語である「想像」について、柳は以下のような説明を与えている。

直観とは主客の間隔を絶滅した自他未分の価値的経験である。そこには差別記号である何等の名辞すらない。ただ活きた実存する一事実がある。すべての生滅的関係を離脱した永遠の流れがある。この至純な経験の世界を指して彼は想像界と呼んでいる。幻像とはその世界の視覚化された状態である。自我と外界との合一、寂滅された個性の拡充、すなわち法悦恍惚の神境はこの純一な経験の高潮を意味している。直観とは〈想像〉の経験である。〈想像〉の世界とは神の世界である。直観とはその真偽に於て神を味わう心である。（四―三一二）

自分と対象とが一つである「自他未分」の境地、一切の「差別記号」が消えた境地に至れば、「活きた実存する一事実」、すなわち生命の具体的な経験――先の科学論において、ベルクソン的な表現で「個性の深い直接経験」と呼ばれたものと同じ――が顕わになる。そのとき「寂滅された個性の拡充」が果たされる[19]――つまり自我意識としての個性が寂滅することでかえって本来的な個性が豊かになり、生命そのものである「永遠の流れ」と一つであるような[20]、いいかえれば神と一つであるような、純粋で高潮した経験が得られる。ブレイクにおいてはその経験の内実は幻影となって視覚化され、その視覚されたものを具体的な形にすることが彼の創作行為である。それは、生命そのものであるような神が、ブレイクという人間を媒介として――その「寂滅された個性」をとおして――現れてきたことを意味する。そのような「生命の実現」をブレイクは「流出」と呼ぶ[21]。

〈生命の実現〉は、ブレークの尽きない根本的思想だった。彼の流出の教えは個性に潜む神の自由な流出を意味している。流出は生命の出奔開放である。（四―三一七）

だからあらゆる人間に開かれているはずの「生命の実現」としての「流出」を阻むもの、これこそがブレイクが厳しく弾劾するものである。そしてその代表がすでに述べた科学であり、また教派的信仰（イエスの教えそのものではなく、それが教義化されたいわゆるキリスト教会）も彼の批判の対象となる。なぜならば教会は禁欲を要求する。しかしブレイクの立場からすれば、欲望とは「生命の実現」にほかならない。それを人為的な戒律で縛ることは、流れ出ようとする自然的な生命を抑圧することであり、かえって神意に背くものである。「禁欲は人間を狭隘にする貧弱な行為に過ぎない。あらゆる抑圧は美の人性を破って彼等に老と醜とを与えている」（四―三四八）[22]。ここでブレイクは、善と悪、正と邪、生命と物質、精神と肉体、あるいは美と醜というような対立的概念に面して、どちらか一方を選ぶことはせず、また両者を止揚し統合することもせず、その対立のままに受容することを要求する。それをブレイクは「天国と地獄の結婚」という象徴的な言葉で表現する――現象界において相反するものは、不滅の生命の発現という観点からすれば、すべてそのありのままの姿で肯定されるのである。それがブレイクにおける「存在の肯定」であり、その境涯を柳は次のように描き出している。

> 存在の肯定は存在の歓喜である。存在することは悦びであり存在するものを見ることも悦びである。吾々が呼吸し歩み食し笑い苦しむ。かかる日常事すら生存の偉大な表現である……肯定とはその価値の是認であり許認である。自然人性の存立に対する永遠の確立承認である。（四―三三九）

「不滅の生命」と一つであるこの「存在の肯定」は、程度の差はあれ神秘的な傾向を有する思想における、最終的な到達点であるだろう。[23] しかしその境涯に至るには、尋常ではない困難を乗り超えていかなければならない――「存在の肯定」は単純な現状肯定ではなく、どうにもならないこの世の悲惨さを引き受けること、すなわち肯定し難い出来事をも積極的に肯定しうるような境涯――『旧約聖書』においてヨブに与えられた試練のような――である。

したがって、それが可能になるには、さまざまな抵抗を打ち破り「流出」を実現する偉大な個性、すなわち「特殊的個性」の働きが要求される。

〈人間〉が彼の思想の源泉をなした様に、〈個性〉は彼の思想の中軸だった。彼は宇宙の一切の秘密がただ個性に内在することを信じていた。個性はすべての光景を反映する鏡だった。彼は万有の意味をそこに見出した……個性をおいて世には何等の宗教がなく哲学がなく芸術がない。人格の偉大とはすべてその特殊的個性にある。彼が若し自己の表現を躊躇したならば彼には何等の制作がない。（四―三二八）

そして柳は、ブレイクこそ、その「特殊的個性」を実現しえた偉大な人格の一人であると讃えるのである。

すべての個性はこの神に活きる人間性の神殿である。個性のうちに輝く神の燈火を見守るものは永遠の福音を体得しえたものである。個性の完全な充実とその表現とが彼の信仰であったブレークは、最も深く人間に触れ神に活き、最も明らかに永遠の福音を人々に宣言した人格である。（四―二五三）

（3）ブレイク研究の意義

以上が、柳のブレイク論――それは理想主義者・柳の青春の情熱に溢れた、若々しい文章である――の骨子である。そして先に述べた「哲学におけるテムペラメント」――柳が自らの出発点と位置づける小論――が、このようなブレイク研究と軌を一にしていることは明らかであるだろう。その小論の最後に柳は「個性の深い直接経験」という言葉を使っていた。その経験は、直前のブレイク論の引用を借りるならば、「個性のうちに輝く神の燈火」に触れる経験であるといえよう。

ここで柳の思想形成において、ブレイク研究が果たした意義について確認しておきたい。それはなによりも、ブレイクとの出会いによって、柳自身が、自分が求めるもの、自分を惹きつけてやまないものをはっきりと意識しえたということに尽きると思う。すでに指摘したように、科学に対する大きな期待は消え失せた。「心霊現象」に対する好奇心は醒めて、むしろ「現象の背後」にあるものに目が向けられるようになった。『科学と人生』では簡単に言及されていたにとどまる「万有神論」が、理屈としてではなく、より具体的な、実感を伴ったものとして感じられるようになってきた――「宇宙の意志」という抽象的な概念としてではなく、全自然に息吹を与える「不滅の生命」という象徴的なイメージで表現されるようになってきた。ブレイクの詩的言語をとおして柳は、そのようなイメージを追体験することができたのである。また「個性」のほんとうの意味が、一人の人間が生きることとの意味が、反省された――自己表現は同時に永遠的なものの表現であるということ、その永遠性を生かすことが私たちの正しい在り方・生き方であることが確認された。そしてその永遠的なものへの関わりにおいて、哲学・宗教・芸術が、すなわち「真＝善＝美」が一つであることも確かめられた――これ以降の柳の思想はこの三つの領域が交わるところを動いていく……。一言でいえば、それまでの柳が漠然と抱いていた「神秘的なものへの憧憬」が、ブレイク論を書き進めるなかで、柳のなかで明確に自覚されるようになったのである。そして、その自覚に達したことによって――心霊現象から人間の神秘へとまなざしが移行しえたことによって――柳は科学あるいは科学的な心理学を離れ、「神秘的なもの」の究明へと向かうことになる。(24) それがキリスト教神秘思想の研究を中核とする、柳の宗教哲学研究なのである。

最後に、このブレイク論のなかから、後の民藝理論に関わる問題を二点ほど摘出しておきたい。

第一は天才の問題である。「流出」を実現させるべき「個性」の役割を担うのは、ブレイクによれば天才や英雄である。

人類に神の世を示現し永遠の宗教を建設するものはただ詩的天才である。彼のいない国土は不毛な荒野に等しい。人類の根本的意志は天才の創造にある。吾々の憧憬し追慕する人格はただ偉大な天才である。天才は真理の泉である……天才のない文明は瀕死に近い文明である。すべての国家すべての都市すべての家庭に栄光を与えるものはただ天才である……英雄崇拝は吾々の抑えない生命の衝動である。（四―三二四）

なるほど「彼〔ブレイク〕は深い洞察によって、すべての人間の内性にこの偉大な力が潜在することを知っていた」（四―三二五）と柳はいう。しかし、それを実現しうるのは、ブレイクにおいては、やはり卓越した個性である天才の力なのである。そして、柳自身もそのようなブレイクの見解に従っている様子である。すなわちこの段階での柳においては、まだ真の個性の意味が定まってはいないこと（第二章注12参照）、そして後述の民藝理論における「無名性」の思想――無名の、平凡な人間であっても天才に比肩する優れた美を生み出すことができるという主張――が、十分には確立されていないということが確認される（その不十分さは、次の宗教哲学研究によって補完されることになる）。

第二は、権威の問題である。政治権力と結びついた自称芸術家をブレイクは嫌悪している。

彼にとって国家に阿諛《あゆ》する芸術、模倣を追従する創作は耐え得るところではなかった。一切の出発は人間の独創的個性であるとは彼の確信だった――「国家が芸術を鼓舞する等と云う事は口にすべきではない。芸術を鼓舞するものは芸術である……国家の力は教えを却って妨げている。いつも彼等の力は人を殺すばかりで人を造る事を知っていない……」。（四―二四二）

このようなブレイクの言葉を持ち出してくる柳のなかに、権威による価値づけを断固として拒否する姿勢を感じ取ることができる。大事なことは、自らの目で見ること、すなわち民藝理論における「直に見る」ことであり、それができない人間が、権威に依存するのである。そして「芸術を鼓舞するものは芸術である」――日本民藝館の存在根拠はここにある。「直に見る」という経験をとおして、各人の「独創的個性」が刺激され、そしてその個性をとおして一なる生命の流出が果たされなければならない。そのための具体的な美的経験の場として、民藝館の存在が必要とされたのである。また、いかなる場合であろうと、芸術を政治よりも上に置く柳の揺るぎない姿勢――それは白樺派の特徴であり、また後述の朝鮮との関わりにおいていっそう顕著となる――についても、この引用からうかがうことができよう。

前記のことを確認し、このブレイク研究を跳躍台として着手された宗教哲学研究を見ていくことにする。(25)

3　宗教哲学研究

ブレイクを経由して神秘思想の領域に足を踏み入れたということ、じつはこのことが柳の宗教哲学研究の方向――最初はキリスト教神秘思想の洗礼を受け、それを東洋思想によって補完していく――を決定づけている。(26)ブレイクについて柳は、「人々がいわゆる教派的信仰に彼等を依嘱した時、彼は独り独立神教にその個性を保有した」（四―二四七）と記している。柳によれば、ブレイクは一切の教派＝信仰団体から離れたところにあり、「独立神教」すなわち自分と神との直接的な交流――それは先述の「流出」において体験される――のなかに自らの信仰を見出していた。そしてその立場を、柳自身も継承するのである。なるほど柳自身はキリスト教徒ではなく教会に属してはいない。しかし神秘思想の領域においては、実際の信者であろうとなかろうと、潜在的な可能性としては、すべての人間に神との直接的な交流が許されていることが前提である。そのような神秘思想の「公有」性を根拠に、柳は、厳密な意味では信者ではない自らが発言する資格を見出し、思索を遂行していくのである。柳は次のように述べている。

神秘道はその個性の直下なる経験に於て宗教の精華を示し、人間に立脚することにおいてあらゆる宗教の神秘道である……人間本性の要求に基づくことに於て、神秘道はあらゆる宗教の共産である。それは一宗一派にのみ許された神の恵みではない。彼等は人間に活きる公有神秘家であって宗派に限られた専有神秘家ではない。

（二—二〇五）

このような柳の思索の特徴としては、神と人間との直接的交流という局面——それは「直下」あるいは「直指」に知られる——に焦点が絞られていること、またその局面に関わる思想であれば、西洋・東洋の区別なく、そして哲学・宗教・芸術の区別なく、自由に織り込まれていることである。(27)

主要著作は『宗教とその真理』（一九一九年）、『宗教的奇蹟』（一九二一年）、『宗教の理解』（一九二二年）、『神に就て』（一九二三年）である。ほかにも若干の小論、講演録がある。そのなかで、哲学思想的にもっとも重要な著作は、最初の『宗教とその真理』である。この著作は、『キリアム・ブレーク』刊行直後に着手されたものであり、いわばブレイク研究の勢いそのままに、柳が宗教哲学＝神秘思想の世界に没頭した時期の研究成果である。この著作において、柳の神秘思想理解の全体を把握することができる。それと比べると、それ以降の著作は、柳の関心が後述の朝鮮問題に移ったこともあり、いくぶん淡泊になっている。したがってまずは『宗教とその真理』（およびそれと同時期に書かれた「宗教的自由」と題する重要な小論）について検討し、その後で、残りの著作に言及することにしたい。

（1）『宗教とその真理』における神秘思想の受容

この著作は、個別に書かれた諸々の論文――主として『白樺』と『帝国文学』[28]に発表――を一つにまとめたものである。そして彼のブレイク論がそうであったように、この著作もまた、いわゆる研究書らしい研究書ではない。それはブレイクによって覚醒した柳自身の「神秘的なものへの憧憬」をより哲学的な言葉で表現したいという、そして自ら味わった感動を人々とともに分かち合いたいという情熱の結晶である。論文の発表場所からも判るように、研究というよりも文芸的な色彩をおびている。しかし、神秘思想の要点は的確に把握されていると思われる。もっとも個別に書かれたものの寄せ集めであるから重複も多くあり――それを柳は「見方を徹する為の必要な結果」であると弁明しているのだが――、また全体からみれば些末な記述もある。ここでは要点を摘出することに努めたい。

a．「宗教的真理」とその把握――否定道・肯定道・象徴道

まず柳は「宗教的真理」という言葉を提示する。次のような序文の叙述から、おおよその方向性が察知されよう。

宗教的真理とは、究竟の真理という意味であって、直ちに神または実在を暗示する真理との謂である。従って内容は〈絶対値〉を含むが故に、或る仮定の上に立つ真理ではない。人は自然律の如きものを絶対的真理と呼ぶかも知れぬが、かかる科学的真理と余のいう宗教的真理とは別事であると分かってほしい。同じ信と呼んでも神を信ずるのと自然律を信ずるのとは全然別個の意味がある。宗教的真理は味わうことによってのみ知られるのである。直ちに体験が真理の如実な理解である。分別の理知は未分の真理の全き把捉にはならぬ。絶対は既に差別の挿入を許さぬからである。これらの論文は余自らが理知を越えて信念に活きたい為に書かれたのである。

（二―八）

問題とすべきは究極の存在である神であり、神的な真理であると柳は宣言する。[29] それは自然律・自然法則としての科学的真理とは次元の異なる真理であり、これまで論じてきたところでいうならば、（科学論で示したような）科学的法則をも包含するより大きな「宇宙的・心霊的な法則」、あるいは（ブレイク論で示したような）「流出する生命」と同一のものを示している。そして「直ちに体験が真理の如実な理解である」というのは、宗教的真理はひとえに「直観」によって把握されるということ、すなわち自分の外側にある何かを「理知」「分別」によって理解することではなく、自他の区別のない仕方で、いわば自分と対象とが一つになるような仕方で、直接的に看取されるということである。なるほど私たちの通常の認識構造においては、すべてが主観―客観関係（見る側と見られる側という関係）のなかで理解される。しかしそのような認識において私たちにとって対象として現れるものは、もはや「未分の真理」ではなく分離された真理、一なる真理の断片にすぎない。「未分の真理」とは、認識が行われる以前、主観―客観に別れる以前――別れた後は「分別」「差別」になる――の出来事である。それはただ直観、あるいは直接的な体験――哲学的な術語でいえば直接経験あるいは形而上学的経験――によってのみ「全き把捉」となる。そしてこの部分的ではない「全き把捉」、ただ直接経験によってのみ把握される「未分の真理」を、自分自身の拠り所にしていきたいと柳は願うのである。すなわち「余自らが理知を越えて信念に活きたい」――そのような自らの立場を、柳は「哲学的信仰」（二―二六八）と定義する。

このように宗教的真理を求める柳にとって、諸々の宗派の存在、多種多様な宗教的儀式や典礼の形成、あるいは宗教史というようなものも含め、この世界内で生起する諸々の出来事――宗教的諸現象は、すべて二次的なものである。

真に自由な宗教の面目は常に流派の定限を越える。吾々の気質は如何なる宗派を選ぶも自由である。しかし吾が内心の自由は宗派の為に束縛さるべきではない。宗派の別は中心へ至る途程の差である。すべての特殊な宗風慣例はただその道に付随する景色に過ぎない。富嶽の頂きは一つであるが、之に登る道は多岐である。吾々は好むその一つの道を選んでいい。しかし道は途程である、方便である、第二次である。(二―一八五)

宗教心とは、この無限への憧憬であり帰依である。すべて信仰の感激はこの無限に交わる刹那の体験である。宗教は密に絶対を抱く。絶対の直指にこそ宗教がある。(二―一五)

ところでこのような宗教的真理――ただ「絶対の直指」によってのみ直接的・直観的に把握される「未分の真理」、あるいはすべての宗教が逢着する「中心」は、東洋的な思惟の伝統においては、「無」と表現されてきた。それは分別における無、すなわちいつでも有に対立する相対的な無ではなく、有・無を超えた、絶対的な「無」である。そして柳はいう。

出来得るなら活々とこの〈無〉の内容を捕らえ得たい。捕らえ得たものを暗示しえたら、それが宗教的真理として人の心を引きつける力があると信じている。(二―一五)

この「無」を説明することはできない――説明するならば、それは無を対象化・客観化することになり、もはや対象化以前の、主観―客観に分かれる以前の、純粋で絶対的な無ではなくなってしまう。だからそれは説明によっては示しえず、ただ「暗示」するよりほかにない。そしてさまざまな言葉を尽くして、暗示を重ねることによって、読者にこの「無」を感じ取らせること、それが柳の宗教哲学の課題なのである。

ここから柳は、神秘の「中心」に迫る道程として、否定道と象徴道について論じていく。じつは「無」という言葉が用いられてきたという事実が、すでに本来的な真理は否定的にしか表現されえないということを、すなわち「否定道」(否定神学)が歩まれねばならないということを示している。ただし「無」が東洋的思惟に特徴的な術語であるからといって、「否定道を独り東洋の宗教に限るのは事実を知らない」(二―四七)態度であると柳は指摘する。キリスト教もイスラム教も、その究極は否定道なのである。

瞑想に富む思索者は神に関する最後の思想においていつも否定の神秘に帰っている。用いられた彼らの否定的字句の多種において人々は驚きを感じるであろう。(二―四七)

すべての深い体験者は、如何なる言語の表明よりも、内心直下の事実が一層切実であり自由であるのを知りぬいていた。言語によって完全に絶対の面目を伝えようとする望みは棄てなければならぬ。如何なる字句も単に複写に止まる相対的内容の指示に過ぎぬ。字義は束縛であるが絶対は自由である。(二―一七)

一般的には、私たちは言葉によって神を表現しようとする。たとえば「神は天地を創造した」と語られる。それが「肯定道」(肯定神学)である。しかし「神が造ると云う時、既に神は限られた神である……神に対するどの肯定もただ神を一つの性質に導くに過ぎぬ。真に自由なものは名目を入れぬ。神に関する否定は悉く真理である」(二―五六)。言葉を用いて神を定義することは、その定義の枠内に神を制約することである。しかし神は一切の制約を超越している。そうであるから、肯定の道は否定の道に譲られなければならない。しかしこのレベルで用いられる否定は、たんなる否定ではない。否定という行為のなかに、より積極的なものが働いているのである。

否定とは実に神との直接な交合と云う意である。静慮はこの法悦である。このとき実に余が在るのではない、神が在るのでもない。二者不二であって云いうる言葉を持たぬ。宗教的経験は未分の経験である。否定の体認である。（二―五六）

要するに、肯定ではなく否定であればこそ、そしてその否定が徹底したものであればこそ、その否定の極まりにおいて、否定されえない唯一のものが浮き出されてくるのである。

このように、柳は、「あらゆる二元を脱しようとする試み」（二―一五四）である否定道について、そしてその否定作用がもつ積極的意義について、くり返し語る。しかしながら、同時にそれは「論理的に誤謬なくして云いうる最後の言葉」（二―一五四）でもある。なるほど否定によって、宗教的真理の輪郭は把握されよう。しかしその内実を伝えるにはいまだ不十分である。そこで柳は、否定道につづけて「象徴道」という在り方を提示する。端的にいえば、それは芸術の意義を説くこと――象徴を伝達手段とする芸術作品を手がかりとして、言葉に依拠せず、直接的に宗教的真理の内実を感じ取る道である。

芸術は理知の理説ではない。何ものかより深いものの象徴であらねばならぬ。芸術も宗教も神を書いてはならぬ。隠れた神をこそ書かねばならぬ。（二―九七）

肯定道が「現れた神」を語るのに対し、否定道は「隠れた神」の場を開示する。そして象徴道は、このように開示された場において、象徴をとおして、「隠れた神」に直に触れうる経験である。

象徴とは分別なき理解である。概念を持たぬ認識である。思うことなくして知る直観である。言葉なき智慧である。了解が理知に近づくにつれて象徴の美は遠く消え去るのである。科学は進むにつれて象徴を離れ、芸術は入るにつれて象徴に親しむ。象徴は自ら感情に活きる。抑ええない熱情が宗教の真と芸術の美とを浄くするのである。象徴に神を味わう者にとって啓示と幻像とは如何ばかり親しい力であろう。預言も芸術もかかる力を通して示現されたのである。（二―三六五）

このように「啓示」や「幻像」あるいは「預言」というものを積極的に評価し、芸術＝象徴を重要視するところに、ブレイクを経由して宗教哲学研究に入った柳の特徴がうかがえよう（すでに最初の科学論において芸術作品について言及されていたことを想起されたい。そして先取りしていえば、木喰仏や民藝という具体的な象徴に出合ったことで、抽象論としての柳の宗教哲学研究はその使命を終えるのである）。そして柳は、このように否定道と象徴道との融合によって把握される境涯、すなわち宗教的真理の本性を、「即如」という一語で喝破することを試みる。

余は〈即〉〈如〉の二字によって一つは一元的知解を代表し一つは象徴的暗示を含蓄せしめ得ると信じる。（二―一五八）

「即」とは、不二のこと、すなわち一切の言葉を超えて直下に体得される真理ということであり、「如」とは、「即」としての真理はただ象徴として把握されうるということである。柳によれば、一なる真理を端的に示すならば、本来は「即」だけで十分である。「余に与えられたのは〈即〉の一字である。〈即〉は〈すなわち〉であって直下の謂である」（二―一五七）。しかし、人間は「即」をそのままに表現することはできないから、「定義によって極限する事を恐れた用意深い思想家」たちは、「如」＝「ごとし」という、「まさに象徴的意義の最も簡潔な知的表現」を求めたのである（二―一五六）。この「即如」という語を用いて、たとえば柳は次のように述べている。「花の真の味識は花を前にしての観察ではない。花そのものの裡に活きる時、花に宿る即如は理解される」（二―一六七）。あるいは「芸術にとって主義は堕落であった。宗教にとっても流派は凝固であった。形式は生命を拘束する。吾々はすべての手段を絶し介在を破って直ちに即如に触れねばならぬ」（二―一六九）――ちなみにこの「凝固」や「形式は生命を拘束する」という表現には、ベルクソン哲学の雰囲気が漂っている。そして、このように否定道と象徴道との融合を的確に表現しうる「即如」という語の提示によって、同時に柳は、先に述べた神秘思想の「公有」性を強調する。絶対無では東洋的なイメージに傾き、神では西洋的なイメージに傾くだろう。この「即如」こそが、両者を統一するにふさわしい一語であると柳は力説するのである。なるほど柳自身、それは用語上の問題であることを認める。しかし「慣用は親しみであると共に因襲である」（二―一五九）。ほんとうのところをいえば、神でも無でも実在でも構わない。しかし今一度その意味内容について私たちの反省をうながすために、柳はあえて「即如」を説くのである。そのような柳の、問題を自らのものとして理解しようとする姿勢は、十分に評価できるものと思われる。

b．「即如」の諸相――美即醜・道と中庸・永遠の今

その「即如」が不二の境涯を示していることはすでに述べた。不二の境涯は、また別の表現で指示される。

この境において大小は不二である。善悪は未生である、有無円融である。美即醜、醜即美である。すべては矛盾のままにして調和である。二なくして二を包むのである。すべてが有りすべてが無いのである。（二―一二三）

ここで注目しておきたいのは、「美即醜、醜即美」という表現である。後述するように、晩年の柳の仏教美学は、彼が『大無量寿経』のなかに「無有好醜の願」を見出したこと、それを思想的根拠として『美の法門』を説いたところからはじまる。「好醜」の好を、柳は美と解釈し、美と醜の区別がない境涯を求めていくのである。その萌芽が――まだ無自覚的ではあるが――すでにこの時期にあったということが確認されるのである[30]。

また柳は、絶対的な無である「即如」は、「道」であり「中庸」であるともいう。「道」は、老子の説く「無為」を手引きにして語られる。

彼〔老子〕は利己のためのすべての行為が心の自殺であるのを説いた。彼は私の行が公な〈道〉への驚くべき僭越であるのを感じた。一切は〈道〉において完全である。人為によって之を破るものは反逆の罪を犯すのである。すべての私有な行動は即時に断滅されねばならぬ。これは自己を束縛し自己を病死せしめるにすぎない。私欲を絶って無為であるとき、自己は開放されるのである。〈道〉の実現はこの刹那に果たされるのである。無為であるとき自然の法則は滑らかに行われるのである。かかるとき人は自然それ自らである。彼に自然の美が豊かに開くのである。（二―二七）

これと同じ内容が、今度は神という言葉を織り交ぜて語られる。

無為は自然と相即である。これが神意の自由な遂行である。永遠なものは神の仕事である。真になしうるのはただ神のみである……余が静かであるとき、神は余のうちに動くのである。無為の刹那が余の与えられた激動の刹那である。美観において人は自らを忘れつつある。この刹那に胸の鼓動すら止むであろう。すべてが美にゆらぐ

からである。自らが休むときこそ真に働きつつあるのである。（二―二九）

あるいは「中庸」は、子思《しし》を手引きに考察される。それは対立する二項の中間という意味での「相対的な中」はなく、二項の対立関係を超出した「絶対的な中」である。それを柳は、「宇宙の原理を表示する言葉」であり、「生命を貫く」ような「道徳律」ともいいかえている（二―三四）。そして柳はいう。

〈中庸〉とは本然である。子思自らの言葉によれば人為に傷つかない〈天の道〉である。すべてを天意に託するとき、〈中庸〉の徳があるのである。〈中庸〉に活きるときは天意に浸る意である。〈天〉と不二であるのが〈中〉である。〈中〉は中間に止まるのではない。道に徹する意である。絶対に自己を没入する義である。老子が〈無為〉を説いたとき同じ心があった。これは一切を天意に任ずる意である。余が〈為す無き〉とは〈天がすべてを為す〉の意である。これは天への全き帰依である。この帰依に宗教の生活がある。〈中〉を守るとは天に帰るの意である。（二―三九）

このように「道」「無為」「中庸」と、言葉をかえ視点をかえつつ柳が表現しているのは、結局は、同じ一つのことである――私欲を離れたとき、自分が静まったとき、一切を天に任せたとき、そのとき自然の法則は滑らかに行われ、神意は自由に遂行され、神は自らのうちに活き活きと働き、宇宙の原理でありまた「道徳律」としての「天の道」が実現されるのである。ここにおいて、処女作『科学と人生』で言及された心霊的・精神的な法則が、ブレイクにおける生命の「流出」というイメージを経て、より広汎な哲学・思想的な文脈で論じられるようになってきたことが理解されるだろう。さらに宗教的・道徳的言明と同時に、「自然の美」や「美観」というような美的・芸術的な体験の意義も説かれている。すなわち先述の「象徴道」が、いつでも柳の思考のなかにあるということも確認されるのである。

ところで「天に帰る」ということ――柳の好む言葉でいえば例の「帰趣」――は、直観によって直下に経験される出来事である。その経験にはためらいがあってはならない。「無為の刹那が激動の刹那」であるから、まさに瞬間的な経験である。そのとき時間性が超越される。それは私たちの通常の時間概念――過去・現在・未来という時間軸上で前後関係によって把握される相対的時間――ではなく、前後が際断された絶対的時間である。それを柳は「宗教的時間」と呼ぶ[31]。この宗教的時間に身を置くことによって、ひとは不二である生命に、あるいは神に触れる。柳によれば、その接触こそが不死であり永生の経験であり、「永遠の今」を生きることである。

> 真の不死とは時間に頼る生命を指すのではない。時間を解脱した不死こそ永遠である……生命の真義は前後を持つ時間の上にあるのではない。かかる時間を絶したところにあるのである。（二―一〇九）

> 未来の時間が余を神に結ぶのではない。この瞬間において余は神に帰らねばならない。神に帰るのが存在の意義である。時間も神に帰る時間であるとき、真の意味を持つのである。永生とはかかる時間である。瞬時をして永遠たらしめるとは、神に即する謂である。〈永遠の今〉にこそ神が示現するのである。（二―一一〇）

想い起こせば、すでに『科学と人生』において、心霊現象を手がかりとして「魂の不死」が――粗雑な仕方ではあったが――模索されていた。その内実が、神秘思想を学ぶことで、柳のなかで明瞭になってきたといえるだろう。すなわちこの「永遠の今」の経験こそが、その問いに対する答えとして、魂の不死性を意味するのである。

ところでこれまでの記述は、どちらかといえば「即如」の側から見られた考察、「即如」という事態を照らし出すものであった。しかし「即如」は私たちの外部にあって私たちが眺めうるような対象ではなく、私たちが自らの内面に深く集中することで、そして対象性から離れることによって経験される出来事である。そうであるから私たちは、次に述べるように、私たち自身の心の在り方についても、徹底的に反省しなければならない。それを含めての「宗教的真理」である。

c.　宗教的真理と一個人の関わり——沈黙・聖貧・宗教的自由と芸術的自由

柳は、人間の本性が「向日性」にあることを指摘する——「ちょうど向日葵が自ら日光を慕うように人は生まれながら神を慕うのである」（二―六六）。しかし私たちは、一方的に神を思慕しているわけではなく、一方的に花を見ているわけでもない。そこでは同時に、神からの呼びかけが、あるいは花からの訴えかけが作用している。

> すべての宗教は人と神との直下の融合に帰る。この契機にのみ生命の祝福がある。活きるとは神に呼ばれるとの意である。心に燃え上がる余の要求は神が余に迫る喚求である。神が招くのと余が求めるのとは相結ばれている。余が戸を叩く音は神が答える声である。余が神に昇るその刹那は神が余に下る刹那である。余が花を見るのは花が余を見るからである。（二―六六）

そうであるから、私たちは、私たちの側で、神を迎え入れる準備、花に見られる準備をしておく必要がある。要するに、私たち自身のうちにある本来的な「向日性」を覆い隠してしまうことのない生き方をしなければならない。[32]そのために必要な態度として、柳は私たちに「沈黙」と「聖貧」を要請する。

この場合の「沈黙」は、決して消極的な態度ではない。「沈黙」において自己が静まったとき、自己以上のもの

――神が自己を満たす。それが自らの死によって神のなかに新たに生きるという、宗教的「復活」の密意である。

自己の寂滅が自己の復活である。(二―九二)

沈黙には神の言葉が溢れている。無為において神の力が動いている。このとき余が活きるのではない、絶大な存在が活きるのである。(二―九三)

また「聖貧」は、富に対する貧ではない。聖であるためにあえて貧を求めること、貧を誇るようなことは、未だ富を意識した態度である。「聖貧」は、そうした富の大小の一切を超越した、絶対的な貧でなければならない。

何ものも所有せず、唯一の所有が神であるときこれが聖貧である。何ものも彼の手に無い故の貧である。しかし彼の所有するすべてが神である故に聖貧である。貧においてすべての私は忘れられる。ただ神のみがあるからである。自然を見て美しいと感じる刹那、人は自己さえ忘れるであろう。これが美である。神にすべてを忘れるのが貧の密意である……聖貧において人は自己をすら没するのである。貧は彼を束縛する貧ではない。無限の自由がここに味わわれるのである。自然な貧者が聖者である。(二―八四)

大事なことは、この「自然な貧者」であること――自然とは不二であること、富にも貧にもとらわれないことを意味する。とらわれるということは、そこに「私欲」があるからである。だから私欲から離れたとき、そして自己を忘れ去ったとき、ひとは神に満たされ、ほんとうの美しさを感じることができる。「沈黙」も「聖貧」も、訴えるところは同じ、対象性に束縛されている自己性の滅却である。「向日性」はなるほど自己のうちにあるけれども、それが発揮されるのは、「向日性」を遮るその自己が忘れ去られたとき、そして自己が自己以上のものによって活かされるときなのである。

そしてそのとき「無限の自由が味わわれる」と柳はいう。この「無限の自由」――「宗教的自由」は、神秘思想におけるきわめて重要な概念である。

真の自由の経験とは、ただ宗教的高調に達したときにのみ味わいうる法悦である。多くの神秘家が味わい得た法、美はこの自由の呼吸であった……吾々が分離された個性に立つ限り未だ真の自由は体認されぬ。ただ神意のままに吾れが動くとき無辺の自由は味わわれるのである。これ以外の自由は相対的自由に終わらねばならぬ。吾々の生命が帰趣を見出すべき地はかかる限界ある自由域ではない。神意に自由を託するとき、神意の自由は吾に活きるのである。(二―三一〇)

自己の滅却によって自己のうちで自己以上のものが働くという出来事、これが神秘思想における自由の意味であり、哲学的に「本来的自由」と呼ばれるものである。一般的に私たちが自由とみなしている自由は、いまだ真の自由ではない。なぜならばそれは、不自由との対立関係――不自由に苦しむが故に、不自由から逃れようと自由を求める――にある自由、相対的な自由だからである。しかし、この世の中を生きる限り、人間の不自由さが消尽することはなく――何人も死から逃れることはできない――、相対的自由は決して満たされることがない。故に真に自由を求めるならば、私たちは絶対的自由の境涯を獲得しなければならない。

真の絶対自由はその本性上何等の対辞をも有せぬ自律の自由である。かかる自由と束縛の否定としての自由〔相対的自由〕とは区別せられねばならぬ……絶対自由は束縛し得ぬ自由ではない、既に束縛をすら許さぬ自由である。すべて絶対なるものにはかかる規範的意味がある。（二―三二八）

絶対的自由の境涯に至ってはじめて、私たちは深い充足を得ることができる。そして同時にそこには「規範的意味」があると柳はいう。ここで「規範」という表現が出てきたことは注目に値しよう。規範とは、ひとが人間として従わなければならない――人間である限り従わずにはいられない――命令である。このような規範・命令は、私たちに道徳的衝動あるいは宗教的感動が湧き起こるとき、私たち自身の心のなかで、瞬間的に体験されるものである。

抑え得ない道徳的衝動あるいは宗教的感激を想うならば、その刹那の規範的事実を一層活々と捕らえることができよう。究竟的至上要求の内裡においては、かかる無上の客観的命令が動き働いている。規範はその純な客観的内容において、自ら動的であり創造的である。吾々を離れた理法ではない。吾々に密着する活きた力である。（二―一三七）

絶対的自由において感じ取られる規範は、自分の外部から与えられる命令ではない。外部からの命令に従う限り、それは服従になる。そうではなく、自分の内部にあって自分以上のものが自分に「かくあるべし」と命令してくる――それは規範であるが、同時に、「それ以外にはありえない」という絶対的自由として感得されるものである[33]。いわば規範とは、私のうちで感得される「理法」、私のうちに働く絶対的な法則である。そして自らの絶対的自由において規範＝法則と一つになることで、私たちは「活きた力」に漲り、「自ら動的であり創造的」となり、私たちは私たち自身を超えたものを表現することができる。その表現は、正しさを表現すると同時に、美しさをも表現する。それが「法美」である。「真の自由の経験とはただ宗教的高調に達したときにのみ味わいうる法悦である。多くの神秘家が味わい得た法美はこの自由の呼吸であった」（二―三〇二）。だから柳によれば、宗教的自由と、芸術家が創造的行為の最中に感じる芸術的自由は、同じ一つの体験である。

> 芸術的自由とは自然の心のままに活きるときに体得される。自然の自然性に反逆して自然を征服しようとする企ては全然不可能である……自然の心に則らずして自然は征服しうるものではない……自然の心のままなるときのみ自然の理解があるのである。自然の心のままなるとは自然に身自らを没入してその流れと共に流れる謂である。
> （二―三一二）

このように宗教的自由から芸術的自由に至って、先述の「即如」における法則性と私たち自身との関係性がより明らかになるだろう。私たちは「即如」とともに生きている。そして「即如」の法則性とは、私たちのうちで「規範」として感じ取られる「理法」である。私たちの我欲、自我への執着が減少するにつれて――そのために「沈黙」や「聖貧」が要請された――その「理法」はますます顕わになり、私たちの行為はよりいっそう「理法」に適ったものになる。いいかえれば「自然の自然性」「自然の心」――この場合の「自然」とは、すでに先のブレイク研究において明らかにされたような、科学的思考によって分析・分解される死せる自然ではなく、生きた生命としての一なる自然そのものである――に則っている。そしてその自然に近づくとき、私たちはほんとうの意味で自由であり創造的なのである。その様子を、セザンヌを例に挙げて、柳は次のように述べている。

彼の筆は自然へ自然へと迫っていった。素朴なその画面には躍如として自然そのものが動くではないか。深く掘り尽くした彼は、かくて自然をありのままに打ち開いたのである。音楽的律動がその芸術には鳴り響いている。彼は一切を自由に放ったのである。（二―三一三）

真に自由であるとき、そこには「音楽的律動」が鳴り響いている。それが私たち、大いなる自然のなかで生かされる者にとっての、正しい在り方なのである――「吾等の呼吸が神の呼吸であるときのみ、吾々は真に存在するのである」（二―一七二）。ここで柳が用いる「呼吸」という表現を、たんなる文飾として受け取ってはならないだろう。神秘思想は、なるほど「帰趣」を目的にする。しかしそれが意味するのは、宇宙と一体化し神と合一することで、ひっそりと静まりかえるような境涯ではない。それは自己が静まることでかえって、自己のなかから大きな力が湧き出てくるような、自己をとおして大きな生命が息吹くような、その息吹に満たされて全身全霊が躍動してくるような、まさに「呼吸」そのものであり、律動的・リズム的な出来事なのである。そして正しい美しさ＝法美とは、この「音楽的律動」――活き活きとした規範の法則性――が私たち自身の心と一つになるところから生じるのである。

以上のように、宗教的真理を「即如」として説き明かし、また「即如」の観点から私たち自身の心の在り方を問うことが、『宗教とその真理』の課題であった。それは、柳独特の表現――さまざまな思想家を任意に引用すること、あるいは美的・芸術的なものへの志向において――ではあるが、神秘思想の基本的な思考様式を正しく継承するものといえるだろう。この思考様式を身につけた上で、さらに思索を進めたものが、これ以降の著作である。

（2）他の主要著作について

ところで柳は『宗教とその真理』の序文（本文がまとめられた後、最後に記された）に、次のような文章を書いていた。

これら純に思索しえたものを一層切実な生活に活かすために、余は余の生涯の方向を更えることを迫られている。これらの思索は実にその準備であった。(二一八)

この一文は、これまでの書斎に閉じこもった学究的生活から、世間に出ていこうとする柳の決意表明である。そしてこの宣言どおり、後述するように柳の関心は朝鮮へと向かっていく。以下の著作はそのような朝鮮との関わりと、またそれに付随した日本国内での活動の間に書かれたものである。その影響もあり、またおそらく思想的な問題はすでに『宗教とその真理』で言い尽くされたところもあり、それらが全体としてやや淡泊な記述であることは否めない。「神秘的なものへの憧憬」に突き動かされ、「即如」を言語化していこうとするような、理想に燃えた頃の情熱は弱まっている。しかし、おそらくは世間との関わりをもつことによって、それまでになかった側面――読者の心に訴えかけるという態度――が出てくる。以下、簡潔に著作を概観する。

a.『宗教的奇蹟』(一九二二年)

これは、『新約聖書』に記されたイエスの奇蹟物語の意味を問うものである。柳によれば、まず奇蹟は、あくまでも宗教的奇蹟に限定される。「もしそれが宗教的意味の奇蹟でないなら、ただの妖術と何の異なるところがない」(三―四二一)。宗教的奇蹟について、科学的な根拠を求めることはできない(ちなみに宗教的奇蹟ではない超常現象を科学的に根拠づけようと企てたのが、柳の処女作であったことを想起されたい)。それを現実の歴史として解釈するいかなる試みも、必ず矛盾を引き起こす。宗教的奇蹟の意味は、ただそれが「歴史に依存するのではなく神意に依存する」(三―四八〇)限りにおいて真実になる。それでは神意に依存するとはどういうことかといえば、信仰者が自らのうちで神の啓示を経験するということである。その啓示をとおして神は私のうちに現れ、私を神へと導いていく。柳はいう。「神が自身を外に啓示するということは、神が己れ自身の内に帰るとの意である。神において出ると入るとは同時である。神が余に現れるとは余が神に帰るとの意である」（三─四七七）。奇蹟とは、このような一個人の内面において繰り広げられる直接的な神体験、すなわち宗教的経験が象徴化されたものである。それを伝達するのは、もはや日常の言葉ではなく、「信仰の言葉」である。したがって、さまざまな奇蹟物語は、ただ信仰者の心においてのみ解読されうる言葉であり、いわば象徴としての芸術作品に等しいものである。

真に絶対なものは言葉を越える。歴史的叙述に現しうる奇蹟はあらぬ。言葉で伝えようとするなら、それは信仰の言葉を招かねばならぬ。散文ではなく詩歌こそより深い表現である……芸術こそ神のより深い智慧であり理解である。（三─四八一）

このように柳によれば、芸術もまた「信仰の言葉」であり、神的なものの表出にほかならない。要するに、柳の奇蹟論は、「信仰の言葉」としての宗教的奇蹟の事実性を肯定することによって、同時に、絶対的なものの象徴としての芸術の擁護となっている。柳において、芸術はたんなる趣味でもなければ、美的快感の享受でもない。それは宗教・哲学と一つであるような、あるいはそれら以上の内実をもった、人間の真理をめぐる真剣な営みであるということが、この著作において確認されるのである――そしてそれは、民藝理論において一貫している柳の姿勢である。

b.『宗教の理解』（一九二二年）

これは、雑誌に寄稿したいくつかの小論をまとめたものであり、研究というよりは随想であり評論である。(34) 注目すべきは、ここにおいて人間に対する神の絶対的優位という考え方、すなわち人間の受動性という立場が鮮明になっ

てきたことである。(35)

余が存在することによって、余が何事かを為しうるのではない。神の行為が働くことによってのみ、余に許された行為があるのである。余という名によって、如何なる行いをもおごってはならぬ。神の命を離れて、ありうる美しき行いを余は創造することは出来ぬ、余は余のものではなくして、神の所有である。神のみ真に何事かを為しうるのである。(三一一六)

これはすでに明らかにしたような、自己の寂滅によって絶対的なものが自己をとおして顕わになるという出来事を、より厳格に規定したものといえるだろう。以前の段階では、絶対的なものをとらえるために必要な内的態度として、意識的に自らを空虚にすることが求められていた。「沈黙」や「聖貧」は、そのための道程であった。絶対的なもの＝神に近づくか遠ざかるか、宗教的自由の境地に達するか否か、それはひとえに私たちの内面的な努力、あるいは天賦の才にかかっていた。しかし、そのような私たち人間の側に能動性を与えていた見方、たとえば「特殊的個性」としての「天才」の発現に期待を寄せていたブレイク的な自力の道が、ここで完全に突破されるのである。それはいいかえれば、他力の道に対する柳の目覚めである。

赦しは神が赦すのであって人が求めることによって赦されるのではあらぬ。神はすべてを赦しつねに赦す。求められずとも神は赦す。神の赦しを止めうる罪はあらぬ。神は全き神である。神の赦しは確実である。人々は救われるだろうかと、救われまいかといって今なお迷うだろうか。それは神を知らないからだ。神は救うのである。何人をも救うのである。例外なく救うのである。永遠に救いつつあるのである。かつて救ったとか未来にも救う

だろうかとか云う如きものではならぬ。彼の救いは永遠なる現在にある。（三―三五）

そして柳は、「善人なおもて往生を遂ぐ、いわんや悪人をや」という、他力本願の究極的表現である親鸞の一語を提示する。先述の「即如」によって洋の東西を超えた柳には、もはや神と仏の区別はない。親鸞の言葉は次のようにいいかえられる――「善人を神は愛す。しかし悪人をも神は愛す。いな、悪人なるが故になお神は彼を愛する」（三―三六）。またこのように述べる柳であるから、必然的に神の住む国土＝「天国」と仏の住む国土＝「浄土」は一つである。

浄土は神の住む国土だ。愛があり赦しがあり救いがある……この見えざる神より、より確かなものがどこにあろう。彼が住む浄土よりも、より真実な世界がどこにあろう。すべてのものは神の愛によって保証されている。浄土に甦るべきことを約束されている。（三―三七）

「保証されている」あるいは「約束されている」――私たち人間にはその根拠を説明することはできない。それはひとえに「神の智慧」の宰領する神秘の領域である。

神を知りうるものはこの世の智慧ではあらぬ。神の智慧のみが神を知りうるのである。（三―九九）

神秘を信じるとは、理知に背く如何なる行でもあらぬ。否、ここに吾が知の有限を棄てるとは、やがて神の知の無限に迎えらるる意をも含むのである。このとき〈世の智慧〉は尽きるのである。しかしそのとき〈神の智慧〉

が降るのである。〈世の智慧〉は理性の僅かな一部に過ぎぬ。〈神の智慧〉こそ全き理性であろう。啓示とは神をまともに見る意である……啓示は全き理性を意味する。(三一一六二)

しかしながら、「理知に背く」ことはないといわれても、「全き理性」の要請するところであるといわれても、「この世の智慧」を超越した「神の智慧」を、読者に対して論理的な仕方で納得させることはできないだろう。だから柳は、次のように、情緒的に訴えかける。

説明を許さない何事かを貴方が味わっているということほど、貴方にとっての強味はない。貴方は〈知らない〉と一言力強く答えていい。(三一一六三)

無垢なるものは信仰に活きうるのである。知識を誇るものは如何に神の国から遠ざかるであろう。(三一一四五)

そして「知らない」こと「無垢」であることによってかえって「神の智慧」「神の国」が到来するという出来事――この他力の道が、「無知」な民衆による制作が美を生み出すという民藝理論の前提になっていくのである。

またこのような他力性への傾向と同時に、『宗教の理解』においては、「宗教哲学」それ自体の在り方が問われている。それは宗教哲学者・柳宗悦の所信表明であるともいえるだろう。

私は未来の宗教哲学が東洋思想を深く反省することによって改造され発展することを信じる一人である。否、むしろかくすることにおいてのみ、真に究竟な真理を捕らえうるのであると信じている。私は幾多の未知の真理が

これによって開発されることを疑わない。思索に豊かな東洋思想は種々な西欧の思想に大きな暗示となるだろう。（三—二一〇）

最初、柳はブレイクを経由して西洋的なキリスト教神秘思想に魅了された。しかし、そこで柳が見出したのは、東洋思想がもつ豊かさであった。[36]その経験から、柳は、西洋思想を輸入するばかりではなく、自分たちの基盤となっている東洋思想について今一度深く反省することを、これからの宗教哲学の課題として要求する。そうすることによってはじめて西洋思想が自分自身の問題として具体的に考えられ、そこから「真に個性から溢れ出る活きた信仰」（三—一一〇）が可能になる。そうでなければ「他境において他人において考えられた宗教」（三—一一〇）に甘んじるであろう。そこに活きた信仰はない。ただ各個人において「活きた信仰」が確立されてはじめて、諸宗教の融和は実現され、それが人類の平和を導くことになると柳は主張するのである——「東西が宗教のうちに融和することが人類の運命とその幸福とを保証するもっとも確かな道であると私は信じている」（三—一一一）。

しかしながら、すでに述べたように、この著作全体が淡泊であり、ある種の徒労感が漂っている印象は否めない。柳は自らの未熟さを告白する。「ことごとくが未だ途上にあるのを私は知っている……これらの断片的思想も或人々には補佐ともなりまた鼓舞ともなるであろう」（三—五）。あるいは論を展開していくことができず、苦しい胸のうちを明かしている。

まだ見ないうちに桜はもう散り始めた。萌え出る春にも逢わずに、私は薄暗い一室で日夜を過ごしている……時には真理を捕らええたと感じ、私は興奮しながら筆を続ける。しかしすぐ後に失望の寂しさが私を追いかけてくる。もしや不可能なことを可能だとする無理を犯しているのではあるまいか……。（三—九一）

ちなみに、この著作の序において、柳は、「芸術的発作が私に来る」（三―五）という、柳の著作全体のなかでもきわめてめずらしい表現をしている。これは柳自身の美的直観を解明する一つの手がかりとなると思われる。[37]

c.『神に就て』（一九二三年）

これは、もはや研究ではない。より一般向けの雑誌（『新潮』『婦人公論』など）や新聞に掲載したものであり、そのため文体も――「私と読者との心を互いに近づける」（三―一七三）という理由で――書簡体の形式をとっている。なるほど研究ではないが、しかしこれまで自らが学び取ったもの、すなわち神秘思想の要点を、簡潔に伝えようという配慮も感じられる文章である。特徴的なのは、前著『宗教の理解』において明確化された他力性に、より重点が置かれるようになったことである。それは諸々の差別に苦しむこの世界にあって、「神の愛」という平等の地平を語りかけるものである。

> 人には善悪の差があるのです。彼は賢愚の別から逃れることが出来ないのです。しかし神の愛に二面はないのです。その愛は全き愛なのです。神はその愛を差別することなく、差別されたすべてのものを、全き彼の愛のうちに摂取するのです。この世において差別せられるすべては、神に入ることにおいて平等の幸いを受けるのです。（三―三二五）

そして、再び先述の親鸞の言葉を想起させつつ、柳は「恩寵」としての「神の愛」について、優しく語るのである。

> 私たちの行いから愛が導き出されるのではないのです。それはすべて神からふり注がれる贈り物なのです……

吾々を救うということが、神が神自らを成就することなのです、彼は正しき者を救うのです。いわんや悪しき者を救うのです。救いはつねに神の御手にあって私たちの手にはないのです……救済は神から人間に与えられる恩寵です。救いにおいて神は自らを人間に啓示するのです。神は狭き吾等の胸をも、その愛の訪れの場所となし給うのです。（三―三二七）

この「恩寵」――すべてを神意に委ねる他力本願による救い――に逢着して、柳の一連の宗教哲学研究は幕を閉じる。これ以降、宗教性の問題は、民藝理論にその場を移すことになる。そして再び幕が上がったとき、「神の愛」は「仏の慈悲」になる。それが晩年の仏教美学である。

(3)　宗教哲学研究の意義と限界

ここで、これまで概観してきた柳の宗教哲学研究の意義について総括したい。すでにくり返し指摘してきたように、厳密な意味では、それは「研究」ではないだろう。いわゆる研究という意味では、理系の学問はもちろんのこと、たとえ文学思想系の学問であっても、それなりの客観性が要求される。客観性があるからこそ、その研究を踏まえた次の研究が可能になり、学問は継承されていく。しかし柳の場合は、先述のブレイク研究と同じように、それはもう柳の「作品」になってしまっている。要するに、柳による神秘思想研究ではなく、柳的に受容された神秘思想の叙述になっている――たとえば柳は、諸々の宗教が究極的には一つであるという考え方に熱中するあまり、それらがもつ歴史的な意味をまったく考慮していない。しかし神秘家といえども、その立脚点は、特定の一つの宗教ではなかったか。先に述べたように、柳は大学に残り研究するという進路は選ばなかった。良くも悪くも柳は性格的に研究者ではなく、自分自身で感じ、思索し、表現せずにはいられない人間なのである。このような柳の文章をどう評価するかは、むしろ読む側の人間の態度にかかっているだろう。厳密かつ公正な研究を求めるひとには、柳の情緒的な文体、あるいは独断的で学際的な記述は、おそらく馴染めないだろう。[38]しかしそれでも、問題を自分自身で消化し、自分の言葉で表現しようする一途な姿勢は、端的にいえば、柳自身の「哲学すること」については、それなりに評価されてもよいと思われる。

さらに評価すべきところを具体的に指摘するならば、大学における思想研究としてではなく一般的な文芸誌において、中世哲学・神秘思想を語ったということが挙げられよう。明治から大正にかけて日本に宣教されたのは、その多くがアメリカ経由のプロテスタントであった。そうしたなかで柳は、プロテスタントではないキリスト教、すなわちカトリックの要諦である中世哲学・神秘思想を、アカデミズムの枠を超えて、広く一般に知らしめようと努めた。[39]そしてそこに東洋思想との一致を見出し、「即如」という術語の提示によって、究極的な局面における東西の融合を――普遍的な人間性の表現を――試みたのであった。そのような自由さ、柔軟さは、柳が純粋な「研究」者ではなかったからこそ実行しえたのだということもできるだろう。

しかしながら、柳の宗教哲学研究には、致命的な欠陥があると筆者は感じている――それは柳自身がほんとうの宗教家ではなかった、ということである。先に指摘したように、神秘思想について一とおり語り尽くした後の柳は、徒労感や閉塞感を覚えていた。あるいはそれ以上に論を進めることができず、同じことの反復に苦しんでいた。自分は「無理を犯しているのではないか」と煩悶していた。そして実際のところ、柳は無理を犯していたのである――究極の神秘は言語化不可能であるから、論に限界があるのは必定である。しかしほんとうの宗教家であるならば、徒労感・閉塞感を感じることはなく、同じことの反復であろうとそのつど新鮮な感情に心満たされていたはずである。なぜならば、ほんとうの宗教家――柳が主張するような、直下に「即如」に触れうる人間――はつねに「永遠の今」に生き、あらゆる瞬間において、神であり生命である絶対者によって「活きた力」を付与されているはずだから。したがって、もし徒労感・閉塞感を覚えるとしたら、反復が倦怠になるとしたら、それは彼の宗教的な深みがいまだ十分ではない、ということになるだろう。(40) しかし柳は、その方向で自らを徹底的に問い詰めることはしなかった。自らの心の問題に向き合い、それを深めていくことはしなかった。彼の関心は朝鮮に向かい、それから民藝に向かっていった。それは宗教家として生きる道ではなかった――要するに、柳の宗教哲学は、素質的に宗教家ではない人間によって書かれた宗教的な記述なのである。もちろん宗教を学問的対象として客観的に扱う研究者であるならば、必ずしも宗教家であることは要求されないだろう。しかし柳は、自ら言明していたように、研究者ではなく、「生きた宗教的真理」そのものを説こうと欲する人間である。その場合には、どうしても語る人間自身の宗教的資質が問われざるをえない。そしてもしその資質が不十分であるならば、はたしてその言説は、ひとの心の奥底に届くだろうか。ほんとうに道に悩むひとの魂に光を与えることができるだろうか。(41) 安倍能成《あべよししげ》は、「柳君が単純に力強く古高僧などの悟得の境地を説いたりしているのを見ると、『談何ぞ容易なる』という感を抑え得なかったことも私の事実である」（安倍能成「柳宗悦君を惜しむ」回想三九）と述べている。(42) そして筆者自身もまた、安倍と同じような印象を覚えるときがある――たとえば柳が神に対して祈りの言葉を捧げるようなとき、言葉だけが浮いているような、居心地の悪さを感じるのである。(43) そうした印象を与えてしまうということは、やはり宗教家としての柳の在り方にどこかに不十分なところがあった、ということにならないだろうか。要するに、柳を特徴づけている理想主義、その長所と短所がここにも現れていると思われる。神秘思想について情熱的に語りうるのは、理想主義の長所である。しかし、その理想に現実の自分自身が追いついていないという短所が、ここにおいても隠しきれないように見受けられるのである。

しかしそれでも、柳の宗教哲学研究には間違いなく大きな意義がある。それはなによりも、この研究が、柳自身にとって不可欠な成長の過程であるということである。たとえば柳は、『ヰリアム・ブレーク』においては偉大な個性である「天才」に期待を寄せていた。それは自力の道であった。しかし、宗教哲学研究を経ることで、最後には「他力道」に逢着する。あるいは処女作『科学と人生』では「宇宙法則」や「心霊的な法則」について漠然と触れられていた。その法則の内実は、なるほどブレイク研究において明確になってきたが、それでも神的・生命的なものの「流出」という、文学的・詩的表現にとどまっていた。しかし宗教哲学研究のなかで、その法則は、「即如」から「天の道」「道徳律」「規範」あるいは「理性」という言葉に置き換えられていく――すなわち「万般の事象」に浸透する「理法」に関わるものとして、哲学思想的な文脈のなかで考察されるようになる。(44)いわば最初は柳自身のなかで漠然としていた、全宇宙を貫く「理法」というイメージが、この研究の過程で、徐々に洗練されていったことが確認されるのである。

さらにいえば、この一連の研究によって、柳は、そのような自分のイメージを的確に表現するための「言葉づかい」――神秘思想的な術語を用いた言語表現――を修得することができた。そしてその言葉づかいによって、民藝理論は構築されている。そうであるから、この宗教哲学研究という基礎なしには、民藝は、理論としては起こりえなかったであろう。民藝について思想的に解明した最初の書『工藝の道』の序文において、柳は次のように書いている。

想えばここに現れた一つの思想に到達するために、十有余年の歳月がその観察と内省とのために流れた。そうして過去一ヶ年の間休む折もなく筆を続けた。私には真に追うに足りる意味深き問題であると考えられた。だがある友達はなぜ私が宗教への思索を離れて、かかる奇異な問題に外れたかを嘆いてくれた。昔に帰るようにと同じく忠告してくれる人々が他にもあるであろう。私はその志を嬉しくは受けるが、この書を読まれるならば大方の誤解は解け去るであろう。私は宗教の真理に嬾惰《らんだ》であったのではない。工藝という媒介を通して、私の前著『神に就て』においてようやく模索し得た最後の道、〈他力道〉の深さと美しさとをまともに見つめたのである。したがって工藝を物語っているが、私としてみればやはり〈信〉の世界を求める心の記録である。多くの人々は宗教の法則は、ただ宗教のことのみであると思うようである。だが万般の事象は皆同じ法のもとに育まれているのである。（八―六一）

『工藝の道』の執筆に柳は一年間を費やした、しかしそこに到達するために費やされた「十有余年の歳月」があったという――それが柳がこの宗教哲学研究に打ち込んだ歳月なのである。したがって、柳の業績全体からこの研究だけを切り離して、その是非を論ずることにさほど意味はない。また、この研究に目配りすることなく民藝を論じても、民藝の真意に迫ることはできない。この研究なくして、その後の柳宗悦は存在しえないのである。

（4）「法衣の秘義」について

最後に、一連の宗教哲学研究のなかで、筆者がもっとも柳らしいものであり、その長所の率直な現れであると評価する小論について触れておきたい。それは「法衣の秘義」（一九二三年）という短い文章である[45]。まず宗教者の衣服――「法衣」が普通の衣服とは次元が異なるものであることを柳は指摘する。そして法衣がもっぱら黒（墨染）であることの意味を、次のように説明する。

衣は身を被うというよりも、むしろ心を現すのである。法衣は信念の衣である。俗を棄てて出家する者は、その徴《しるし》を衣に委ねる。彼は世のすべてを棄てるが故に、すべての色を棄てる黒を慕う。そこにはこの世を離れる静寂がある。だが同時に信念に活きる者の静寂がある。（三―五一一）

そして法衣を纏う資格について述べる。法衣は神に属するものであるから、その資格を扱う権限は人間にはない。

それは神意によって選ばれた人間に付与されるものである。

法衣は僧の衣であると人は云う、または法衣を纏う者を僧であると人は見る。しかしゆめそうではあらぬ、そうであってはならぬ。それは法に属するのであって、人に属するのではあらぬ。僧が持つ衣ではなく、神に所属する衣である……それはすでにただの衣ではない。そこに聖さを味識せぬ者は、それに手を触れることは出来ぬ。（五―五一三）

自らがその衣を纏うのではなく、神がそれをもって彼を被うのである。さもなくば彼の衣に聖さはあらぬ……人が自らを空しくする時と、神が人を満たす時とは同時である……彼が法衣を選ぶのではなく、法衣が彼を選ぶのである。（三―五一四）

ちなみに、ただ宗教的儀式においてのみ、僧が豪華絢爛な衣を許される意味についても触れられている。

僧正は金襴の袈裟を纏う。なぜ黒の慎ましい色を離れるのかを或者は訝るであろう……しかし法衣は僧を表すよりも神の心を表すのである……あの金襴の綾なす美には、この世を超える者の、高貴と絢爛と豊富とが示し出されている。僧は猥りにそれを用いることができぬ。神威を讃える祭典においてのみ、それを纏うことが許されている。（三―五一五）

なるほど時代は末法であり、僧にふさわしくない人間が法衣を纏うこともあるだろう。しかし、法衣の秘義それ自体は――「人の手」によって汚されることなく――普遍的価値をもちつづけると、理想主義者・柳は説くのである。

末法の世においてよく法衣に活きる者はないかもしれぬ。しかし法衣の秘義に動揺はあらぬ。法衣は人の手にはなく、永えに神の御手にあるからである。（三―五一五）

このことを指摘して、論は閉じられる――まず「法衣」に着目するということそれ自体が、他の宗教哲学研究には見ることのできない柳の独自性を示しているだろう。そして「法衣」をたんなるものとして見ることなく、それを纏う人間の精神性に結びつけていること、またその精神性の起源を神的なものに見出していること、さらにその一連の出来事を簡明かつ流麗な文章で表現していること――筆者が思うに、これこそが柳の才覚である。柳の宗教的感性は、具体的なものを目の前にしたときに、彼自身が何かを「直に見る」ときに、すなわち対象の直観的な把握が行われ、それを言語化するときに、もっとも冴える。そうでないとき、すなわち抽象的な事象を議論するとき――宗教哲学には多分にその傾向があるだろう――には、理想主義の短所が出てくる。観念的になり、時として言葉が現実の柳を置いて先走ってしまう。しかし具体的なものにまなざしが固定され、焦点が絞られたとき、柳の直観力、洞察力、思考力、言語的表現力のすべてが、その一点に向かって集中する。まさに具体的なものと精神的なものとの関係、いいかえれば「形と心」の関係を論じるときが、柳の才能がもっとも輝くときなのである。さすがに盟友・河井寛次郎はこのことをよく理解している。

大体、信仰の人は、心の経路を言うことが多く、ものに実際に触れることは少ない。心のはたらきが形になったらどうなるか。美の本源が信と結んでいることを立証した。それはまことに柳の業績といえるだろう。

（回想二一）

ささやかな小論である「法衣の秘義」は、このような柳の長所が端的に現れた一文であるといえるだろう。そして、その柳の長所が存分に発揮されるのが、民藝なのである。民藝において、柳は生きる。宗教哲学研究はそのための準備段階である。振り返れば、宗教哲学研究で否定道の後に象徴道が置かれたように、あるいは「法美」が説かれたように、柳にはつねに美しいものへの憧憬があった。長い間、具体的なものとの接触が待ち望まれていた。ただしその世界——民藝の領域に入る前に、十分な思想的鍛錬を受け、言語表現能力を身につけておく必要があったのである。

ところで宗教哲学研究の後半、柳は朝鮮と深い関わりをもつようになる。次章では、朝鮮との関わりと、それに関連して沖縄、アイヌとの関わりを見ていきたい。

第三章　朝鮮・沖縄・アイヌとの関わり

柳はまったく政治的な人間ではない。そもそも（宗教哲学研究のように）超現実的な思弁に耽ることも、あるいは（民藝のように）日々の暮らしを取り囲む品物に濃《こま》やかな愛情を注ぐことも、政治的人間の好むところではないだろう。ところがその柳が、生涯に二度、朝鮮と沖縄との関わりのなかで、大きな政治問題に巻き込まれるという出来事が生じた。朝鮮との関わりは、柳に民藝への開眼をもたらし、また後の民藝運動の基礎が形成された時期でもあった。沖縄はすでに柳が成熟した後、民藝運動を具体的に展開するなかでの関わりである。またアイヌとの関わりは、具体的な政治問題には発展しなかったが、沖縄と類似した問題構造をもっている。この三つの関わりをとおして、柳の政治的見識の大概を把握することができると思われる。

1　植民地政策批判と朝鮮民族美術館

（1）　柳の義憤

柳と朝鮮との関わりは、浅川伯教《あさかわのりたか》――浅川巧の兄であり、柳はこの兄弟と不思議な縁で結ばれている――の来訪を受けたところにはじまる。(1)『白樺』の愛読者であり、そしてロダンから『白樺』に寄贈され柳が保管していたロダンの彫刻（現在、大原美術館所蔵）を拝見するため、我孫子に柳を訪問した浅川伯教は、手土産に朝鮮の李朝期の小さな壺――「染付《そめつけ》秋草《あきくさ》文《もん》面取《めんとり》壺《つぼ》」――を持参する（一九一四年）。その壺が、柳に朝鮮の美を開眼させることになる。[2] そして結婚した柳の妹・千枝子が朝鮮に住んでいたこともあって、柳は朝鮮の旅を楽しみ（一九一六年）、伯教の仲立ちで、弟の浅川巧と親交を結ぶようになる。[3] 巧は、朝鮮の工藝品を自宅に集めており、そこに宿泊していた柳は、朝鮮の工藝美に魅了される。ところがその数年後――『宗教とその真理』刊行後[4]――柳は強い決意を抱いて朝鮮に渡ることになる。

> 彼〔＝柳〕はいつも彼の傍から離さなかった朝鮮の磁器にまたも心を奪われていた。彼はいつもそれらのものと話しすることが出来た……彼はその壺を彼の手の内に抱くことを忘れなかった。壺も温められて平和な憩いを受ける様に見えた……彼に平らかでない日が永く続いた。彼が愛しまた親しさを感じるその隣国の人々が、苦しい日々を送っていることが、絶えず彼の耳に聞こえていた。彼はそれらの人々の哀情をまともに読む思いがした。なぜなら彼の手近くに置かれたそれらの磁器は、その苦しさを彼に告げないときはなかった……彼は一日見知らぬ者の声が彼に起てよと命じるのを聞いた。彼は沈黙を破るべきときが来たように思えた。彼は家を出て彼の苦しむ友達を訪わねばならぬ心に満ちた。（六―五三）

平和裡に壺と暮らしていた柳に衝撃を与え、「この旅が如何なる結果を持ち来すかを考える暇なく……ほとんど心の衝動により」（六―五三）彼を朝鮮に向かわせたのは、朝鮮における三・一独立運動と、それに対する日本政府の厳しい弾圧であった（一九一九年三月）。その事実を知った柳は「朝鮮人を想ふ」（一九一九年五月）という一文を『読売新聞』に掲載する。それは「誰も不幸な朝鮮の人々を公に弁護する人がない」（六―三二）ことに憤りを覚え、まったく我が身を顧みることなく書かれたものである。[5] その趣旨は、日本政府に対しては武力を慎むことを要求し、朝鮮の人々に対しては「吾々の国が正しい人道を踏んでいないという明らかな反省が吾々の間にあることを知って欲しい」（六―三二）という心情の表明である。

吾々とその隣人との間に永遠の平和を求めようなれば、吾々の心を愛に浄め同情に温めるよりほかに道はない。しかし日本は不幸にも刀を加え罵りを与えた。これが果たして相互の理解を生み、協力を果たし、結合を全くするであろうか。否、朝鮮の全民が骨身に感じるところは限りない怨恨である、反抗である、憎悪である。分離である。独立が彼らの理想となるのは必然な結果であろう。彼らが日本を愛しえないこそ自然であって、敬いうるこそ例外である……金銭や政治において、心は心に触れることはできぬ。ただ愛のみが悦びを与えるのである。植民地の平和は政策が産むのではない。愛が相互の理解を産むのである……余は想う、国と国とを結び人と人とを近づけるのは科学ではなく芸術である。政治ではなく宗教である。知ではなく情である。ただひとり宗教的もしくは芸術的理解のみが人の心を内より味わい、味わわれたものに無限の愛を起こすのである。（六―三一）

さらに「朝鮮の友に贈る書」（一九二〇年六月）を雑誌『改造』に――検閲により大幅に削除されて――公表する（ここでの引用は検閲前の原文）。

争いは道徳に欠け、戦いはいつの場合にも宗教を持たない。このことは真理を知る民にとっては苦痛である。私は日本がいつも正しく温かい日本であることを願う。もし無情な行いに傲ることがあるなら、その時日本は宗教の日本ではありえない。今日不幸にも国と国との関係は、まだ道徳の域にすら達していない。いわんやその間に宗教的な愛が保たれようはずがない。もろもろの不正や罪悪が時として国家の名によって弁護される。いつも真理に国家が従うのではない。国家に真理が順応し変化されるのである。かくしてますますこの世には不自然な勢いが白昼を歩くのである……少なくとも或る場合日本が不正であったと思うとき、日本に生まれた一人として、とくに私はその罪を貴方がたに謝したく思う。私はひそかに神に向かってその罪の許しを乞わないではいられない。日本が神の国において罪深いものとして見られることは、私の忍びうるところではない。私は日本の栄誉の為にも、吾々の故国を宗教によって深めたい。（六―三五）

このように宗教的真理あるいは道徳律を国家・政治の上に置く柳は、日本に対しては、とくに若い世代に――地位や名誉、金銭といった、ただ物質的なものを欲望するのではない清らかな精神に――期待を寄せる。

精神に動く若い人々は、日本を真理にまで高めねばならぬ義務を感じている。貴方がたも私と共にそれを信じてほしい。人間そのものの本質を信じることによって、再び希望を私と共に甦らしてほしい。（六―三八）

それと同時に、朝鮮に対しては、武力に武力をもって抵抗することを控えるように懇願する。(6)

吾々が剣によって貴方がたの皮膚を少しでも傷つけることが、絶対の罪悪であるように、貴方がたも血を流す道によって革命を起こして下さってはいけない……殺戮がどうして平和をもたらしえよう……私は武力や政治には少しだに信仰を持たない。それは国と国とを結びつけはしない。人と人とを近づけはしない……政治や軍力の平和は利害の平和にすぎない。さもなくば強制の平和にすぎない……一国の名誉を悠久ならしめるものは、武力でもなく政治でもない。その宗教や芸術や哲学のみである。（六―三九）

そして柳は、自分が前年に公表した「朝鮮人を想ふ」によって、見知らぬ多くの日本人から共感の手紙を受けたことを明らかにする。

不正なことに関しては、不正であるという明らかな反省が吾々の間にあることをも知ってほしい。人間の正しい運命を保持しようとて、今吾々は努力しているのである。それらの人々は真に貴方がたの淋しさや苦しさに対しての味方である。これは私一人の推量ではない。わたしの多くの知友が私と同じ感を抱いていることを私は知りぬいている。（六―四一）

このように日本国内においても言論の自由が許されないなかで、しかし心を痛めている人々が多くいるという事実を、朝鮮の人々に伝えようとするのである。

それ以外にも、柳は、より鋭い語調で、かなり大胆な批判を行っている――「軍国主義を早く放棄せよ。弱者を虐げることは日本の名誉にならぬ……弱者に対する優越の快感は動物に一任せよ……自らの自由を尊重し、他人の自由をも尊重しようではないか。もしもこの自明な人倫を踏みつけるなら、世界は日本の敵となるだろう。そうなるならば亡びるのは朝鮮ではなく、日本の国だ」（六―一八九）、「如何に国家本位の道徳が互いに敵愾心を増長させ、闘争を好ましめるか。吾々日本人はその軍国主義においてこの事を如何に明瞭に熟知しているであろう」（六―二三〇）、「孔孟の教えを少しも理解しないような者こそ、剣をとって他国を犯そうとするのだ……どこに〈仁〉による戦争があろう。自分にのみ都合のよい道徳を立てて自分を弁解する卑怯な態度を慎むべきだ。個人個人でもまだ完全な道徳を踏んでいない。いわんや道徳的な国家がどこにありえよう」（六―二三一）、等々。

さらに柳は、国家を批判すると同時に、国家の力に威を借りて、横暴な態度を示す人々に強い嫌悪感を示している。

柳自身、自らが目撃した不快な出来事を記している（六―六七）。あるいは彼の友人（浅川巧であることは間違いない）に教えられたという言葉――「日本人が如何なる態度を朝鮮人にとるかを知ろうとするなら、朝鮮服を着て町を歩いてみると分かる」（六―六八）――を挙げている。(7)

このような一連の政治的発言によって、柳は「警察に尾行される危険人物」（一〇―二〇一）となり、我孫子の柳の家の周囲には、「特高」の刑事たちが客の出入りを監視するようになったという。(8) しかし、そもそも李朝の壺によって朝鮮に開眼した経緯をもつ柳であるから、いわゆる政治活動には進まず、まさに柳独自の仕方で、朝鮮のために尽くすことを企てる。それはまったく非政治的な方法であった。最初は、先述の兼子の音楽会の開催である。『白樺』に掲載されたその「〈音楽会〉趣意書」において、柳は次のように書いている。

> ただこの世に真の平和や友情を内側から持ち来すものは宗教や芸術の道だと信じています。どうかしてかかる道を通じて互いの愛を呼び覚ましたいと思うのです……吾々は隣邦の人々に対するかねがねの信頼と情愛とのしるしに今度渡鮮して音楽会を開きその会を朝鮮の人々に献げるつもりです。（六―一七二）

そして実際に朝鮮各地において音楽会を実現させるのである。さらに柳は、朝鮮文化が破壊され、その伝統的な美しさが損なわれている状況に胸を痛める。たとえば朝鮮の高等女学校を参観した柳は、その学校の生徒たちの制作を見て、違和感を覚えずにはいられない。

> 余は奇異な感慨に打たれた。そこには朝鮮固有の美を認めえない現代日本風の作品――すなわち半西洋化された趣味もなく気品もない愚かな図案と浅い色彩との作品があった……あやまられた教育の罪を想い、かかる教育を

強いられて固有の美を失って行く朝鮮の損失を淋しく思ったのである。（六―一二九）

あるいは朝鮮総督府による光化門（京城の王宮の正門）取り壊しの計画を知った柳は、「失われんとする一朝鮮建築のために」という有名な一文を発表し、その計画に激しく抗議する。光化門の取り壊し――それは日本人にとっては江戸城の破壊と同じレベルの暴挙であるとして、柳は問題の深刻さを読者の想像力に訴える（六―一四五）――は、偉大な東洋的建築美の破壊を意味する。それにもかかわらず「芸術的意識ある吾々の同胞によって、このことが白昼になされよう」としている現実に、柳は「狂気」を見る。

あの門が取り去られて、その代り何が建てられるであろう。吾々は偉大なものを無益な労力によって破壊し、矮小な門をそれに代えしめる日を待ちつつあるのである。人は狂っているのであろうか……。（六―一五一）

結局、柳の一文が呼び起こした反響により、光化門は取り壊しを免れ、移築されることになった（その後焼失され、現在は鉄筋コンクリート建に再建されている）。しかし、光化門はほんの氷山の一角であって、全体としては、「朝鮮文化の破壊」は止めようがなかった。当時の心境を、後に柳は、次のように振り返っている。

その頃は万歳事件（三・一独立運動）のあとで、朝鮮人は極度に弾圧され、全体からすれば朝鮮文化の破壊が遠慮なく行われていた時期であった。それで私は義憤を感じて、朝鮮人の味方として立とうと意を決した。それがまた朝鮮の品物から受ける恩義に報いる所以とも考えられた。品物だけを愛し、その生みの親たる民族を尊敬しないのは不合理だと思えた。（一〇―二〇一）

そこで柳は、親友・浅川巧とともに「朝鮮民族美術館」の設立を計画する。それは「朝鮮民族」のための美術館、すなわち朝鮮の人々が、自分たちが生み出してきた美を再認識するための美術館であり、また同時に、日本人がその美に触れることで「生みの親たる民族」である朝鮮人に敬愛の念を抱くための、そしてこの「芸術という普遍の国」において、両者が「必ずやよき心の友」となるための、「親しい交わりのよい機関」となることを目的とするものであった（六―八二）。そのための寄付を募る趣意書（『白樺』掲載）のなかで、柳は次のように書いている。

ここに民族芸術としての朝鮮の味わいのにじみ出た作品を蒐集しようと思う。如何なる意味においても、私はこの美術館において、人々に朝鮮の美を伝えたい。そうしてそこに現れる民族の人情を目前に呼び起こしたい。それのみならず、私はこれが消えようとする民族芸術の、消えない持続と新たな復活との動因になることを希う。数の少ない朝鮮の作品は、恐らくあと十年の後には散逸の悲しみを見るであろう。今朝鮮の人々は目前の出来事のために、それらのものを顧みる余裕を持たない。しかし今のままでおけば、いつかそれらの作品に対する悲しい追憶が来るにちがいない。私はその不幸な散逸を防止するためにも、かかる企てが為されねばならぬ仕事であると思う……その美術館を東京ではなく京城の地に建てようと思う。特にその民族とその自然とに密接な関係を持つ朝鮮の作品は、永く朝鮮の人々の間に置かれねばならぬと思う。その地に生まれ出たものは、その地に帰るのが自然であろう。（六―八一）

興味深いのは、朝鮮の未来のために朝鮮の地において美術館をつくらなければならないとする柳の発想である。日本に朝鮮の美を紹介するだけならば、日本で展覧会を開けばそれで十分だろう。実際に柳は神田で「李朝陶磁展」(9)を主催し、成功を収めている（好評につき会期が延長されたという）。河井寛次郎の人生に決定的な影響を与えたのもこの李朝展であった。[10] しかし柳はそれだけでは満足せず、ほんとうに朝鮮のひとのために尽くしたいと思った。それは柳にとっては、未来の朝鮮のために、これまでの朝鮮の美を護ることであった。現状においては朝鮮の美は失われてしまう、そこで正しく美しいものが美術館において保存されなければならない、その場所は朝鮮でなければならないと柳は考えたのである。そして実際に、柳と志を同じくし、朝鮮語に堪能であり、朝鮮人の間でもその誠実な人間性が認められていた巧と力を合わせて、私財を投じて、[11] また兼子の音楽会や『白樺』読者の寄付の助けを借りて、それまでの巧の蒐集を土台にさらに多くの蒐集を重ね、当初の計画から三年後、京城の宮城内の一部（景福宮内緝敬堂）に「朝鮮民族美術館」を開館させた――朝鮮総督府からは「民族」の文字を外すように圧力を受けたが、なんとか押しとおした――のである。彼らは自分たちが集めたものをそこに寄贈したのである。[12]

それでは、柳や巧が求めた朝鮮の美とは何か。彼らは何をもって「朝鮮民族美術」としたのか。それは朝鮮においてすでに認知され王侯貴族の居室に飾られていたような、いわゆる美術品の美しさではなく、一般の庶民が日常生活に用いていた工藝品――茶碗や漆器、お膳や簞笥など――の美しさであった。それらは最初に柳を魅了した小さな秋草手の壺がそうであったように、ありふれた無名の作品――とくに李朝期――であり、きわめて廉価なものであった。しかし柳や巧は、そこに心温まる健康的な美しさ――本書第Ⅱ部において詳述――を見出したのである。[13] ただしそれは、当時では、日本の美術愛好家の間でも、また朝鮮人の間でも、ほとんど注意を惹かないものであったという。振り返って柳は述べている。

今でこそ病的なまでに大変な市価を呼んでいる〈李朝〉であるが、その頃は〈李朝〉などを振り向く人はろくになく、私はつまらぬものを買うとて馬鹿にされたりした。しかし、美しいものは美しく、そんな嘲りとはおかまいなく好きなものを買い集めた。（一〇―二〇〇）

当然のことながら、美術館の展示も、そのような美の基準で選ばれたものである。すると朝鮮の側から、「下賤の民が作った品々で朝鮮の美など語られるのは、誠にもって迷惑だ」（一〇―二〇〇）という批判が出たという。その批判はさておき、柳たちが見出した「李朝」は、今日では、朝鮮美術を語る上で不可欠なものとなっている。またこの美術館を契機として、朝鮮における工藝品が保存されたことは――おそらくは柳が願ったように朝鮮にとっては――決して無意味なことではなかったと思う。その収蔵品は現在ではソウルの国立中央博物館に所蔵されている。[14]

（2）柳の政治的見識

以上が、「義憤」から発した柳と朝鮮との関わりの概要である。そしてこの美術館の実現をもって、柳の次なる関心は、日本における工藝美の発掘へと向かっていく。ところで、これまで引用してきた柳の諸々の政治的発言を顧みるとき、次のような批判が可能であるだろう――柳は朝鮮が日本の植民地であることを前提に思考している、と。たとえば柳は書いていた。「植民地の平和は政策が生むのではない。愛が相互の理解を生むのである」（六―二二）。あるいは「日鮮の問題が困難なのではない。吾々の採用している道徳がすべてを困難にするのである。政治が道徳の域に達していないのが誤りの原因である。朝鮮人が不遜なのではない。日本の統治が暴虐なのでもない。それはむしろ末葉の問題である。吾々が道徳に政治を従属させる勇気を持たないからである、国家の名のもとに道徳をごまかすことから来るのである」（六―二三一）。これらの発言が、既存の統治構造を前提としていることは疑うことができない。

また柳晩年の随筆に「林檎」という小品がある。林檎を見ると思い出す光景が彼にはあるという。それは、柳夫妻が同志社大学の学生を引率して朝鮮に修学旅行に出かけたときの、ある列車のなかでの出来事である。切符をなくした様子の貧しい田舎風の朝鮮人の老人が、「日本語も朝鮮語も話せる」若い車掌に叱られ、即刻の下車を命じられた。そこでその老人に同情した柳と学生たちが小銭を出し合って、老人の切符代を立て替えてあげた。ところがその老人は次の駅で急に降りてしまった。どうしたことかと思っていると、やがてその老人が自分の衣の裾の両端を折って、そこにいっぱいの林檎を入れて、戻ってきた。それは老人からの「感謝のしるし」だった。そして柳は書いている。「私たちは誰も彼も思わず眼を濡らした……この地上において味わいうる人間の幸福を、その出来事で味わわせて貰ったことを今も感謝している」（二一―六一八）。なるほど美談である。しかし日本語を話す若い車掌と田舎風の貧しい老人という対比を見るとき、その時代の暗い影を感じることができないだろうか。老人が朴直であるだけに、林檎――彼が示した「感謝のしるし」――に切ない思いを抱くのは、筆者だけだろうか。なるほど柳は暴力を憎み、宗教・芸術によって人々が心を通じ合わせることを求めた。その気持ちには、間違いなく、一点の曇りもなかった。

しかし冷静に考えて、二者が心を通じ合わせるためには、まずそこに対等の関係がなければならないだろう。その前提が欠如している状態で、ただ宗教や芸術による融和を説くことは、厳しいいい方をすれば、結局は強者の側に心地よい論理を弄ぶことで終わってしまうのではないだろうか。先に述べたように、柳は朝鮮に対して非暴力を懇願した。柳にとっては、それは当然の主張であった。しかし、現実に暴力を受けている状態で非暴力を貫くことは、当事者にとっては、大きな覚悟を必要とするだろう。その覚悟をともにする決意が、柳のなかにどれだけあったであろうか――少なくとも朝鮮に残りつづけた浅川兄弟とは対照的に、柳は美術館の開館を一区切りとして、朝鮮から離れていく。要するに、理想主義者である柳の短所――暗い現実を直視することなく、美しい物語できれいにまとめてしまう傾向が、ここでの柳の政治的態度にも現れているように感じられる。なるほどただ宗教と芸術だけが――それが真実なものである場合――人々を一つにするということは永遠の真理である。しかし現実は悲惨である。そしてその理想と現実との狭間で葛藤せざるをえない人間の苦しみに対する思慮が、少なくとも現段階における筆者の印象では、柳には決して十分ではなかったように思われるのである。(15)

しかしながら、この朝鮮との関わりにおいては、短所を指摘することよりも、率直にその長所を讃えるべきだろう。

あの時代状況において、ほとんどすべてのひとが沈黙するなかで、政府を正面から批判し、朝鮮の人々に対する深い同情を公に示し、朝鮮において融和のための音楽会を開催し、[16]そして最後には——もちろん柳的な美の基準ではあるけれども——未来の朝鮮を意識した美術館まで設立してしまう。いったい他に誰がそのようなことを企て、そして実行しえただろうか。それらは、ひとえに純粋な理想主義者であった柳——人間における「真＝善＝美」の絶対的価値を疑わない——であればこそ、果たしえたことではないだろうか。そしてそれは——逆説的なことに——現実の政治に疎かった柳であればこそ、可能なことではなかったか。そもそも現実感覚のある人間ならば、そのような無謀な、我が身を危険にさらすような、あるいは自腹を切るような企てをしないだろう。もちろん柳は一人ではなかった。兼子にしても巧にしても、柳の「趣意書」に応じて寄付をした『白樺』読者にしても、多くのひとが、大なり小なり柳に協力した。美術館の場所の確保にあたっては、朝鮮総督府からの協力もあった。[17]しかしそのような協力を引き出したのは、ただ朝鮮の人々のために、朝鮮の工藝美のために尽くしたいという柳の一途な、そして「無私」の情熱があったからだろう。柳の政治的見識の甘さを批判するのは容易である。だがその甘さ——理想主義こそが、同時に柳の実行力の源泉になっていたことも否定できない事実である。

(3)「悲哀の美」をめぐって

最後に、柳の朝鮮芸術論——『朝鮮とその藝術』(一九二二年)をはじめとする多くの論考がある——について、一言だけ触れておきたい。柳は朝鮮芸術の特徴を「悲哀の美」——「線」によって表現される「淋しさ・悲しさ」であると定義した。[18]

永い間の酷い痛ましい朝鮮の歴史は、その芸術に人知れない淋しさや悲しみを含めたのである。そこにはいつも

悲しさの美しさがある。涙にあふれる淋しさがある。私はそれを眺めるとき、胸にむせぶ感情を抑ええない。（六―四二）

形ではなく色でもなく、線こそはその情を訴えるに最も適した道であった。人はこの線の秘事を解きえない間、朝鮮の心に入ることはできぬ。線にはまざまざと人生に対する悲哀の想いや、苦悶の歴史が記されている。その静な内に含む匿れた美には、朝鮮の心が今なお伝わっている。私は私の机の上にある磁器を眺めるごとに、淋しい涙がその静かな釉薬の中に漂っているように思う。（六―四三）

このように「悲哀の美」を説く柳の考察に対し、柳の死後、それは朝鮮に対して一方的に憐れみをかける解釈であり、いわゆる「植民地史観」――自分たちよりも劣った不幸な人々に幸せを与えるという口実――の一形態であるという批判が生じた。あるいは「淋しさ・悲しさ」とは、「侘び・寂び」を好むきわめて日本的な美感であって、朝鮮人の感覚ではない――朝鮮人はもっと快活で楽天的である――という異論も提示された。浅川伯教でさえも、柳に同調することはせず、朝鮮陶磁の特徴である白磁は儒教の影響であり、そもそも朝鮮では白土が身近にあったと述べたという。[19] そのような批判はまず朝鮮で起こり、また日本においても、柳における「オリエンタリズム」として批判的な論調が生じた。[20] そしてそうした批判傾向に触発される仕方で、鶴見俊輔は、柳の美的直観に対して疑義を呈している。[21] もちろん柳のなかに「植民地史観」を求めることは不適切である。むしろいつもの柳の理想主義的な思考様式が、「悲哀の美」という感傷的な解釈の遠因であったと思う。

ところで、ほんとうに柳の「悲哀の美」解釈は誤っているのだろうか。一つ指摘しておくべきことは、「朝鮮人は楽天的だから」「儒教の影響があるから」等々という理由づけは、あくまでも説明であって、ものを直に見てはいないということである。楽天的な人間だからといって、悲哀の美を表現しないということにはならない。儒教的祭祀に用いられる器物だからといって、その白さが悲哀とは無縁であるとも限らない。それらの説明は、柳的にいえば、すでに「知識」でものを裁いている。だが柳は、一切の知識なしに、ただ李朝の白磁に直接的・具体的に接して、自らが感じたところをそのまま言語化したのである――それは、日本の初期茶人たちが平凡な朝鮮の茶碗に「侘び・寂び」の美を見出し、一つの美的価値を創出したのと同じように、柳自身が直に見たことの結果であった。そして私たちが柳と同じように「直に見る」ことができたならば、そこに「悲哀の美」を感じ取ることは、決してありえないことではないと筆者は考える。

誤解してはならないのは、「淋しさ・悲しさ」は、決して同情や憐憫ではないということである。[22] それは人間が生きることそれ自体にともなう「淋しさ・悲しさ」である。華やかさとか面白さという他の美的要素は、人間の生きる悲しみという事実を暫定的に覆い隠し、はかない人生にしばしの憩いと歓びを与えてくれる美しさである。もちろんそれはそれで大きな意味がある。しかし生きる悲しみが消えることはないだろう。したがって、華やかさを求めたとしても、ひとが最後に行き着くところ――「帰趣」すべきところは、本来的に孤独である自分の心情に寄り添うような「淋しさ・悲しさ」の美ではないだろうか。要するに、「淋しさ・悲しさ」とは、決して朝鮮民族固有の美ではない。それは人類に共通する一つの美的範疇であって、その美を朝鮮芸術は端的に表現していたと――決して朝鮮芸術が悲哀なのではなく、普遍的な「悲哀の美」が朝鮮芸術において如実に表現されていたと――理解するべきであろう。もちろん、柳の叙述には、例の理想主義の影響もあり、叙情的にすぎるところがある。しかしもし私たちがただの感傷ではなく、ほんとうの「淋しさ・悲しさ」の美を認められないとしたら、それは私たち自身が、人間が生きるという事実に、その本来的な孤独さに、その悲しみに、十分に向き合ってはいないことを意味しているのではないだろうか。そして、その悲しみに対する感受性の欠如が、他者の悲しみに対する無理解・無感覚を生み出しているのではないだろうか。柳は普遍的な「悲哀の美」を感じ取ることのできる人間であった。だから朝鮮に赴いたのである。

以上、柳の朝鮮への関わりについて考察した。後に朝鮮での一連の活動を回顧して、柳は、「まだ二十才代のことで随分無鉄砲な事を企てたものである」（一〇―二〇〇）、「今考えると若いときの情熱を尊いものに思える」（一〇―二〇二）と述べている。ちなみに朝鮮民族美術館の設立は、柳・三五歳（一九二四年）のことである。この美術館の設立をもって、柳は朝鮮での活動に一区切りをつけて――もっともそれと併行して、先に述べた宗教哲学の諸著作ならびに『陶磁器の美』という民藝理論の萌芽となるべき小著を発表している――すでに準備されていた次の課題に向かう。それが「木喰上人」の研究であり、日本での民藝蒐集であり、「日本民藝館」設立に向けた民藝運動である。柳は、伯教による例の李朝の小さな壺を契機として朝鮮に赴き、巧をとおして朝鮮の工藝美に出合い、ともに蒐集活動を行い、最後には朝鮮の地に美術館を実現させた。そして朝鮮工藝美への開眼は、同時に日本における工藝美への開眼であり、民藝への開眼であった。だから柳は、朝鮮での活動と同じことを、今度は日本で行うのである。いわば宗教哲学研究が柳を思想的に鍛錬したというならば、朝鮮との関わりは、柳が民藝運動を具体的に展開していく活動の予行であったといえよう。そしてそのような非政治的な流れに属する人間からラディカルな政治的発言が飛び出したということが、ある意味では不思議な、理想主義者・柳に固有の出来事であると思うのである。

2　沖縄方言論争

沖縄ならびに次に述べるアイヌとの関わりは、民藝運動が展開されているなかで生じた出来事であり、時期的には後になるが、柳が関係した政治的な問題としてここで取り扱うことにする。

(1) 柳の基本的な立場

一九三八年（昭和一三年・柳四九歳）、柳ははじめて沖縄を訪問する。[23] そこで沖縄の素晴らしさに心打たれた柳──「この土地を親しく踏んで、限りない驚きの念に打たれ、終わりない悦びを身に感じた者」（一五─一三五）──は、次のように書いている。

今まで琉球に関して繰り返し聞かされたことは、この島が如何に貧乏な所であるかということでした。ただに地理的に小さく、経済的に貧しいというのみならず、文化もまた乏しく、生活もまた低いものであることを聞かされていました。なるほど小さな島々から成る土地ではありますし、資源の豊かな所ではないのですから、ここに厖大な経済力を予期することはできません。ですが文化や暮らしの姿までを貧しいと考えるのは、大きな誤算とより思えないのです。私たちは如何に琉球が様々な面において富有な琉球であるかを見ないわけには行きませんでした。私たちはただ過去に優れたものがあったというのではないのです。現在の暮らしの内面に、または信仰や作物や風俗や言語のなかに、まだ驚くべき幾多の力の宿しているのを目前に見たのです……私たちは何よりもまず琉球の富について正しい認識をもたねばならないのです。これがない限り、琉球を富ましめる道は、決して見出されはしないでしょう。貧しい琉球をのみ見る限りは、琉球はついに貧しさから逃れることはできないでしょう。（一五─一三七）

その当時、本土の人間は、ほとんど沖縄についての知識をもっていなかった。「たやすくは行けない遠い島」（一五─一五三）──辺境にある、経済的にも文化的に遅れた貧しい土地であって、だから本土が教化しなければならない──というのが、一般的な認識であった。ところが、柳は、実際に沖縄に赴くことによって、沖縄の人々の暮らしや風物のなかに、ほんとうの豊かさがあることを発見する。それは、人々が、その土地の自然的条件に素直に従い伝統に則って生きている、いやむしろ生かされているがゆえの豊かさであり、同時に美しさであった。そこから柳は、雑誌『工藝』を中心に、沖縄のもつさまざまな文化的価値、すなわち「琉球の富」――屋根獅子（シーサー）や赤瓦、紅型、[24] 多様な絣《かすり》や紬《つむぎ》や芭蕉布、焼物（とくに有名な窯場として壺屋）や漆器などの工藝品のみならず、音楽や舞踏、あるいは首里城や墳墓や寺院のような建築物、さらには橋の欄干、民家の構え、石畳の坂道や小道、等々――を、文章で、あるいは写真で紹介していく。『琉球の風物』という記録映画も撮影している。[25] さらには、柳が沖縄で蒐集したもの――基本的には市場で買い求めた古着や中古の雑貨類である――を日本民藝館に所蔵し展示することで、「琉球の富」の保存と啓発を行う。[26] また大手百貨店における「琉球新作工藝展」をとおして、沖縄の品物を実際に販売する努力もしている。

こうした活動をとおして、柳は本土の人間に対し、「琉球に対する敬念」をもつことを要求する。「単に興味とか趣味」にとどまるのではなく、「誠実な尊敬や情愛」をもって沖縄に接すること、すなわち「琉球の本質をなす文化的価値」を深く理解する態度がなければならないと柳は主張するのである（一五―一四〇）。また同時に柳は、沖縄の人間が自らを「不必要に卑下」することなく、「琉球の人達がまずもって琉球の伝統的文化に対して自信を抱かれんことを熱望」する（一五―一四〇）。沖縄の人々がこれまでの生活を捨て、本土と同一化しようと焦っていることに対して、柳は、その方向性の誤りを指摘するのである。

歴史的に長く育てられた貴重な特色を捨て去って、繁栄を望むが如きは、愚かな錯誤といわねばならない。（一五―一三八）

琉球の運命を過去とのつながりのない道に見出そうとするのは、大きな錯誤なのです。新しい琉球は輝かしい伝統を負う固有の琉球の上に建設されねばならないのです。（一五―一三九）

要するに、本土の人間も、また沖縄の人間も、これまで沖縄が育んできたその文化的な富について正しい認識をもつことが必要であり、両者が協働してその富を護っていくことこそが、沖縄のほんとうの繁栄につながると、柳は説くのである。しかも柳によれば、それは沖縄のためだけではない。沖縄の文化には、本土では失われた古き日本の要素が数多く残されていると柳は主張する。

更に吾々にとっての驚きは、この南端の孤島が、もっとも正しく大和の風を伝承しつづけたということです。日本のどんな土地に旅するとも、琉球におけるほど、固有の日本がよく保存されている土地を見出すことはできないのです。言語においても風俗においてもそうですが、その他幾多の点で、もっとも古格ある日本にここで逢えるのです。（一五―一三九）

たとえば柳は、大和言葉と沖縄の方言との、能と琉球舞踊との、あるいは友禅と紅型とのつながりを論じていく。いまはその詳細――「日琉同祖論」に踏み込む暇はないが、端的にいえば、沖縄文化を護ることは、同時に正統な日本文化を護ることである、だからこそ、私たちは沖縄について正しい認識をもつ必要があると柳は訴えるのである。

驚くべき宝庫であるこの国を正しく認識し、その繁栄を画することは、すべての日本人が負うべき任務なのです。琉球の発展こそは、日本性の発揚そのものにほかならないからです。（一五―一四一）

ここで「日本性の発揚」――日本に奉仕する沖縄という思考様式が垣間見られる。その問題については後に触れたい。しかし、柳の沖縄の見方は、従来の沖縄に対する本土すなわち中央政府の見方とはまったく逆である。

今まで多くの人達は琉球が文化に遅れているからとて、それを導くことに努力しました。しかし私達は琉球が如何に私達よりも優れたものを持っているかを見たが故に、それを栄えしめたいという希いを起こしたので、私達は伝統的な琉球を活かすことが、ただに琉球の貧困を救う道であるのみならず、それが如何に日本の存在を明らかならしめる所以であるかを感じないわけにゆかないのです。琉球のために尽くすことは日本人自らの為すべき任務であるのを想うものです。私達は仕事を通し、文筆を通し、言葉を通し、展観を通し、琉球の文化的な富を伝えたい志を強めているのです。（一五―一四〇）

以上が、沖縄に対する柳の基本的な立場である。「日本性の発揚」という、その時代を感じさせる表現が出てくると問題は複雑になるが、しかし簡単にいえば、本土の人間にとっても決して無関心ではいられない沖縄固有の伝統文化の正しい継承と発展によって、沖縄を文化的に豊かにしていこうとするのが柳の一貫した主張である。戦前・戦中はもとより、戦後においても長い間、本土で沖縄出身者が差別を受けてきたという出来事については、ここでは触れない。しかし、先述の朝鮮との関わりと同じように、そうした世の中の全般的な風潮に抗って柳が発言したということは、忘れてはならないだろう。

（2）　沖縄方言論争の勃発

第三回目の訪問――ちなみに第二回目の訪問には兼子も同行し、蒐集の資金援助のための演奏会を開催している[27]

――は、浜田庄司、棟方志功をはじめとする民藝関係者に写真家の坂本万七と土門拳、松竹の映像関係者、百貨店の販売部、あるいは観光事業関係者など、総計二六名による一団であった。この大挙しての訪問は「〈琉球日報〉の企画を受け入れ、沖縄民藝を再認識するため[28]」のものだった。そして沖縄県側の主催で、この民藝一団と沖縄観光協会との公の座談会が開催される。沖縄県側からは、図書館長、警察部長、商工課長、新聞社長などが参加。要するにそれは、観光地としての沖縄の展望について語り合う会であった。そこで、柳側の観光事業関係者が、「標準語奨励のポスターが各所に貼られている。『いつもはきはき標準語』とか『一家揃って標準語』とかいうスローガンはわれわれに奇異の感を与えた。標準語の普及運動は結構だが、少しゆきすぎてはいないか」という、本土からの観光客の視点による疑念を提示。あるいは浜田が美観を護るために「崇元寺門前の目障りな電柱の撤去」を求める。そのような柳側の意見を、警察部長が、県の立場として、「標準語の普及は県政の上からも刻下の急務である。観光客が一時的の興味から方言をよろこび、それを保存しろなどと言われては困る。県の方針に協力してもらいたい」と拒絶。それに対して柳が「標準語の必要は認めている、しかし方言といって片づけるにはあまりにも意義深い沖縄語を否定するような態度には反対である……われわれを一時的な旅行者とみなし、趣味や道楽でこんなことをやっているといわれるのは不満である」と反論。両者の間に激しい応酬があり、それに他の人々も加わり、「座談会は緊張してきた」。しかし最後には、「意見の相違も共に沖縄を愛するため」という言葉でもって無事閉会したという[29]。

ここで確認しておきたいのは、もともとは沖縄県側の要請を受けて、観光地としての理想的な姿を描くというところから、議論が始まっていたということである。そうでなければ、浜田の「目障りな電柱の撤去」の要請――ちなみにいたってまともな美的感性の持ち主ならば、この電柱の醜悪さに頭をかかえるはずである[30]――などは、唐突な印象を与えてしまうだろう[31]。

ところがこの座談会の数日後、「沖縄県学務部」名義で、「敢えて県民に訴う民藝運動に迷うな」という声明書が、沖縄の各新聞に大々的に掲載される。

意義深き皇紀二千六百年を迎え真に挙県一致県民生活の各般にわたり改善刷新を断行してこの歴史的聖業を翼賛し奉らねばならぬ。就中標準語励行は、今や挙県一大県民の運動として着々実績を収めつつある所である……今や離島においても入学当初からの標準語教授が教育の能率を挙げている。旅先で道を尋ねてもはっきり標準語で返事してくれる田舎の老人、ハキハキとして自信に満ちた男女青年の応答振り、標準語奨励のお陰で蔑視と差別待遇から免れたとの感謝の消息を寄せる最近の出稼ぎ移民群、新人兵の力強き本運動に対する感謝と激励の手紙！　県出身兵の共通的欠陥たる意志発表が最近とみに良好に向かいつつあるとの軍部の所見！　我等はここに本県振興の根本を暗示された如く無限の力強さを感ずるものである……最近或る有力なる民藝家はその特殊な視野により県の標準語奨励は行き過ぎであるとか、伝統的な美や特徴を保存するために、あるいは将来の日本語の標準決定するためにも標準語奨励は考えものだと述べていられる様であるが、それは本県振興を衷心念願する者のとらざる所である……今後も各方面の人々がそれぞれの視野から雑音的批判をすることもあるだろうが、かかる些々たることに右顧左眄《うこさべん》することなく、本運動の根本精神を確認し、皇紀二千六百年の挙県的精神運動として初期の目的の達成に更に拍車をかけるべく県としても十分努力を致す覚悟である……[32]。

この声明に刺激されて、那覇滞在中の柳――「或る有力なる民藝家」――は、「国語問題に関し沖縄県学務部に答ふるの書」を県内の各新聞に発表する。[33] 柳は「県の当事者たちは我々の如く沖縄語への敬念を抱いているのであろうか。また地方語の価値を認識しているであろうか」（一五―一五〇）と問う。あるいは柳は、なぜ京都や大阪、鹿児島の人間はそれぞれの方言を「自慢顔に使う」のに、沖縄の人間だけがそれが許されないのかという疑念を提示する。

そして次のように訴える――「県民よ、再び云う。標準語を勉強せよ。されど同時に諸氏自身の所有である母語を振興せしめよ。それは必ずや諸君を確信ある存在に導くであろう。諸君は日本国民として不必要な遠慮に堕してはならぬ。県人よ、沖縄県民たることを誇りとせられよ」（一五―一五四）。

その後の一週間、各新聞紙上で、この「沖縄方言論争」をめぐる意見がさまざまに述べられ、議論が活発となる。しかしその議論には、それぞれの新聞社における政治的な駆け引き――県政との距離を意識した微妙なやりとり――や、あるいは「県学務部を支持する投書の多くが変名であった」ことなどもあって、一連の出来事の経緯をまとめた田中俊雄は、「はなはだ明朗ならざる印象」を覚えたという。[34] そして柳によれば、新聞の論調の「その大部分は吾々を非難した」（一五―五九七）という。

さらにはこの発言が危険思想扱いとなり、柳は拘引され、検事局で尋問を受ける――ただし奇妙なことに、尋問の検事は柳に謝意を述べたという（一〇―二〇八）。ついには沖縄県知事と会見を行い――会見に至った理由は不明だが、中央政府にまで飛び火しつつあったこの問題を収束させるために知事の側から希望したものと推測する――、自分が「県学務部」による声明書によって批判された理由を問い糾している。しかし知事は責任の所在は明らかにせず、最後に「ともかく県の方針はきまっているのですから、それに協力して邪魔しないようにお願いしたい、県と議論をなさるような事はご注意願いたい」と勧告し、会見は終了している（一五―五九七～六〇〇）。

ちなみに帰京する直前、沖縄人有志が集まり、柳たち一行に対する「感謝会」を催してくれたという。五、六〇人ほど集まった人たちの半数以上が柳たちに未知のひとであったという。そして彼らは口々に柳たちの言動に感謝を示したという。柳は書いている。「〔酒杯が重なるにつれて〕来られた方々の真情が自らほとばしり出てきた。吾々に対する好誼というのか、抑えられた感情の開放というのかをすべてを裸にして、沖縄人としての喜びを言葉に踊りに唄に現して吾々を歓待された」（一五―五九七）。踊りや歌で人間としての感情を率直に表現したこの生き生きした少数の人々と、変名・匿名の投書によって柳を批判した表情の見えない多数の人々との対比が、この論争の本質的な問題を示唆していると思う[35]。

そして東京に戻った柳は、『月刊民藝』において沖縄方言論争の特集号を組み、一連の出来事を報告し、識者の文書を集め、また自ら「沖縄人に訴ふるの書」を公表する（一九四〇年三月）。それは先述の「日本性の発揚」ではまったくなく、「沖縄精神の高揚」を——理想主義者・柳らしく——情熱的に歌い上げた文章である。

> 何事よりも今重要なのは沖縄精神の高揚である。産業の興隆や交通の振興はこの基礎なくして何の効用があろう。沖縄人は沖縄人たることに誇りがなければならぬ。この自覚をおいて何時沖縄の運命を開こうとするのか。自信をもたれよ、沖縄がもつ文化の使命は大きく深い。この自覚こそは偉人を生み出さずにはおかないであろう。沖縄よ、万歳。琉球よ、万々歳。（一五—一六七）

（3）柳の批判の焦点

それにしても、柳自ら述べているように、問題はきわめて単純である。

> しかし問題となった点ははなはだ簡単である。私達が県の態度に不服を感ずるのは標準語奨励と共に地方語への尊敬を示してくれない点である……一地方がその土語〔＝方言〕を希薄にすることは、地方精神の振興を助けない。自信のある地方民はその土語に誇りをもつものである。こういう誇りが起こる時こそ、沖縄県民の存在は高揚される。沖縄語の存在に冷淡であって、ただ標準語だけを励行させる態度は県民をかえって萎縮させる。一日も早く標準語に変えるのは県民自身の要望だと説く者があるが、もし県民に自信が生じたらおそらくそんなこと

は云わないだろう。(一五一五九四)

当然のことながら、柳は標準語の学習に反対したわけではなく、ただ標準語を絶対化し、方言の使用を一切禁止するというその異様さ、あるいは不健康さに異議を唱えたのである。方言には、長い歴史を貫いてその土地と結びついて生きてきた人々の生命が、喜び、悲しみの感情が織り込まれている。その感情は、まさにその方言でなければ表現できない微妙なものである。それに対して標準語は記号である。それは抽象的な意思伝達には有効ではあるが、しかしその代償として、土地との具体的なつながりは希薄になる。要するに、方言を禁止するということは、土地とひとの縁を断ち切ること、いいかえれば、受け継がれてきた伝統からの切り離し、具体的な生きる基盤の根絶、それによる精神の萎縮と自信の喪失とを意味する。[36] そのような精神状態において、内実豊かな、ほんとうに希望のある未来を創り出すことはできない。そうであるからこそ、柳は黙ってはいられないのである。

そして重要なことは、この意味において、民藝も方言も同じであるということである。柳にとって、そして民藝にとって重要なことは、日常生活である。この場合の日常生活とは、それぞれの土地、それぞれの自然風土との具体的な関わりのなかで生きることを意味する。そして具体的な関わりが継続され蓄積されてきた長い歴史のなかで、いわゆる伝統的手工藝が育まれてきた。それが民藝であり、そこに自ずから現れてくるのが民藝の美しさである。そうであるから、方言の擁護は、同時に民藝の精神の擁護である。柳は、決して片手間に方言論争を行ったわけではない。方言を禁止しようとする安直な思考法が、民藝の美――人間がその土地に根ざして具体的に生きるところから生まれてくる美――を根本から損なうものであることをよく理解するからこそ、真剣にこの問題を議論することを求めたのである。

（4）柳に対する批判

このような沖縄での柳の言動について、批判的な意見もある。代表的なものは、沖縄が日本の一部であることを前提に議論が展開されているとする、小熊英二による批判だろう。(37) つまり沖縄という、日本への帰属意識が弱い土地を日本化することが中央政府および沖縄県政の目的――方言禁止はそのためのもっとも有効な手段であった――であるならば、柳は、沖縄には昔の日本がよく保存されているという前提から、すなわち「日本精神の発揚」の手段としてその伝統の保持を主張する。両者ともに、沖縄は日本であるという前提のもとで議論しているのである。要するに、先述の朝鮮との関わりで言及したこと――柳は朝鮮が日本の植民地であることを前提に思考をしていた――と同じ問題構造である。そして、その批判は避けられないだろう。太平洋戦争末期、柳は次のように述べている。

> 沖縄は今や軍事的にまた地理的に日本本土にとって、かけ代えのない大切なものとなりました。特別攻撃隊が皇国の御楯となって力闘また力闘しているのも、ひとえに沖縄の興廃が日本全体にとって重大な意味をもつからであります。ですが沖縄はただに軍事的に重要なばかりではなく、文化的に極めて大切な所なのであります。今や沖縄の名は文字としては日々の新聞に現れ、言葉としては放送に度々繰返っておりますので、この際沖縄のもつ大きな文化的意義を、よく理解して頂くことは、極めて緊要なことと存じます。（一五―四一四）

やはり柳において、沖縄が日本＝本土にとって重要な拠点であることに微塵の疑いもないのである。さらにこの引用では、戦況について簡単に触れられたあとで、即座に話題は文化的な問題に転換される。ここに、朝鮮との関わりのなかでも指摘した理想主義者・柳の短所、すなわち現実の過酷さを直視せず、美しい物語にまとめてしまう傾向――この場合は沖縄の「文化的意義」のなかに逃れる――を見ることができるだろう。しかしながら、特攻隊が出撃していうるような戦況において、なお文化的な意義を諄々と説くことに、はたしてどれほどの意味があるだろう。その状況では、文化や伝統の価値云々よりも、一個の人間の生命の方が優先されるべきではなかったか。正直なところ、このあたりの柳の心情を把握することは難しい(38)。

しかしながら、あえて柳を弁護するならば、まず沖縄を日本の外に置くという客観的な見方は、柳には難しかったと思われる。そもそも尚昌《しょうしょう》侯爵という、いわゆる琉球王国の末裔が、柳の学習院時代の同級生だった(39)。そして最初の訪問時から、尚一族は、かつての王宮だった首里の邸宅で、柳たちを歓待している(40)。いわば柳は、その最初から、日本への帰属を受容している琉球王国の王族と交際していたのである。そこに、沖縄と日本とを区別するというような発想は出てこなかっただろう。むしろ沖縄を愛すれば愛するほど、日本とのつながりを深く想うようになっていったのではないだろうか。

また理想主義者・柳の短所である政治的現実認識の欠如については、いかなる状況であろうとも文化的価値に絶対的な信頼を寄せるのが柳なのだとしか答えざるをえない。戦後——一九四八年、まだ沖縄の消息についてよく知らない様子であるが——、柳は次のように述べている。

想うに沖縄の復興は経済や政治の面も必要に違いありませんが、しかし真に沖縄を立ち直らしめるものは、その文化の力でなければなりません。それに沖縄の方々が、沖縄人たることの矜持の念を失われぬようにすることであります。卓越した文化をもっていた歴史的自負を失わないことであります。沖縄に生を受けたことの誇りであります。これなくしてどうして沖縄の未来が開かれるでありましょう。限りない苦しみの中にも過去において育てた文化の伝統を正しく保持されることであります。（一五—四三〇）

このように、柳の思考は一貫している。現実の政治には疎いが故に、かえって純粋に文化の可能性を信じることのできる甘さであり強さである。非難されるべき余地はあるだろう。[41] しかしそのまったく揺るがない姿勢が、方言の禁止という非人間的・非文化的行為に対する怒りとなり、県政を——あるいはその背後に控える国家体制を——相手に真っ向から論争する気概を生み出したのだとはいえないだろうか。「国語問題に関し沖縄県学務部に答ふるの書」を一気に書きあげたという柳は、「私はかつて朝鮮の一建築のために公開文を綴ったことを思い出した。公憤は人間を真面目にする」（一五―五九四）と述べている。まさに朝鮮に関する柳の政治的言動が、人間としての純粋な感情に揺り動かされた衝動的なものであったように、「沖縄方言論争」も、「公憤」——その「無私」の理想主義の現れであったといえるだろう。

（5）柳が願った沖縄の未来

前述の批判以外にも、柳に対する批判は、さまざまに可能であるだろう——たとえば本土に追いつきたいという沖縄自身の願望をどう受け止めるのか、あるいは柳のような生粋の都会人が地方に非都会化を求める資格があるのか、等々。しかし少なくとも方言論争に関する限り、問題は理屈ではない。それは根本的には、人間の心情の問題である。柳を支持して柳田國男は書いている。「女の学校などではおしゃべりが丸で無くなった。何か言おうとすれば自然に違反になるからである……娘に読本の範囲内〔＝教科書で習った標準語の範囲内〕の言語生活をさせるということは、何と考えても不自然である。だから教場だけでは淀みなく答えをする子でも、寄宿舎の中では、黙りこくってしょんぼりしている……[42]」。そしてこの類の話を多く聞いて「胸が痛くなった」と柳田は述べている。要は、人間が自らの自由な言語活動を奪われるという出来事に対して「胸の痛み」を覚えるかどうか、ただそれだけである。

かつて筆者は、「方言札《ほうげんふだ》」を首から下げた沖縄の老婆の写真を見たことがある。「方言札」とは、方言を使った者に罰として首輪のようにつけられる木の札である。この札を外してもらうためには、方言を用いた人間を自分で新たに見つけ、密告しなければならないという（柳田國男によればそれは「黒札」という昔からの方法で、「次の違反者の発見をもって我が身の責任が解除される仕組み」であるという）。あるいは、学校などでは、この札がたまると、それだけで落第になったという。それにしても、これまでの人生のすべてを方言で生きてきた老女の首に、そのような札をぶら下げることができるということは、ある重要な人間的感覚の欠如を意味してはいないだろうか。そしてそれを強要するような政策に——もっともらしい理由をいくつ並べたところで——どれほどの正しさがあるだろうか。

ちなみに詩人・萩原朔太郎は、この問題に関して、次のような一文を寄せている。

この問題の根本性は、単なる地方語と標準語との問題でなく、裏面における政治的問題に関していると思われます。そのためか何か非常に暗い憂鬱の感じがします……琉球はもと志那の統治下にあった関係もあるので、政治上の見地においては、琉球の中央化ということが、統治上に最も必要とされていると思います。そしてこの目的から、多少行き過ぎるほど過激的に、標準語の使用を強制するのだと思います。要するにこの問題は、政治上の見地と文化上の見地における、意見の衝突に関するものだと思います……したがって両者の間には、到底妥協の余地なく、柳氏の主張のように立会演説をしたところで、解決のつく見込みはないでしょう。(43)

この萩原の指摘が、問題の全体を要約していると思う。政治的なものの「暗い憂鬱」を感じ取っているのは、さすが詩人の感性である。(44) そして「立会演説をしたところで解決しない」のも、残念ながら真実であるだろう。しかし柳は、解決する、あるいは解決させなければならないと信じていたのである。その純粋さ、あるいは無邪気さを、私たちは笑い飛ばすことができるだろうか。非現実的だと笑うことによって、私たちは、現実をも失っていくのではないだろうか。

そして今日の沖縄を思うとき、いちずに沖縄文化の保持を願った柳の態度には、感慨深いものがある。今日の沖縄には明るい面と暗い面があるといってよいだろう。明るい面とは、シーサーを屋根にのせた赤瓦の家屋や、きれいな海――私たちはそれを沖縄の方言を借りて「美《ちゅ》ら海《うみ》」と呼んでいる――や、唄や踊りの上手な、陽気で心の広い人々がいる沖縄、自分たちが失った何かを求めて観光客が訪れる沖縄である。暗い面とは、いうまでもなく、戦争の大きな犠牲となった土地であり、基地問題に揺れつづける土地としての沖縄である。柳は明るい沖縄を見出した。そしてそこに、ただそこだけに、沖縄の未来があることを確信していたのである。(45)

3　アイヌ工藝美の評価

以上が、朝鮮・沖縄との関わりから理解される、柳の政治的見識である。その善良な、時として楽観的すぎる理想主義については、改めて述べる必要はないだろう。

ところで、「朝鮮の友に贈る書」「沖縄人に訴ふるの書」につづき、柳は「アイヌ人に送る書」（一九四二年）を公表している。(46)アイヌの工藝品もまた、柳によってその美しさが見出されたものである。柳は、アイヌの工藝品に正倉院御物と匹敵する美しさを感じ取った。そして雑誌『工藝』での特集ならびに日本民藝館における展示によって、アイヌ文化の正しい理解を訴えたのである。そのような柳は、未開であり文字をもたないアイヌの文化は低く、やがて滅びゆくものであると憐れむような――ある民俗学者の、しかしその頃の識者の多くの――見解に「反発するものを感じた」（一五―四九九）という。

今日までのアイヌへの見方は、極めて粗末であったと思える。多くは無関心であるが、関心をもつ人達でも、せいぜい憐憫の情をもつ程度である。アイヌを対象として研究する学者も物識りも、多くは興味の対象としているに過ぎず、利己的な影が濃い……アイヌの正しい見方は、何らかの意味で積極的にアイヌに価値認識をもつものでなければならない。アイヌの遅れた文化を指摘することは誰にもできることだが、しかしかく指摘する人達より、遙か進んだものをもっている一面のあることを見逃すのは、不覚の至りである。アイヌに何かの敬念を懐き得ぬ者はアイヌを語る資格はない。資格なきアイヌ論者がどんなに多いことか。(一五―五二七)

アイヌに憐憫をかけることはいいが、かけ方に何か不遜なものがありはしないか。吾々自身の文化内容について反省するところがあまりにも少なくはないか。はじめから見下して見るということに、何か不注意がないだろうか。(一五―五〇〇)

そして柳は、アイヌの工藝品を「美しいのみならず、立派でさえあり、神秘でさえあり、その創造の力の容易ならざるものを感じる……ありとあらゆる欺瞞と衒気《げんき》と変態にまつわる今の吾々の作物と比べ、どんなに道徳的なものであろう」(一五―五〇一)と高く評価する。なぜならば、アイヌの人々の生活は、深い信仰心に満たされた真実なものである。なるほど自称文化人から見れば、彼らは迷信のなかに生きているように見えるかもしれない。しかし彼らの信仰は「活きた信仰」なのである。「どんなものにも霊の囁きがある。作るものだとて死んだものではない。迫るようなこの感じは、彼らの仕事を鈍く浅くしない。アイヌの工藝は手先だけの技ではない。頭だけの功策ではない。彼らの信仰に色づけられた仕事である」(一五―五〇七)。だから柳は、「彼らの中に価値あるものを見出す時ほど、〔私たち自身が〕正しい見方をもち得る場合はない」(一五―五〇八)とまでいうのである。

その一方で、沖縄方言論争において沖縄人に対して「沖縄精神の高揚」を訴えたように、アイヌ人に対しても、柳は、その精神的自覚を要求するのである。

私たちは、君たちが自覚の上に立ってくれることを望む者だ。少なくとも美の領域では明らかな矜持があっていい。誇りをもつことこそアイヌ人を明るくし力強くする所以ではないか。私はアイヌ人が手工藝の領域で、為すべき仕事が多いのを感ぜざるをえないのだ……君たちにとって今一番大切なのは、アイヌの運命を肯定する見方なのだ。いわば〈民族の誇り〉を摑むことだ。そういう自覚あるアイヌ人が起ち上がることより、祝福すべきことはないのだ。（一五―五三五～五三七）

ここにも理想主義者・柳の長所――純粋にアイヌを愛しアイヌの工藝美を評価する――と、短所――現状においてはアイヌ人が自らの「運命を肯定」しうるような境遇にないという事実を見ない――がうかがえよう。ただし沖縄の場合と若干異なるのは、柳は、アイヌ民族を日本とは区別していることである。そしてアイヌが日本国民の一部であるという意識をもつとしても、それは日本人による教育の結果であるべきではなく、「自然に必然にそうなったのなら、君たちにとって幸せなことだ」（五―五三一）と、慎重な言い回しをしている。見方によっては、アイヌの民族精神の高揚を煽る発言――「自覚あるアイヌ人が起ち上がる」――であるが、政治問題には発展しなかった。それは政局に与える影響が乏しかったからだろうか。いずれにしても、政治的な文脈を除外すれば、このようなアイヌに対する共感のなかにいつでも変わらない柳の態度、すなわち美しいものに出合った喜びと、それを生み出す人々ならびに彼らの背後の伝統に対する深い「敬念」とを感じ取ることができるだろう。そしてその敬念こそが、次に述べるコレクションの思想――柳の蒐集活動の基軸なのである。

第四章　コレクションの思想

ただ美しいものを喜ぶのではなく、それを生み出す人間や、その歴史的背景に対して深い敬念を抱く柳は、コレクション＝蒐集について、明確な思想を提示している。ここでは、まず柳の「木喰上人研究」を考察することで、蒐集に向かう柳の情熱について確認する（同時に、柳の活動全般におけるこの研究の意義についても明らかにしたい）。それを受けて、柳が語る「蒐集の理念」について述べ、最後に、日本民藝館に寄せた柳の願い――「日本民藝館の使命」――を見届けたい。

1　木喰上人研究

（1）研究の経緯

すでに述べたように、浅川巧との出会いによって朝鮮の工藝美に開眼した柳は、同時に日本の工藝美を知るようになる。しかし、ただちに民藝運動を立ち上げたわけではない。朝鮮では「朝鮮民族美術館」設立に向けて活動していたとはいえ、世間的な立場としても本人の意識としても、柳はいまだ宗教哲学者であった。そのような宗教哲学者が、宗教の世界から民藝の世界に移行する、その転回点にあるのが、この「木喰上人《もくじきしょうにん》」との出会いである。先に柳は浅川兄弟と不思議な縁で結ばれていると述べたが、この出会いも、この兄弟の導きに始まっている。以下、柳自身によって書かれた「木喰上人発見の縁起」をとおして、その経緯を見てみたい。

一九二四年一月（朝鮮民族美術館の開館は同年四月）、柳は、浅川巧に誘われて、朝鮮の焼物を見せてもらうのが目的で、浅川兄弟の地元、山梨県甲府に小宮山清三を訪れる。[1] そこでたまたま柳は、土蔵に置かれていた仏像に目を留める。「私は即座に心を奪われました。その口許に漂う微笑は私を限りなく惹きつけました。尋常な作者ではない。異数な宗教的体験がなくば、かかるものは刻み得ない――私の直覚はそう断定せざるを得ませんでした」（七―六五八）。その時に与えられた説明によれば、その仏像――以下、木喰仏《もくじきぶつ》と略す――は、江戸時代後期の人で、その地方（丸畑・現在の身延町）出身の遊行僧にして造仏聖、木喰五行上人の制作とのことであった。造仏聖とは、旅をしつつ仏像を制作し寺に奉納する僧であり、木喰とは、火食せず木の実などを食べて命をつなぐことを戒律とする僧である。しかし、それ以上のことは、誰も知らなかった。そこで小宮山の好意でその仏像一体を譲り受けた柳は、「発願し上人の研究に入ることを決心」（七―六五九）する。そして「朝鮮民族美術館」が開館したことで朝鮮での活動が一段落し、また関東大震災で東京での仕事が途切れ（『白樺』は廃刊）、京都に移住した柳は、もてる力のすべてを木喰上人研究に注ぎ込むのである。

最初に柳は、与えられた僅かな情報を手がかりに、「ただ一人夕暮れの流れに沿うて道を下り……」（七―二六一）と、単身上人の故郷・丸畑に乗り込んでいく。その途中、早くも一体の木喰仏を発見する。「それを眺めた時、私の呼吸はしばしば奪われました。私は再び上人の異数な表現に逢着したのです」（七―二六二）。そこから「今や封じられた秘密は私の前に展開してきた」――柳は導かれるように上人の生家へと案内される。そして「奇異な眼で私を取り囲む人々の中に立って私は繰り返し繰り返し種種の問いを発しました」というように、村人から上人に関する情報を集める。やがて夕暮れになり帰途に就こうとしたとき、「しかしもう一度と思って上人の筆になる書類がないかを繰り返し尋ねた」ところ、一人の農夫が古びた紙片を差し出した。それは上人直筆の稿本であった――「その折りの私の嬉しさは、今も忘れることができない」と柳は述懐する（七―二六二）。「幾度かの懇望の後」でそれを筆写する許可を得た柳は、ある村人の好意で、一晩の宿を借りる。そしてその夜、「慣れぬ字体と仮名の多い文と異なる文体とは、その閲読に長い時を要した」ものの、その稿本をなんとか筆写し、「筆を終えた時、既に空は白んでいた」という（七―二六二）。しかもそれを閲読している途中、上人がこの村内の寺院に像を刻んだという一文を見つけた柳は、「明日を待てず、真夜中燈火《とうか》をつけて寺を指した」。そのときの情景を柳は次のように描写している。

無住の廃寺にきしる戸の響きは、音なき山里に時ならぬ木霊を送りました。荒れ果てた床を踏んで内に入り、燈火を高く揚げた時、仏壇の前方、並ぶ龕《ずし》の中央に世尊の顔が幻の如く浮かび出ました。「おお」――思わず声が漏れた時、居並ぶ左右の四体がなおも私の前に現れてきました。（七―二六二）

さらに翌朝、筆写した稿本を返却しようとする柳に、一つの箱が差し出される――「これが実に上人研究の出発を与えた」。その箱の中には「上人の秘密が隠されていた」、すなわち上人自身が記した『納経帳』『和歌集』『御宿帳』などが、そこに保存されていた。それらは「百年余の間封じられたまま、塵と煤煙とに被われて、訪う人もない山間の一農家の中に埋もれていた」のである。それから数週間後、小宮山ら地元の有力者と一緒にその農家を再訪した柳は、困難な交渉の末、署名捺印をした証文と引き替えにその文献一切を借り受け、本格的な上人研究に着手するのである（七―二六三）。

その文献をとおして、柳は、上人がその一生（一七一八―一八一〇）において約一〇〇〇体の仏像を奉納したことを、また二八年かけて日本全国を巡り、各地で仏像制作していたことを知る。そこで柳は、上人の足跡を追い、仏像の発見を企てる。手がかりとなったのは『御宿帳』、すなわち上人自ら記録していた宿泊地である。それを調べることで、仏像が残存している場所を推測することができた（ただし江戸時代の、それも遊行の僧である上人が滞在するのは辺鄙な片田舎であり、その地名を地図上に探し出すのはきわめて困難な作業であったという）。ともかく木喰仏を求めて柳はひたすら日本国内を旅して廻り、たまに家に帰れば調査の整理に明け暮れ、原稿は汽車のなかで書いたという。

去年の旅は甲州に始まり、佐渡を訪ね野洲〔栃木県〕に入り、参州〔豊橋市周辺〕や駿州を廻って後、越後に深く入りました。今年になってからは豊後、日向〔本書カバー表紙写真参照〕を調査し、帰って四国に旅立ち、信州に行き、また最近には周防、長門を経て岩見に入りました。丹波を訪うたのはわずか旬日前のことです。そうしてこれらの旅によって私が目撃し得、調査し得た仏軀およそ三百五十体、別に集め得た和歌およそ五百首、撮影した写真は六百枚に達するでしょう。（七―二六七）

このように、甲州から始まった木喰上人研究は、柳自身も予想しなかった――当初、柳は、甲州周辺で片がつくと見込んでいた（七―二六四）――ほどに拡がり、全国展開していく。(2) それに合わせて、最初、柳一人で始められた研究は、多くのひとを巻き込んでいく。もはや柳ひとりではなく、河井、浜田、あるいは浅川巧とともに、木喰仏探しの旅に出る。上人の地元甲州を中心に「木喰五行上人研究会」が結成され、経済的・事務的な支援も行われるようになる。研究雑誌『木喰上人之研究』が刊行され、それを中心に、それぞれの地方において有志が上人の遺跡を調査することで、あるいは情報を寄せ合うことで、上人の全体像がより具体的になっていった。全国に散らばっている一〇〇〇体のうちの三五〇体を見出しえたというのは、大変な成果だろう。さらに柳は、東京や京都、あるいは甲府で、上人の遺作展覧会を開催し、一般の人々に広く上人の存在を喚起し、木喰仏に触れる機縁を設けている。そして自ら『木喰五行上人の研究』（一九二五年）をまとめ上げるのである。

（2）　上人研究の意義

以上が、柳の木喰上人研究の経緯である。柳の次男、美術史家・柳宗玄《むねもと》によれば「大変な努力であり成果であった。ところが世間の反響はなく、とくに美術史家は全くこれを黙殺しつづけた」という。木喰仏が世間的に広く注目されるようになったのは、円空仏——柳はこの紹介者の一人でもあった——とともに、柳の死後であったという（回想三二七〜三二九参照）。しかしながら、もしあの時期に柳が上人研究に没頭していなければ、上人ならびに木喰仏は忘却のうちに姿を消していたかもしれない。柳は書いている。「大部分はつまらない作として物置に放置され、守る僧もなく虫の喰むに任せてある……もう五年十年の後であったら、如何に多くその数は減じているでしょう。私ならびに私の友は、実によい時期に上人の招きを受けたのです」（七—二六五）。世間の評価がどうであれ、このように一つの文化遺産を護ったことに、まず大きな功績を認めてよいだろう。

また、この研究は、柳自身の歩みにとっても重要な意義をもっている。そもそも木喰仏とは、作意＝作為なき心で、短時間で、多量に制作された、木彫りの素朴な仏像であり、その穏やかな微笑みによって、見るひとの心を和ませてくれる仏像である。なるほどそれは精緻で装飾に富み、鮮やかに彩色された仏像、あるいはその造形力の故に見るひとを圧倒するような仏像、要するに鑑賞の対象となるような、美術品としての仏像ではない。木喰仏は、柳が「毎日毎晩、私はその仏と一緒に暮らしました。何度その顔を眺め入ったことか。私の室に入るすべての人も、それを眺めずに帰ることは許されませんでした。見る者は誰も微笑みに誘われてくるのです」（七—二五九）と述べているように、日々生活をともにすることができる、そして一緒にいて自ずと心が明るくなるような、いたって健康的な仏像なのである。端的にいえば、木喰仏とは、宗教的な工藝品＝民藝品なのである。

振り返って柳は、「上人に私が見出される」ために、柳自身にとって必要な準備が三つあったと述べている。第一は、ブレイク研究あるいは朝鮮工藝美に触れた経験をとおして「私は漸く私の直覚を信じていいようになった」（七

―二五六）こと、すなわち自分の美的直観力に絶対的な確信をもったこと。第二は、第一の結果であるが、民衆的な作品すなわち「地方的な郷土的な民間的なもの、自然の中から沸き上がる作為なき製品に、真の美があり法則がある」（七―二五七）ことを正しく理解できるようになったこと。第三は、自分が宗教哲学研究を修めてきたこと――「私が求めた宗教的本質が、上人の作に活き活きと具体化されているのを目前に見た」（七―二五七）。その宗教的本質とは、一言でいえば、主観―客観関係成立以前の境涯において把握される、あの「不二」であり「即如」である「理法」にほかならない。そしてその「理法」が、「自然の中から沸き上がる作為なき製品」に「真の美」を与えている「法則」と同一であるということが、木喰仏という具体的なかたちにおいて、確かめられたのである。要するに、宗教哲学者としてのこれまでの柳と、民藝運動の主導者となるこれからの柳、この両者の邂逅の場が、この木喰上人研究なのである。

そして木喰上人研究を一とおりまとめ上げたことによって――朝鮮民族美術館をもって朝鮮の活動に一区切りつけたように、一つの仕事に安住しないある独特の潔さをもって――、いわば木喰仏を橋渡しとして、柳は宗教哲学の領域から民藝へと向かっていく。それは外から見れば不思議な転身であるように思われよう。「ある友達はなぜ私が宗教への思索を離れて、かかる奇異な問題に外れたかを嘆いてくれた」（八―六一）。しかし柳自身の内面においては、その移行は、木喰上人――宗教家であり同時に工藝家であった――を経由することによって、連続性のある、きわめて自然な流れとなっているのである。柳の活動全体から見るとき、木喰上人研究の意義は、まさにこの点にあるといえるだろう(3)。

そしてまた、このような経緯を経て民藝＝日常的な工藝品に美を認める柳にとって、民藝が宗教的な要素を含むことは、自明のことである。なるほど普通の工藝品は、木喰仏のような直接的な宗教表現ではない。しかし、木喰仏における宗教性と共通する「法則」がそこに流れている。だから民藝運動の後、晩年の柳は「仏教美学」の研究に着手し、再び宗教的なものが前面に現れてくる。ただしそれは民藝に含まれているもの、民藝の根底をなすものを別の仕方で表現したにすぎない。そしてその起源を尋ねるならば、木喰上人研究へ、さらに上人から朝鮮工藝美を経て宗教哲学研究へと遡っていく。このように上人研究の意味を正しく定位すること――従来の柳論の多くは、民藝品の一つとして木喰仏に言及するにとどまっていたように見受けられる(4)――によって、私たちは柳の活動全体に一貫性を見出すことができるのである。

さらにこの研究には、もう一つ重要な意義があった。それは、じつは木喰仏を探し求めた旅が、同時に全国各地の民藝を視察する旅にもなっていたということである。柳は述べている。「しかしこれも縁といおうか、日本全国を調査した事は、同時に各地の手仕事を目撃するきっかけにもなった。つまり各地への旅行は、現状の日本の手仕事を知るよい機会を恵んでくれたのである」（一〇―二〇三）。木喰仏を求めて、柳は全国津々浦々、当時としては交通の不便なところを歩き回っている。その旅が、後に日本全国の民藝――伝統的手工藝――を実地に調査する、重要な下準備となっていたのである。そしてその旅の一つ、河井・浜田とともに木喰仏を求めて和歌山を巡り、ついでに高野山に登り宿をとったその晩、この三人の間で「日本民藝館」を設立しようという話が高まり、その場で柳は一気に「日本民藝美術館設立趣意書」を書きあげる。その晩を境にして、柳は、民藝館設立に向けて、意識的な蒐集を開始するのである。その趣意書は「時充ちて、志を同じくする者集まり、ここに〈日本民藝美術館〉の設立を計る」（十六―五）という一文で始まる。その充ちた時は、まさに木喰上人によって授けられたのである(5)。

（3）　上人研究に対する柳の情熱

前記のような意義をもつ柳の上人研究であるが、しかしそこで筆者がもっとも感銘を受けるのは、柳が抱いていた、並々ならぬ情熱である。なるほど柳は、くり返し、自分が上人を発見したのではないことを、自分はただ導かれたにすぎないことを述べている――「上人と私とに深き縁《ゆかり》を結ばせたものは、私自身の力ではないのです。何者かが私に贈る命数によるのです」(七―二五八)。しかし、たとえ特殊な「命数」＝運命を贈られていたとしても、その導きに応えることができたのは、やはり柳の強い情熱があればこそであったろう。先に述べたように、柳は上人の生家を一人で訪ね、村人たちに問いを重ね、徹夜で稿本を筆写し、真夜中に廃寺に駆けつけ、木喰仏を前にして「おお」と感歎の呻きを洩らす。村人は、このよそ者に疑惑の目を向けつつも、その熱意に何かを感じ取り、おずおずと資料を提供していく。そして柳が上人研究に着手し、旅を重ね、その報告をしていくと、その活動に共鳴し、協力する人々が集まってくる。柳は書いている。

ある人は私に向かって、金と暇とがあるから研究が出来たのだと批評します。しかしこの批評は真理への探究が何を意味するかを少しも知らない処から来るのです。金と暇とは上人への熱情を起こさせないでしょう。まして努力を産まないでしょう。私は不幸にして金銭において全く自由な人が、精神的仕事に没頭した例を多く知らないのです。(七―二六〇)

京都に移り住んだこの時期、柳に収入はなく、兼子の音楽会だけが頼りであった――兼子が「木喰上人遺跡調査資金募集音楽会」を開催していたことを想起されたい。それにもかかわらず、柳はこの研究に没頭する。何故にそれが可能であったか。それは、ひとえにこの研究が「真理への探究」に関わるものであったからだろう。柳は個人的な趣味で、自分ひとりの愉悦のために仕事をしてはいない。なるほど柳自身が木喰仏に魅了された。しかし、その素晴らしさを多くのひとに伝えること、すなわち木喰仏を忘却から護りその価値を未来に伝え残すこと、それが柳の研究の最大の眼目である。柳は自著を書いただけではない。雑誌をつくり、各地で上人の展覧会を開催するのである。要するに、柳の情熱は、真理のための、そして公のもののための情熱である。朝鮮での活動と同じように、ここでも柳は徹底的に「無私」である。すなわち「真理のための無私」――それこそが柳の原動力であり、それが多くのひとの協力を引き出したのであり、そしてそれが、「何者かが私に贈る命数」として、諸々の不思議な導きをもたらしたのだといえるだろう。(6)

その「無私」な態度は、柳が木喰上人研究を自分ひとりの功績であるとは微塵も考えていないところからも伝わってくる。柳は、その研究に関わったすべての人々――紙片を差し出してくれた農夫から、仏像を拝ませてくれた寺の僧侶まで――に感謝の意を示している。彼らはみな「志を同じくする者」なのである。そしてすべては「上人自らの徳に帰す」(七―二六九)、すなわち木喰上人の御徳こそが、この研究を導き、成就させたのだと柳は述べるのである。

以上が、柳の木喰上人研究である。そしてこのように木喰仏を求め、また朝鮮・日本において工藝品を求めた経験から、柳は『蒐集に就て』(一九三三年)という著作を公表する。それはコレクション＝蒐集についての自らの理念を生き生きと語った文章である。この蒐集論を手引きにして、その理念を確認したい。(7)

2　蒐集の理念

その理念は、要約するならば、「蒐集の情熱」「蒐集の対象」「蒐集の基準」「私有から公有へ」「ものに対する敬念」である。以下、順に見ていきたい。

(1)　蒐集の情熱

先刻、木喰仏を求める柳の情熱について述べた。柳自身、そのような一途な情熱を蒐集活動の前提としている。

前進のみ知って退却を知らない。退却すれば蒐集の行為は止まる。打算は人間をいくじなくする。無理しても買いたいほどの熱が起こらずば蒐集はものにならない。（一六―五二七）

蒐集は、一切の打算を超えた行為――「打算的な人間はこんなことをしない」――でなければならない。どこかに打算がある場合、それはほんとうの蒐集とは呼べない。たとえば利益を見越して蒐集するような、いわば投資目的であるもの、あるいは名品の所有者となることで名誉を得ようとするようなもの、もしくは名品を仲立ちとして人脈をつくろうとするもの、そうした蒐集はすべて「不純」であると柳は批判する。

蒐集家と骨董商とは異ならねばならない。美しい作物に対して、利益をすぐ思うことは恥ずべきことである。（一六―五三三）

蒐集を利用する者は心でくずれ品物でくずれる。真に物を愛する者、美に打たれる者は、利用することを却って知らないだろう……蒐集と利とが結びつく時、それがどんな性質であろうとも明るくない。それを風流の道具に使い、社会的位置の資格に用い、または財産に置き換えることは、意味を潰するものといっていい。（一六―五三三）

一切の打算を超えるということは、金銭的な価値を離れた次元に入るということである。そこに働くのが情熱であり熱心である。「物を集めるのに金も力になるが、それ以上に熱心が力である」（一六―五二八）と柳はいう。ひたすら求める一念があればこそ、求めるものを呼び寄せるのである。

人は買い集めるというが、妙なもので求める者には品物の方から近づくものである。金だけでは集まるものではない。むしろ金が余るようでは却ってろくなものは集まらない。なけなしの金で買ってこそ集まるのである……蒐集と空の財布はつきものである。金があれば、あるだけ使い果たす気でなければ本当ではない。蒐集は一つの冒険である。これを非合理的な行為と称してもよい。しかし非合理的な所まで進めばこそ集まるのである。

（一六―五二八）(8)

このような態度を理解できないひともいるだろう。しかし「この世のすべての素晴らしいことは、利害を越えた所で生い立つ」（一六―五二九）と柳は断言するのである。(9)

このように語る柳の情熱、あるいは尋常ではない熱心は、すでに木喰仏で確認したとおりである。しかし他にも、たとえば河井寛次郎は次のように記している。

柳と一緒に米沢（山形県）の郊外を歩いていましたよ……ところが向こうに蓑《みの》を着たお百姓がいたんです。こうして見るとたいした蓑なのですよ。それで側によってじろじろ前になりうしろになりで、大騒ぎをしたんですよ。それから脱いでもらって裏なんかみたんですが、たいした蓑なのです。柳も勇敢なものですから、お父さんそれ譲ってくれないかというんです。(10)

あるいは浜田庄司は、「どんな風物の細部でも見逃さなかった柳は、東北の市で老人の着ていたケラ（＝蓑）や、山陰のバスで乗り合わせた老婆の絣《かすり》の前掛を懇望して分けてもらった」（浜田二五九）と証言している。バスで移動中、民家の洗濯物の布地が目に留まり、急いで下車し、その家に行って譲り受けたこともある。大学に出講したと思ったら、綿を抜いた蒲団を山ほどかかえて帰ってきて、兼子を驚かせている（回想三四六）。日本民藝館設立資金の寄付者である大恩人・大原孫三郎の葬儀に参列した際には、その葬儀で用いられた倉敷産の水盤――仏事に用いられる白木の盥《たらい》――に魅了され、式終了後、懇請して民藝館に寄贈してもらっている（一六―四八四参照）。常識的に考えれば不謹慎な態度であるが、しかしその熱意は、間違いなく故人も許したはずである。(11) 金銭の問題ではない。純粋にそれを求める心があるかどうかが問われている。このような「勇敢」な――「無私」だからこそ「勇敢」でありえた――柳であればこそ、優れた民藝品の蒐集を実現することができたのである。

（2）蒐集の対象

しかし、何を蒐集するか、何に情熱を傾けるかということも重要な問題である。「単なる個人的道楽以外に社会的意義が極めて薄弱」なもの、「かりにそれらのものが一瞬時灰に帰ったとて、この世の大きな損失にはならない」（一六―五三八）もの、そのようなものを蒐集する意義はないと柳は断言する。

蒐集でも下らぬものを対象とするのは愚かである。集める前にその内容の客観的価値を問うてもいい。それによって他の人々とどれだけ悦びを共にし得るかを考えていい。またそれがどれだけ自分の生活を深めるかを考えていい……人間は愚かなものを蒐集してはならない。また愚かに蒐集してはならない。誰も蒐集の自由をもっているが、何でも蒐集していいわけではない。（一六―五三九）

「他の人々と悦びを共に」し、そして「自分自身の生活を深める」もの、要するに人間を精神的に高める社会的意義のあるもの、そうしたものを蒐集しなければならないと柳は説くのである。

（3）蒐集の基準

「愚かに蒐集してはならない」と柳は述べていた。愚かな蒐集とは、「存在する理由のない蒐集」（一六―五三六）である。蒐集がきちんとした存在理由をもつためには、まず量より質が大事である。なるほど一定の量は必要であるが、それはあくまでも質の内実を説明するためのものである――たとえば多くの優れた民藝品を見れば、それだけ民藝美の本質が把握しやすくなるだろう。したがって、ただ蒐集の量だけを誇ることにはまったく意味がない。

数への執着は蒐集を深めない。吾々は数よりも質が遙かに大事なのだということを忘れてはならない。徒に量のみ多いのは、良い蒐集ではない……無闇に集めても、蒐集の内容が高まるわけではない。却って粗悪になる危険がある。数への執着はむしろ蒐集を悪くする。（一六―五四三）

大事なことは、蒐集する目標が定まっていること、そして集められたものの間に「有機的な関係」があり、全体としての統一が形成されていることである。この全体としての統一がないと、美しいものと醜いもの、正しいものと誤ったものとが「玉石混交」し、結局のところ「でたらめ」に集められた「雑然とした蒐集」になってしまう。それに対して、全体として有機的な統一がある蒐集は、どれだけ数が増えても「立派なものに育っていく」、すなわち一つの生命をもった生きた蒐集になる。このような「筋の通った蒐集には見応えがある。全体として一個の品物のごとき観を示すからである」と柳はいう（一六―五四一・五四二参照）。

そして統一ある質を可能にさせるために必要な態度として、柳は、珍しさや完全さにとらわれないこと、また値段や「銘」に頼らないことを要求する。

なるほど「珍しいものは目を引きやすく印象が強い」が故に、一見したところよいものと見なされがちである。しかしそれは誤りである。「珍しくて良いものは、それこそ珍しいといわねばならない」。なぜならば「珍しさはものの価値の一つではあってもその本質ではない」から。要するに「珍種は変種」であって、珍しいものを蒐集するということは「変種の蒐集という横道」にそれる。その場合、蒐集は「正常のものではなくなる」――先述の社会的意義を欠くことになる（一六―五四四参照）。

あるいは完全なものを求めること、すなわち「罅《ひび》や傷や汚れを極端に嫌う」ことも、誤った態度であると柳はいう。「傷も度を過ごせば美を痛めるが、完全さ即ち美しさでは決してない」。完全性は蒐集の基準にはならない。「吾々にとって肝心なのは美しいか醜いか、深いか浅いか、正しいか誤っているかであって、完全不完全のことではない」。だから「一流品の不完全なものと、二流の完全な品」があった場合、躊躇なく前者を選ぶべきであると柳は断言する。それは質の方がはるかに重要だからである。結局のところ、完全さにとらわれるひとは、質を見ないひとである。そのようなひとの蒐集は「案外見栄えせず窮屈」な印象を与える。なぜならば「傷が気になるのは、美しさに対するより、完全さに対する愛の方が強いから」である（一六―五四五・五四六参照）。

また高価なものを集めることは、必ずしも優れた蒐集を意味しない。「物に対する定見がないために、価値判断の標準を金額に置くのである」。それは自分自身にものを見る眼のないことを、ほんとうにそのものを欲しいと思う情熱のないことを露呈する。だから商人のつける高い値段を信用する。しかし「高い代価なるが故に、物を誇るのは浅はかな趣味である。悪趣味と呼ぶ方が至当かも知れぬ。高い金額への信頼は、無見識の告白ともいえる」。そのような結果、「金持の持ち物が金で光っていて、案外物として光っていない場合が多い」。大事なことは自らの選択である。「買う力は金銭ではいけない。選択は理解であるが、金力にはそれがない。物は高くとも安くともいい。選択力で購われるなら間違いない」（一六―五四〇参照）。

同じことが「銘」についてもいえる。「銘」あるいは「箱書」とは、第三者によって与えられる権威づけである。

「しかしその場合銘が価値で、物の美しさが価値ではなくなっている……自ら選ぶ力がない故に、拠り所を銘に求めるのである。銘で安心するのである」。そのように「銘にかじりつく」ことは見方の堕落であり、鑑賞力の鈍磨である。「銘があるなしは二の次でよい。物をじかに見て選び出すのが本筋である」。とくに「癖の多いものは在銘品の方に却って多い」傾向があるから、「在銘無名に滞ることなく、物を直下に見ることが肝要である」と、柳はくり返し注意をうながすのである（一六―五四六・五四七参照）。

このような基準のもとで敢行されるのが、ほんとうの蒐集である。そして「蒐集とは個々の価値であるより、集められた価値である」（一六―五三四）、あるいは「蒐集はただ集めることではない、整えることである。従ってそれは価値世界の認識である。それによってものの価値が認識され整頓されるのである」（一六―五五一）と柳はいう。要するに、蒐集とは、全体として、一つのものの見方、一つの美的価値を、世の中に提示するものでなければならない。

そのような蒐集のなかに、柳は、「守る蒐集」と「創る蒐集」とを区別する。「守る蒐集」とは、すでに評価の定まったものを集めることである。それは安全な蒐集であり、優れた美的価値の「良き守護」となる。それに対し、「創る蒐集」とは、新しい見方を提示する蒐集である。それは従来の価値世界に「いまだ知られなかった価値世界」を追加し、世界をより豊かにするものであり、その存在によって「埋もれた真理や美が明るみに出される」ような、創造的な蒐集である。そこでは「物があるというよりも、蒐集によって物が創造される」のである。そしてそのように、既存の価値に安住するのではなく新たな価値を伝えていくためには、そしてその価値をさらに高めていくためには、不断の蒐集、不断の努力が必要とされる。「創る蒐集は一歩時代に先んじるものである。先んじればこそ集める必要が起こるのである。そこには絶えざる創造がある」（一六―五五三・五五四参照）。端的にいえば、「商人の蒐集」に従うのではなく「自分の蒐集」を創造していかなければならない。[12] このような「創る蒐集」であり、一つの新たな「価値世界」を世に示したもの――それが柳の蒐集、すなわち李朝陶磁であり、朝鮮の工藝品であり、木喰仏であり、民藝品の蒐集であったのである。

（4）私有から公有へ

このように蒐集は、それが「守る蒐集」であれ「創る蒐集」であれ、社会的な責任を担うものである。「蒐集は単なる個人的趣味ではない。興味に止まるごときものではない。すでに公な仕事である。蒐集は私有を越えて、普遍的な価値をこの世に贈るのである」（一六―五五四）。そうであるから、蒐集は私有から始まるにしても、「進んでそれを公開し、または美術館に納めること」（一六―五三四）に向かわなければならない、すなわち個人的意義と社会的意義――ある時代・ある場所に制約された特定の社会ではなく、時代を超えて万人に関わるという普遍的な意味での社会性――とが一つにならなければならないと柳は主張する。

なるほど個人所蔵にも一理ある。「個人の許で愛されつつある時ほど、物が最も輝く場合はない」「物は良き持主の許で、最もよく活かされる」という事実を柳は認める。しかしそれでも「蒐集が単なる私有物に終われば死蔵である」。あるいは「犯罪」行為であるとまで柳はいう。「人々とともに見る悦びが失われる時、そしてすべてが私される時、蒐集は一つの犯罪であると呼ばれても仕方がない。所有が個人の墻《かき》で塞がれると、それは一種の隠匿に等しい。むしろ物への断絶であり殺戮である」。いわゆる「秘蔵」には、どこかしら陰気なところがある[13]。なぜならば、美しいもの、良いものがあれば、それを多くのひとと分かち合いたいと願うのが、人間の自然で明るく健康的な感情であるから。「真に物を愛する者は必ずや悦びを人々とも分かちたいであろう。見せない態度より、見せたい態度の方が遙かに自然である。また気持ちとしても明るい」。要するに、ほんとうの蒐集は「公有」を願うものである。だから最終的には、美術館において公開されなければならず、また自ずからそうなるべきであると柳は主張するのである（一六―五三二参照）。

もう一つ、蒐集が私有から「公有」へ進まなければならない理由として、柳は、先に述べたように、蒐集が一個の全体として価値をもっていること――「集められた価値」であること――を指摘する。個人所蔵の場合、その蒐集者がいなくなり、そこに愛を注いだ人間がいなくなれば、蒐集は切り売りされ、散逸してしまうだろう。その蒐集が社会的意義をもつものであるならば、その散逸は、取り返しのつかない文化的喪失である。それを防ぐためにも、何らかの仕方で「公有」させておくことが重要であると柳は訴えるのである（一六―五三四・五三五参照）。

(5)　ものに対する敬念

このように蒐集の理念について語る柳は、「骨董趣味に堕する」ことのないように、ものに「淫する」ことのないように忠告する。「徒に古きを愛し、珍しさに溺れ、物を数え集めるのは、守銭奴の暮らしと何の変わりがない。気持ちは陰気であって、生活は濁ってくる。ついには交わりをさえ汚すであろう。かかる例が少なくない」（一六―五五五）。蒐集することでかえって生活が濁り、交わりを汚す――心が狭く卑しくなり、人間関係を損なうようになれば、それは完全に誤った蒐集である。真の蒐集は交わりを、人々の心の交歓を創り出すもの――先に考察したように、それが「朝鮮民族美術館」設立の主旨でもあった（本書八七頁参照）――でなければならない。「物は人と人とのよき仲立ちである。心と心とを少しでも器によって逢わせねばならぬ」（一六―五三二）。そのような蒐集は、生活を明るくし、生活を深め、人類に寄与し、自他ともに悦びを分かち合うことを願わずにはいられない。

蒐集は何か生活を明るくするものでありたい……それによって何か世界の意味を高めねばならない。何も人類に寄与する所がないならむしろ恥ずべき行為である。それを単に利己的な興味に死なしめてはいけない。生活がそれによっていきいきし澄み深められるものでありたい。そうして他人にも多分に悦びを頒つものでありたい。

（一六—五五五）

そして最終的には、ものに対する「敬念」が問われると柳はいう。ここに至って、自分が愛好するものを集めるところから始まった蒐集は、蒐集の主体である自分が謙《へりくだ》ることによって、宗教哲学的な境地に等しくなる。

敬念とは自己を謙る意味である。何か自己以上の深さ浄さを物に感じることである……集める行為は、その深さや浄さへの守護であり顕揚である。蒐集は須く、永遠なるものの賛美でなければならぬ。良き蒐集家はものに敬虔である。この敬虔こそその蒐集に光りを与えるのである。（一六—五五五）

「自己以上の深さ浄さを物に感じる」ような「敬念」を抱くならば、その蒐集が道から外れることはない——ものの商品価値を利用して何らかの利益を得ようとしたり、私有にとらわれたりすること、自分の眼でものを直に見ず、第三者の判断に盲従するようなことはない。たとえ「非合理的な蒐集」によって生活が苦しくなろうとも、その生活が暗くなることはないのである。そして自分自身が謙虚になり敬虔となることで、集められたものは、それらに共通して含まれる本来の美、すなわち「永遠なるもの」を発揮するようになる。そこまで達してはじめて真の蒐集が実現されると柳は主張するのである。(14)

以上が、柳における蒐集の理念である。このような理念のもとで、柳は自らの民藝蒐集を行ったのである。そして私有を「公有」にするために、「創る蒐集」として新しい一つの価値世界を世の中に提示するために、そのことによって人類の精神的豊かさに寄与するために、日本民藝館を設立したのである。そこで「日本民藝館の使命」に関する柳の言説を確認することにする。

3　日本民藝館の使命

(1) 誕生の経緯

すでに述べたように、木喰仏を探し求める旅の途中（一九二六年＝大正一五年・一月一〇日・柳三六歳）、高野山の宿（西禅院）の一室で、柳は「日本民藝美術館設立趣意書」を記した。それが民藝運動の端緒といってよいだろう。(15) そこから柳は、全国を行脚しての猛烈な蒐集——浜田の言葉を借りれば「嵐のような買い出し振り」（浜田一九七）——を行う。また民藝に関する論考を精力的に発表し、代表作の一つ『工藝の道』（一九二八年）を出版する。同年、上野公園で開催された「御大礼（昭和天皇即位）記念博覧会」に「民藝館」を出展し、建物から家具調度類に至るまで民藝調で統一された空間を演出する。(16) ハーヴァードで半年間の講義を受けもった際には、ボストンのフォッグ美術館で「大津絵展」——民藝的絵画＝民画展——を開催（一九三〇年）。帰国後、雑誌『工藝』(17) を立ち上げる（一九三一年）。東京や大阪の百貨店（松坂屋・高島屋）で民藝展覧会をくり返し開催し、「民藝」という言葉の普及に努める（その頃、民藝の商品価値に目をつけた商人たちが柳の後を追って全国各地で民藝展を行い、認知度が高まる。「民藝」の語が辞書に載るようにもなる）。日本民藝協会を設立（一九三四年）。京王井の頭線が開通したばかりで、まだ森のなかにあった駒場に栃木の農家の「長屋門」を移築し住居を構える（一九三五年）。柳を訪ねた際にその門を見て感銘を受けた大原孫三郎が民藝館設立のための寄付を申し出る。(18) ただちに柳邸の向かいの土地を購入し、河井・浜田とともに設計・施行し、「日本民藝館」を開館、柳が初代館長になる（一九三六年）。このように、最初の計画から一〇年かけて、目的は達成されたのである。もちろん決定的な役割をはたした大原からの寄付をはじめ、そこに至るまで多くの人々の協力はあったが、やはり柳の純粋無私な情熱が、すべての源であったといえるだろう。最初に計画を立てた頃の心境を、柳は次のように綴っている。

この仕事がどういう方法で実現されるか、それが何ほどの費用を要するものか、どう経営し、どう維持するか。それらのことを思い惑うにしては、余りにも仕事そのものに熱情を抱いた。今から思えば用意の足りない計画であったともいえるが、同時にその純な若々しい気持ちが燃えていなくば、この仕事は端緒を得なかったであろう。私たちは幸にも信念で事を始めた。進もうとする吾々には周囲への躊躇《ためら》いがなかった。行く末に少しでも危惧を抱いたなら、勇気はいつか砕かれていたであろう。（一六―一四八）

その途中、これまでの蒐集品をすべて上野の帝国博物館に寄贈し、そこに「民藝」のための展示室を設置することを願い出たこともあった。なぜならば、社会的意義のある「民藝」が、早く「公有」される必要を思ったから。柳は館長に直談判を試みたが、反応はなかったという（一六―一七五）[19]。それでも挫けることはなかった。

しかしこの交渉の断絶は、一層品物に対する吾々の情熱を燃やした。吾々の手でよい仕事を残そう。稔る日を待って、怠らず前に進もう。私たちは乏しい財布の中から少しずつ品物を加えていった。（一六―一五〇）

このようにして愛と情熱を注ぎ込んで実現された日本民藝館であるから、柳宗玄によれば、「ともかく民藝館は、いわば父の最愛の息子であった」（回想三一三）。柳は日本民藝館を財団法人化し、「公有」のものにする――それのみならず、自宅（民藝館西館）、自らの年金、自らの著作権など、もてる財産・権利のすべてを日本民藝館に譲渡する（それが兼子の晩年に暗い影を落としたことはすでに述べた）。そして「公有」なものであるから、自分の親族が館長職に就くようなことのないように厳命したのであった[20]。

(2) 民藝館の使命

それでは、この「日本民藝館」の設立によって、柳はどのような社会的意義——それがある特定の社会ではなく、万人との関わりを意味することはすでに述べた——を表現しようとしたのだろうか。まず「日本」という言葉の意味について、柳は次のように述べている。

日本と附けたのは日本の品物を中心とする意味なのである。だから朝鮮、支那、西欧その他のものも陳列品に加わる……日本に建てるからにはなにより日本を語りたい……しかし一言付け加えたいのは、吾々は何もこの頃流行の国粋的な意味から、〈日本〉の名を附けたのではない、全く必然さからであって、排外的意味はない。まして吾々の信念では最も日本的なるものは同時に最も国際的であると考えるのである。だから最も西洋的なものは、最も東洋的なものと調和するともいえる。美しさの世界では両極は不思議に結び合う。陳列品で私達はこの真理を具体的に示したい。この真理があればこそ日本的なものの価値を宣揚してもいいように思う。この普遍性にまで高まらない物は、実は日本の物としては誇れないはずである。(一六—三八三)

総じて民藝館の雰囲気は和風である。しかし、ただ「日本的なもの」——しばしば誤解されている、日本の伝統工藝としての「民藝」のイメージ——を伝えることがその目的ではない。日本的なものをとおして「普遍性にまで高まる」こと——あの「即如」「不二」である「理法」に関与することが重要なのである。すでに宗教哲学研究において確かめられたように、「真＝善＝美」は究極的には一つであり、すべての正しさ、すべての美しさは、この「理法」

に授かるところから生まれてくる。なるほど表現の仕方は、それぞれ異なる風土と歴史をもつ国によって、民族によって、あるいは一個人によって多種多様であるだろう。しかしそれらはあくまでも現れ＝現象における差異であって、真実で正しく美しいものは、すべてその根本において、この普遍的な「理法」に関わっている――そうでないようなものには、正しさ、美しさは現れてこない。だから「日本」民藝館が展示によって伝えようとするのは、この「理法」に則った日本的なもの、すなわちほんとうの日本的な正しい美しさであると同時に、その背後にある「理法」そのもの、すなわち唯一不二である「永遠の美」なのである。そしてその真理に関与するならば、日本的であろうとなかろうと、等しく美を表現することができる、すなわち「美しさの世界では両極は不思議に結び合う」のである。逆にいえば、「日本的なもの」が普遍性をもたない場合、すなわち「理法」から外れている場合には、正しさ、美しさは発揮されえず、不正と醜さが蔓延《はびこ》り、「排他的」になる。すなわち自分とは異質なもの――他者を排除するようになってしまう。そのような過ちに陥らないためにも、日本民藝館は、真に「日本的なもの」の展示を目的とするのである[21]。

次の民藝の意味については本書第Ⅱ部で考察するが、簡単にいえば、展示されるものは民衆的な工藝品であって、美術品ではないということである（その誤解を避けるために、「日本民藝館」は最初の趣意書――「日本民藝美術館設立趣意書」から「美術」の文字を外したのである）。だからといって民藝館は、博物館ではない。博物館では史的・知的価値を基準として展示が行われるが、民藝館ではあくまでも美的価値が基準となる。「博物館では知的要求に応えるのが主な趣旨で、何も美的情操のための用意を致すのではありません」（一六―三四七）。この意味において、民藝館はやはり美術館である。「美術館であるから、どこまでも品物の美しさを主にした立場をとるのが当然である」（一六―一五五）。なるほど工藝品によって真に「日本的なもの」を代表させることには異論があるかもしれない。だが柳には確信がある。「一国の文化程度の現実は、普通の民衆がどれだけの生活を持っているかで判断すべきであろう。その著しい反映は、彼らの日々の用いる器物に現れる」（一六—一五六）。そして日本「民藝」館は、後述するように、工藝品においてこそ「理法」に即した正しい美が表現されているという発見から、工藝品によって、ほんとうの正しさ・美しさを、いいかえれば「健康の美」を伝えることを使命とするのである。

この民藝館は民衆が美の国に如何に大きな貢献をなしているか、また実用が如何に美を確実なものになしているかを証拠立てるであろう。しかもその美しさの最も著しい特色は〈健康〉ということであって、この性質こそは最も尊ばれてよい美の内容であると考える。かかる健康な美しさが、何にも増して一番必然に〈民藝品〉に現れているということを物に即して語ろうとするのである。かかる美を中枢として美術館を企てたものは他に例がないのである。（一六—一六一）

民藝館の使命は美の標準の提示にある。その価値基準が〈健康の美〉〈正常の美〉にあることは前にも述べた。美の理念としてこれを越えるものはない。（一六—一五五）

先の蒐集論で考察したように、柳によれば、蒐集は、新しい価値世界を世の中に提示し、人類の精神的向上に寄与すべき社会的意義を担うものであった。「公有」なものとなり、すべての収蔵品をとおして、正しい美＝「健康の美」という統一的理念——「美の標準」——を提示する日本民藝館は、まさに柳の蒐集の理念の具体的な現実化であったのである。

さすがに柳の「最愛の息子」と評されるだけあって、民藝館に関する柳の記述は量も多く、なにより情愛に溢れている。そのなかでも特徴的なのは、陳列に対する綿密な心配りである。

品物は置き方や、並べる棚や、背景の色合や、光線の取り方によって少なからぬ影響を受ける。陳列はそれ自身一つの技芸であり創作であって、出来得るなら民藝館全体が一つの作物となるように育てたいと思う。とかく美術館は冷たい静止的な陳列場に陥りやすいのであるから、もっと親しく温かい場所にしたいといつも念じている。

（一六―一五六）

（3）陳列のための心配り

具体的な記述を見てみよう。たとえば「陳列品をよく選んで、数を少なく並べるのが一番無難」（一六―一二九）である。棚に一つ置く場合がもっとも簡単で、「どこを正面にするか、どの高さに置くか、それに当てる光線の方向や強弱、また周囲の大きさとの比例、壁面の色合い」だけを考慮すればよい。しかし二、三個並べる場合には、「相互の間の大きさや色や、形や模様や艶などの関係が生じ、互いがその美しさを活かし合うような状態に置かなければならない」、さらに「一室の陳列全体が、渾然とした調和を保ち、さながら一個の作品の如き赴きを呈する」ようにしなければならない。また「見上げて美しきものを棚の上段に、見下ろしてよきものを下段に置くのは常識」であり、品物と品物との間隔や、品物に応じて遠くから見るようにするのか、近くから覗き込むようにするのかという細かい配慮も必要である。あるいは採光の問題もある。直接光、間接光、人為光で印象が変わってくる。民藝館で採用している「和紙の障子を通す天然光が最も柔らかで、恐らく最良である」と柳は自慢する。今日よく見られる「全然窓を設けず、室を暗くし、品物のところだけ人工光線を当てて照らす」方法は便利ではあるが、「やはり太陽の光を活かす方が本筋ではないでしょうか」と柳はいう（一六—二二二）。そしてまた——これは柳に特徴的な思考であるが——陳列は「暗示的」でなければならない。「説明的な陳列は、美の理解を却って塞ぐ場合が多いことを注意すべきでありましょう。説明で割り切れるような美はないからであります。物の美を説明で終わらせてはなりません」（一六—二二二）。民藝館では、黒の漆塗の札に朱色で、簡素な説明（品物の名称と制作時期）が書かれているだけである。その方式を採る理由は、一つには「札が大きすぎたり真白であったりしますと、目障りとなって、陳列品を随分阻害致し、いたく美観を殺ぐ」ことになるから。しかしなによりの理由は、見るひとが、説明に頼らず、ものを「直に見る」ためである。

> 時としては不親切だといって小言を云われる方もありますが、私共から致しますと、説明が詳しいと、説明ばかりに気をとられて、却って物を見ない弊が非常に多く、それでは美術館の存在理由や使命が薄らいでしまいます。何より物の美しさを眼と心とで見て欲しく、事柄への知識は二の次にして欲しいのであります。（一六—二二一）

それを浜田は、「いかにも柳らしい深い考慮」（浜田一九八）と述べている。省りみて今日、美術館は親切がすぎる——説明過剰になっている——場合がありはしないだろうか。そして訪れる私たちも、自分自身の「眼と心」で率直に美を感じるのではなく、知的な理解を、あるいは著名な展示を見たという満足感を求めてしまっている場合がありはしないだろうか。陳列は美術館の仕事ではあるが、私たちの側も、深く反省をうながされるところである。

ともかく、柳によれば、陳列にはこのような細かい心配りが要求される。「陳列は一種の技芸です。技芸であるからには、創作でなければなりません」（一六—一一八）。したがって、ただよいものを集めて並べればそれで片づくという単純な問題ではない。

品物がよければよいほど、陳列する者の責任は重いわけです。陳列は要するに品物を最もいい状態に置くことを旨とすべきです。ただ見ただけでは味わえない美しさを、陳列で見せるべきです。ですから、よく陳列された時ほど、品物を美しく見得る場合はないわけです。うまく陳列されて始めてその美しさが正当に輝くわけです。よく陳列されない間は、品物はまだ充分にその美を発揮したとは云えません。(一六—一一八)

そうであるから、陳列を行う人間には、ものを見る眼、美的価値に対する深い理解がなければならない。「陳列がむずかしいのは、品物の美しさをよく理解する必要があるからです。ここで理解というのは、ただ知識的な理解ということではなく、その美的価値への理解をいうのです」(一六—一一八)。しかし、ただ美しさが判るというだけでも足りない。「陳列には親切さがなければなりません。品物への情愛がなければなりません」(一六—一二〇)。蒐集論の最後で、柳は、「ものに対する敬念」こそが、ものを光り輝かせることができると述べていた(本書一二八頁参照)。その敬念、その情愛があればこそ、美術館を訪れるひとに、そのものをもっとも美しい姿で眺めてもらいたいという気持ちになるだろう。そしてその気持ちが、陳列への細やかな心配りとなり、また柳の蒐集が「創る蒐集」であったように、陳列もまた「創作としての陳列」になるのである。

実際に、民藝館における柳の陳列は、妥協のない、厳しいものであったという。[22] しかしそれは、民藝品に対する、そして民藝館に対する、柳の深い情愛の現れであり、また美しいものに対する柳の深い敬念によるものであったといえるだろう。

(4)　活きた美術館であること

そのような柳は、民藝館が「死んだ美術館」ではなく「活きた美術館」であることを願った。そのためには、なにより物＝もの（柳は両者を区別なく用いるが、本書では基本的には「もの」で統一する）に対する理解と情愛とが不可欠であることはすでに述べた。「物に理解がない時、品物はただ事務的に処理されてしまう。私達は死んだ美術館をたびたび目撃する。だがこれに反し、よく活かされた美術館においては、物は遙かに大きな生活に入る」（一六―五三四）。そして陳列は、ものの生死を分ける、決定的な局面であった。しかし問題は陳列だけでは終わらない。むしろ美術館のめざす方向性が、その美術館全体に影響を与えるといえるだろう。たとえば民藝館では、継続して蒐集を行う。「この蒐集の継続は、どの美術館にとりましても、生長を意味し、これが停止されると、不思議にも館自体が静的となり、ただ蔵品を守って陳列を繰り返すことになります。まして開拓し創造する力は失われてしまいます」（一六―二一八）。このように「開拓し創造する力」でありつづけようとするところに、柳の民藝館の一つの特徴がある――端的にいえば、それは未来志向である。なぜならば、美を可能にする「法則」は、永遠であり普遍である。そして私たちは、過去の作品に学ぶことで自らその永遠の法則に関与し、その法則をこれからの時代の作品のなかに表現していく責務を負っているのである。たんなる過去回帰的な態度では、消極的になり、新たにこの法則を把握しようとする気概は出てこないだろう。だから柳はいう。

　だが私たちは、ただ古作品を陳列することによって仕事を止めようとするものではない。否、むしろそれは二次的な仕事ともいえる。何故なら古作品によって美を語ることは、それによって法則を知り、法則によって新しい作品への基礎を定めるためだといってよいからである。もし美の問題を過去の歴史に止めるなら、それはただ愛玩的な鑑賞に止まってしまう。私たちにとって大切なのは、むしろ新作品への準備である。進んではその生産であり発展である。それ故私たちは、未来を約束する新作品への展観にも、意を注がねばならぬ。過去との深い繋がりよりも、未来への繋がりが一層重要であろう。この民藝館は今日の生活、明日の生活と深い関係をもたねばならない。私たちはここで私たちの信ずる個人作家の制作、および今なお健在する地方民藝への紹介に大きな使命を感じるものである。（一六―一五四）

蒐集を継続していくことも、そして古作品だけではなく、今日の作家、今日の地方民藝を紹介していくことも、あるいは新作展を行い今日の民藝制作に息吹を与えることも、[23] それらはみな未来における民藝の可能性を見据えた態度である。[24] それは決して簡単なことではない。「私達の経験では、新しく佳い品を生産するという面が一番困難であり従って最も努力せねばならぬ問題であります」（一六―二三四）。しかし「私の望みでは、こんなに美しい数々の品が、今まで出来ているなら、未来にも美しいものを作る任務が吾々にあると誰にも考えていただきたいのです」（一六―二三四）と柳は訴える。大事なことは、先の引用に見たように、古作品の美によって「法則を知り、法則によって新しい作品への基礎を定める」ことである。古作品の美によって法則を知る――すなわちあの「理法」を体得し、それを自らのこれからの在り方に生かしてほしいと柳は切に願うのであり、民藝館はそのための拠点なのである。だから「単なる陳列場」に堕してはならず、「指導的な力」（一六―一五三）を発揮できるよう、民藝館自体が創造的で「活きた美術館」で在りつづけなければならないと柳は主張するのである。[25]

（5）　孤独な仕事と責任

ところで民藝館が開館してから約一五年後、柳は、「孤独な民藝の仕事」（一九五二年）という一文を書いている。それは、「最愛の息子」である民藝館が、しかるべき評価を得ていないことに対する嘆きである。

仕事を長年してみて、大衆の頼りなさをしみじみ感じる。恐らくこの民藝館がその存在価値を正当に認識されるまでには、あと少なくとも半世紀はかかるのだという感がする。それほど理解者は少なく、博物館専門の人、美術史工藝家などで、著名な人のうち未だかつてここを訪ねたことのない人の方がずっと多いであろう。それほど一般は、この民藝館の価値を知らないしまた見ようともせぬ。(一六一―一六五)

西洋の著名な画家の展覧会に人々が群がる様子を引き合いに出して、柳は、「果たしてその中の何人が正当の理解者で、彼の多くの追随者、賛美者は彼の本当の味方なのか」(一六一―一六四)と疑念を呈している。そして民藝館の展示は無名の工藝品であるが故に、世間的な見方に頼るひと、いいかえれば「直に見る」ことのないひとは、最初から民藝館を否定してかかるのだと不満を漏らす。それでも柳はいう。

私は私の務めや使命を、こつこつと果たしてゆくより仕方ない。幸い民藝館は財団法人にしてあるから、品物が分散する憂いはない。いつだとて公に役立つ準備をしている。ただこれを受け取るまでに公衆の心が熟していないだけなのである。ただ心ある少数の人達から大に感謝されているのは有り難いことだ。段々そういう人は殖えるであろう。(一六一―一六七)[26]

戦後の混乱を経て日本が高度成長期に入ったとき、急速に欧米化・工業化された生活形態に対する反動として、また都市へ流出した地方出身者の郷愁として、あるいはそこに何かしら心温まるものが感じ取られて、日本の伝統的手工藝が見直されるようになる。そして民藝は流行する。全国各地に民藝協会が設立され、失われつつあった地方工藝が脚光を浴び、活気づくようになる。それと同時に、民藝品は実用から離れた「趣味品」として取り扱われ、あらゆる観光地に自称「民藝品」を販売する土産物屋が立ち並び、「民藝喫茶」「民藝うどん」なるものまで出現するようになる。[27]そして柳は民藝運動の「家元」として、功なり名を遂げることになった。しかしそれは「公衆の心が熟した」結果なのだろうか。残念ながら、その流行から遠く隔たった今日の有り様を見るならば――「あと少なくとも半世紀はかかる」という柳の希望的観測にもかかわらず――決してそうではなかったのだろう。しかしそのような今日であっても、「美の殿堂たる美術館を介して、美の法門を説く」（一六―三五三）こと、すなわち「理法」に関わる正しい美＝「健康の美」を訴える民藝館の存在意義を否定することはできないだろう。柳は述べている。

人類の平和と歓喜と感謝とは、美を媒介として具現せられるべきだと思います。今の時代では美こそ人間を結合せしめる何よりの仲立ちではないでしょうか。今日寺院の魅力が減って来たことを想うとき、美術館にこそ新たな使命が課せられていると思います。美においてすべての人々は自らを忘れて語り合うことが出来るでありましょう。特にその美が健康なものの尋常なもの無事なものである時、人々はそこにこそ本来の故郷を見出すのではないでしょうか。民藝館はこの理念を現成し、その任務を遂行しようとする最初の企てであると思います。

（一六―一九五）

この言葉を、理想主義者の夢で片づけてしまってよいだろうか。また民藝館以降、この理念を継承するような機構が現れただろうか。もしそうでないならば、そしてほんとうの宗教の力・信仰の力が衰え、人間と人間との真実な交わりが、あるいは人間と自然との真正な関わりが困難な時代になってきているとしたら、その結果、人々が自らの「本来の故郷」を見出すことができず迷いのなかに生きているとしたら、なおのこと日本民藝館――柳の願った民藝館――に課せられた責任は重いのである。[28]

第Ⅱ部　柳宗悦の民藝理論

第Ⅱ部では、まず民藝が発見され理論化されていった過程について確認する。次いで、民藝がめざしたものについて——美術や他の工藝との識別からその未来志向まで——考察する。それらを踏まえて、民藝理論の本質的部分である民藝美を構成する三つの条件——「用の美」「無名性」「健康の美」——について論じたい。

第五章　民藝の発見

1　直観的事実

民藝とは、手仕事によってつくられた日常普段づかいの実用的工藝品に美を求めるものである。しかし民藝は、決して新しい美を創り出したのではない。「民藝」という名のもとに、何か新しいデザイン――たとえば「民藝調」というような――を創出したのではない。民藝美はすでに存在していた美しさ、しかし美しいとは気づかれていなかった美しさであり、その注目されることのなかった美しさを柳は「発見」したにすぎない。そしてその美しさの生じてくる由縁を考えることによって、柳の民藝理論は形成されていったのである。

実際最初は理論らしい何ものをも持ち合わせてはいなかったのである。私達はただ率直に見たのである。見て驚きを感じたのである。事の起りはそこから発した……さて、私達は眼で見て、真に美しいと感じたものが、何であるかを後から顧みたのである。その時私達に始めて気づかれたことは、如何に私達が見て美しいと感じたものの多くが、在来讃えられて来たものと、質を異にしまた領域を異にするかということであった。それで私達は、それ等のもののもつ美しさの性質と価値とを有りのままに述べたのである。しかもこれ等のものを総称する言葉が未だないので、止むなく〈民藝〉の一語を創って、その意義を明らかにすることを努めた。そうして私達は眼で見届けたものを反省し、漸次思想的にそれを整理して行った。かくして組み立てられたものが私達の民藝理論である。つまり直観的事実を、誰にも納得出来るように理性的にまとめたものに他ならない。（一〇―三一四）

この文章は慎重に読まれなければならない。柳は手仕事による実用的工藝品に美を見出した――このようないい方は適切ではない。それでは順序が逆になってしまう。正確には――真に美しいと感じずにはいられない品物があった、それが何であるかを顧みたら、手仕事で作られた実用的工藝品であった、ということである。この気づきが、民藝の「発見」である。(1) 最初にあったのは、率直に美しさを感じたという「直観的事実」である。そしてその美的経験＝直観的事実の内実を説明するために、柳は「民藝」という術語を定義し、民藝理論を構築していったのである。要するに、民藝理論とは、決して美を意図したものではない実用的手工藝品に美が現れたという不思議さに出合った柳が、その「神秘」を解き明かそうとした試みなのである。

2　理論化の意義

いつでも基本は「直に見る」ことである。だからこそ柳は、言葉で議論をする前に、具体的な展示の場である日本民藝館に足を運んでもらうことを切に願う。しかし同時に、自らは作家ではなく「筆と頭とで先端を切った」（回想三一二）存在である柳は、それまでの宗教哲学的研究において修得した言語的感性を存分に発揮して、民藝に正しい美しさが宿る形而上学的根拠・摂理を叙述する――それが民藝理論である。だが誤解してはならないのは、民藝美があくまでも発見であったように、民藝理論もまた、決して柳によって案出された柳オリジナルの思想ではないということである。柳が行ったのは、「与えられた美」についての「忠実な描写」にすぎない。柳自身がそのことをはっきりと自覚している。

与えられた私の任務は、私の見解を主張することではなく、自然が与える不思議な準備を忠実に描写することにあるのである。これによって私は未来への希望を多くの人々に伝えることができよう。（八―一八四）

実際のところ、手工藝の実用品に美しさを感じ取ったのは、柳が最初ではない。柳が絶大な信頼を置く初期茶人たちがそうであったように（本書一六五頁参照）、それはすでに一部の眼力ある人々によって的確に見出されていた美しさである。柳の周りでも、たとえば浅川兄弟は、柳以前にその美しさに魅了されていた。すでに見たように、柳の朝鮮に対する開眼となった李朝の壺は浅川伯教によって贈られた品であり、浅川巧の家で朝鮮工藝に触れた体験が、巧とともに「朝鮮民族美術館」設立に動き出す機縁であった。あるいは、兼子の回想によれば、新婚の柳夫妻の家に遊びにきた友人たちのなかに、道具の美しさについて語る人たちもいたという。それを聞かされた柳は「おもしろいことを聞いたよ……タワシだのササラだの、ああいったものに美があるんだって……」と、不思議そうに兼子に話したという（兼子四九九）。さらには、柳と知り合う以前、まだ一〇代の浜田庄司は、自らの判断で、「生活の役に立つ工藝」の道に進むことを決心している。もともと浜田は画家を志していたが、一流の絵を描くだけの自信をもてなかった。しかし周囲を見渡せば、日々の生活の道具も美しく、なによりも実際に役に立つ。そこで「こうした生活の道具をつくるなら、仮に十分に立派なものを生み出せなくとも、気持ちの満足は得られるだろう」と考え、工藝の道、作陶の道に入ったという（陶芸家・板谷波山が教えていた蔵前工業専門高校〔現東京工業大学〕に進み、そこで河井寛次郎と知り合う）。しかもその浜田を勇気づけたのは、彼が雑誌で読んだ、次のようなルノアールの言葉であったという。

フランスには、大変多くの美術志望者がいるはずであるが、なぜそのほとんどが絵だけを描きたがるのだろう。半分でも三分の一でも、工藝の道に入ってくれれば、工藝の質も大きく向上するだろうし、画家どうしの過当競争も緩和されるであろうに……。(2)

このように周囲を見渡せば、柳は決して実用的手工藝の美の発見者ではない。むしろ周囲からの働きかけでそれに気づかされた人間の一人である。しかしながら、「民藝」という術語を案出することによって一つの美的範疇を明示し、美の領域を拡張したこと、日本全国から自らの「眼の力」で未来の規範となるべき正しく美しい民藝品を蒐集し──それは手工藝が日常生活のなかに生きていた最後の時代であり(3)、柳の蒐集がなければ多くのものが歴史からひっそりと姿を消していったことだろう──「日本民藝館」を完成させたこと、さらに宗教哲学的な教養を背景に民藝美の成立条件を理論化しえたこと、そしてその条件のもとに今日においてなお美しいものをつくりつづける指針を示した──それが民藝運動である──こと、それらが柳に帰せられる大きな功績なのである。蒐集ならびに民藝館の意義についてはすでに説明した。ここでは理論化の意義について述べておきたい。

柳は、器物（実用的手工藝品）には前半生と後半生があるという。前半生とは、作者によってものがつくられ世に出されるまでの時間であり、後半生とは、作者の手を離れたときからの時間である。そして後半生においては「見る者」「用いる者」「考える者」という三つの力が、そのものの在り方を決定するという。「見る者」とは、そのもののよさを見出す存在である。どれほど美しいものであっても、それに気づく者がいなければ、その美しさは浮かばれない。しかし、見るだけではまだ不十分である。器物とは「用いられることによって最も活きる」ものである。「作物が活きるのも死ぬのも用い方である。真に用いられずば、美しい器物はない。用いることこそさらに深く見るゆえんである。なぜなら用いることによって、器物と生活とが一枚になるからである。生活に器物が活きずば、器物の存在は淡い影に過ぎない……器物の生命は、〈用いる者〉によって始めて活きるのである」（八―五一五）。柳はここに茶道――実際に道具を用いて心を修める芸道――の意義を見ている。だが柳は、それでも不十分であるという。「意識時代に住む吾々には、器物に対してさらに一つの務めが加わる。美を見、美を味わうほかに、美を想う念があるのである」（八―五一七）。美をまったく意識せずに制作が行われていた古作品＝古民藝の時代ではなく、美を意識せざるをえないこの時代――この「意識時代」においては、私たちには思索する義務があると柳は説くのである。

一つの器に美しさを観るとしたら、翻って私達はそれを反省し、こう考え起こしてよい。なぜ美しいのかと。そうしてこの問いはさらに次の問いを生むであろう。どうして美しくなったか。何が美しくさせたか。その正しさはどこから来ているか。どうすると物が健康になってくるのか。それにはどんな法則が流れているか……問いは無数に湧こう。（八―五一八）

もちろん、観念だけの思索には説得力がない。「見る者」「用いる者」という二つの力があってはじめて思索が可能になる。そして「考える者」による深い思索において、器物の後半生は完全なものになると柳は主張するのである。「一つの器物はそれが正しく考えられた時以上に、存在の理由をはっきり有つことはできない。真理問題に触れない間、器物はまだその存在を完くしない」（八―五二〇）。この「真理問題」に触れうる深い思索とは、「真＝善＝美」に通底する法則の認識、すなわち宗教哲学研究において「理法」と呼ばれたものの認識にほかならない。

器物も活きているのである。そこには人間と同じように道徳があり、宗教がある。そこも真理の蔵庫である。ここにも人間を支配しているのと同じような法則が働いている。法を欠くなら美はないといってもよい。法に適う

時、ものが美しくなるのである。作物に潜む法則の認識は、意識時代の人々に賦与された新しい一つの仕事である。（八―五二一）

「法則」とは、すでにあり、これからもありつづける「永遠の法則」である。そして柳は、具体的な美をとおして直接的に経験されるこの法則、すなわち「法美」を「忠実な描写」によって言語化した――民藝理論を確立したのである。なるほど柳は決して民藝美の先駆的発見者ではなかった。しかし「考える者」として、柳は民藝美の理論化を行ったのである。それはこれまで誰も企てることのなかった試みであり、宗教哲学者という前歴をもつ柳であればこそ果たしえた、大いなる功績であるといえるだろう。

なるほど思想に関心のないひとからすれば、理論などどうでもいいことなのかもしれない。だからこそ柳は、本書の「はじめに」で掲げたように、一言、次のように述べている。

工藝に形而上学を見出そうとするようなことは、夢とも思われているだろう。だが哲学をもたない歴史に力があろうか。（八―二三四）

形而上学――普遍的な「法則」に関わる理論を知ることによって、そして「正しく考えられる」ことによって、私たちは「器物の存在理由」を十分に理解し、器物を扱う私たち自身の態度を反省し、そして未来へ向けて私たちの取るべき姿を準備することができるのである。

3　著作概観

民藝理論を代表する著作は『工藝の道』（一九二八年・三九歳）である。すでに考察したように、それは一〇年にわたる宗教哲学研究によって培われた神秘思想的感受性と言語的表現能力の結実であった。また、それから一四年後に刊行された『工藝文化』（一九四二年・柳五二歳）も、民藝理論全体を視野に入れた重要な著作である。しかしそれらに先立って、宗教哲学研究と併行して朝鮮民族美術館設立に向けて活動していた頃、すでに柳は『陶磁器の美』（一九二二年・三三歳）という小さな本を出している。この著作が、工藝に関する柳の最初の論考である。そこではもちろんまだ民藝という言葉は用いられておらず、また工藝全般について語られることもなく、ただ工藝の一部門である「陶磁器」についてだけ、所見が述べられている。しかし、器の感じ方において、後の民藝理論の萌芽となるものが含まれている。そこで、この三つの著作の特色について、簡潔に述べておきたい。

（1）『陶磁器の美』

陶工・河井寛次郎が高く評価するこの小著において、[4]柳は「陶磁器については、ほとんどその歴史を知らず、その化学を知らない」ことを認めつつ、「日夜それらの美に心を温められつつ暮らしている」なかで、「自然がいかなる秘義を包むか」を解するようになったと述べている（一二―二五）。その頃の柳にとって、器と向き合うことは、宗教哲学研究と一つであった――「器にも信仰の現れがあり、哲理の深さがあった」（一二―二五）。まず柳は、器から「親しさの美」を感じ取っている。「わけても陶磁器の美は〈親しさ〉の美であると思う。私達はそれらの器において、静かな親しげな友をいつでも傍らにもつことができる」（一二―五）。そのような柳にとって、器はもはや「冷ややかな器」ではない。柳はそこに「人の脈搏」を感じ、「内側に血が通い体温が保たれている」と表現する。「器物であるとはいうも、そこには活きた心の呼吸がある」（二一一―一六）。要するに器には生命力がある。そしてその生命力を与えているのは、材料そのものの自然さであり、制作工程の自然さ、たとえば焼成の際の「自然の薪」の働きである。あくまでも「自然の守護」を受けるところ、そこにものの美しさは現れる――「美はいつも自然に帰ることを求めている」（二一一―一六）のであり、「一つの美がよく永遠たり得るのは、それが自然の力に守護されているからである」（一二一―一六）。ここで自然によく守護されるのは、それが自然の規則に従うからである。そして自然の規則とは「不規則中の規則」あるいは「不完全中の完全」であり、人間の思惑を超えた働きである（一二一―一七）。それに対して隙のない完全さを人為的に求めること、すなわち「完全さへの執着」は、自然的なものに叛く行為になる――たとえば化学的調合による釉薬は「人為的には純粋な色であるが、自然からすれば不純なもの」であり、「作為の超過は美の殺戮である」。作為＝作意（柳は両者を区別なく用いるが、本書では基本的に「作意」の語で統一する）が働くと「美は外に投げ出され、味わいを内に含むこと」（一二一―一二三）がなくなってしまう。だがこの「含まれる味わい」（一二一―一五）こそが、親しみや生命力を与えるもの、すなわち美をもたらす要因である。そうであるから、作意に依らず、自然に身を委ねる「単純・率直」な在り方にこそ「美の密意」（一二一―一二三）が存する。このような「単純・率直」を、たんなる素朴さと混同してはならない。ほんとうの「単純・率直」は「至純」である。「形にしろ色にしろ模様にしろ、至純であればあるほど、美しさは冴える。これが私が学び得た芸術の法則である」（一二一―一二三）。

このように、『陶磁器の美』においては、作意を止め、自然本来の働きに委ねるということ、そして「至純」という余計なもの一切の脱落した境地に美の現れを見出すことに重点が置かれている。それは宗教哲学研究において考察された「私」を捨て去るという境涯、すなわち「聖貧」や「謙譲」という美徳、あるいは本来の自然に「帰趣」するという在り方を、実際の器物に投影させたものといえるだろう。また、親しさの美や、「含まれる味わい」――外面的な華やかさとは異なる内面的な美しさや温かみ――を志向しているところに、早くも後述の「健康の美」を予感することができる。

(2) 『工藝の道』

民藝における柳の代表作である本書は、「工藝に関する思想の建設」を試みたものであり、民藝運動の方向を決定づけた歴史的名著である。民藝という術語を案出し、「日本民藝館」設立に向けて始動した時期の著作であり、尋常ではない気迫に漲っている。すでに述べたように、この著作によって人生を変えられたひとは少なくないという。中心にあるのは「用器と美器とは一体であること」、すなわち平凡な工藝品＝実用品においてもっとも確実に美が現れるという、民藝の理念の提唱である。そのような「神秘の提示」、それが本書における自らの使命であると柳は述べる。本書から、後に民藝理論として詳述されるものすべてを引き出すことも十分に可能である。しかし傾向としては、「民藝」云々よりも、工藝美の神秘性が説かれ、そして手工藝による実用品をとおして社会の改善に尽くすこと、さらには工藝の道を深めることで人間として自らを深めることの意義が説かれている。民藝の精神のもとに生きる「協団」についても熱く語られている（本書二一二頁参照）。いわば工藝がひとの一生を賭するに値する仕事であることの確信を与え、そして実際に多くのひとを工藝の世界に導き入れる機縁ともなった、それだけの真剣さと説得力とをもった書物である。[5] 筆者の個人的な印象からしても、宗教性の香りの漂う、無駄のない澄み切った文章であり、柳自身が書いたというよりも、柳を超えた不思議な力によって書かされた、霊気に充ちた文章である。

(3) 『工藝文化』

これは民藝館設立後に執筆されたものであり、工藝の世界を大局的に論じたものである。美術と工藝の区別、手工藝と機械工藝の区別、あるいは工藝（手工藝）の目標、工藝美の特色、さらには工藝美によって形成される美の国の理念など、民藝理論の全体像が明確に整理されている。ただしそのために概説的になり、宗教書的な厳粛さのある『工藝の道』と比べると、心に訴える力は弱いようにも感じられる。『工藝の道』で民藝理論の真髄に触れえた人間が、その理解を補強するという意味で、有益な書物であるともいえるだろう。

また、これらの著作以外にも、民藝について、工藝について（とくに断りがない場合、工藝と民藝は同じである）、柳は多くの文章を書いている。実際のところ、柳において、「日本民藝美術館設立趣意書」を一気に書き上げたあの高野山の一晩以降（本書一一七頁参照）、民藝から離れた文章はもはや存在しない。そして基本的な思想はすべて『工藝の道』に懐胎されていることは先に述べた。ただし後年になるにつれて、「実用性」よりも、「健康性」が強調されるようになってくる。その理由としては、「実用性」の強調は機能主義をイメージさせること、しかし柳の意図する実用は、たんなる機能重視ではなく、心の問題をも含むということ、そしてその心の問題に関わるのが「健康性」であることが考えられよう。また同時に、伝統的手工藝の現場が先細りしていく時代において、対象としてのものを論じることよりも、ものに対峙する私たち自身の心の在り方を省みることがより重要性を増してきたからであるともいえよう[6]。そして「健康の美」が主題となることで、たとえば『工藝の道』では「工藝美」に限定されて論じられていたものが、やがて美術・工藝の区別なく、美それ自体について語られるようになる。あるいは『工藝の道』では、宗教哲学研究の反映として、『新約聖書』の言葉をはじめ、西洋の宗教的概念が多く参照されていたが、次第に主に禅語を借りた、仏教的表現による説明が増えてくる——そこから晩年の仏教美学へと自然に移行していく。このように、時期によって重心の推移はうかがえるにしても、しかし全体としては、民藝理論は一つである。以下、民藝理論を考察するにあたって、著作の時期にはとらわれず、この全体としての民藝理論を提示することに努めたい。

ともかく民藝について、柳は、くり返し倦むことなく語る。本書第Ⅲ部で考察する茶道論と仏教美学も、民藝理論の応用である。あるいはそれらを論じることで、民藝理論を補強する意図があったといっても過言ではない――たとえば茶道論では、「民藝の理論の十二分な左証がここに見出せるではないか」（一七―三八〇）と述べられている。このような柳自身における反復可能性が、先述の宗教哲学研究との決定的な違いである。先に指摘したように、宗教哲学研究では、柳は徒労感・閉塞感を覚えていた。しかし民藝においては、柳の熱意は生涯冷めることがなく、くり返される言葉であっても、その都度の新鮮さがある。まさに民藝こそが、柳の生きる場所なのである。

第六章　民藝のめざしたもの

1　民藝の位置づけ

民藝とは「民衆的工藝」の略語である。柳は、他領域との識別によって、民藝の立場を明確にしている。以下、その識別を手がかりに、民藝の輪郭を示すことにする。

（1）工藝と美術の区別

もともとは、造形芸術としてすべてが一つであった。西洋においても東洋においても、中世紀、あるいはそれ以前の作品においては、工藝と美術の区別はない。今日においてなおその美しさが讃えられる――それ故に多くの観光客が訪れる――中世紀の教会や寺院建築を想起するならば、「そこには聖像があり、壁画があり、聖楽があり、調度があり、什器があり、そしてすべてを総括する建築がある。だがそれらのものは渾然として一つの宗教的要求から統一せられた作物であった」（九―三六一）と柳は指摘する。そこでは人々は、決して自己表現の手段として美を生み出したのではない。鑑賞のためではなく実際的必要に応じて、伝統に従って、与えられた秩序のもとで、自らの果たすべき当然の仕事を行ったのであり、それが結果的に美しさを表現したのである。要するに彼らは芸術家ではなく工人であった。そして工人による実用を旨とする制作、それが工藝である。ところが近代になって、意識的に美を表現することが目的とされ、工藝から美術が分離していく。「美術は個人主義の発生につれて独立するに至ったのである。かつては一切の造形芸術は工藝であった。少なくとも工藝の範疇に入るべきものであった」（九―三六二）。両者を隔てるのは「サイン＝銘」の有無である。サインは個人主義の象徴である。サインによって自分の作品であるということを明確に主張するか（＝有銘）、名もなき一人の工人にとどまるか（＝無銘）、そこに美術と工藝の根本的な差異があると柳はいう。このように、美術が個を自覚した近代人による意識的な制作であるということ、それに対し工藝は、伝統あるいは秩序に忠実な実用品の制作であるということ、この区別が大きな前提である。

そうであるから、民藝は、美術とは区別される工藝の美について語る、あくまでも工藝美論である。しかしながら、美しさそれ自体においては、美術も工藝も同じであるだろう。結局は、柳は「美それ自体」について語ることになる。そして工藝の美しさを実現させているものと同じ要素が、美術の美しさをも構成しているというのが柳の見解である。たとえば「個人的な作品や貴族的な品物で、美しいものを選んでくる時、それが概して古い時代のものに多い」（九―八三）のは、そこに工藝的な要素が含まれているからである（近代の著名な個人作家の多くは、中世紀の工藝時代の末期に生まれている。いわば無名の職人による工藝の世界の頂点を極めた人間たちが、近代初頭に個人作家として名乗り出たのである。美術の基礎にあるのも、間違いなく工藝的な要素であるだろう）。いずれにしても、柳が工藝＝民藝だけを認めて、美術一般を否定しているわけではないことだけは――そのような誤解が少なからずあったが故に――強調しておきたい。(1)

（2）手工藝と機械工藝の区別

もともと工藝はすべて手工藝であったが、産業の発展により、機械工藝が支配的となる。機械工藝は、一貫して実用品の制作に向けられたもの、すなわち実用的工藝である。それはその速度・力・正確さにおいて、またその結果としての廉価・安価において、手工藝を凌駕しつつある（柳の時代においてはまだ手工藝の余韻があった、今日では完全に手工藝は駆逐された）。化学的調合による薬品や人為材の開発も、機械工藝の成果である。しかしながら機械工藝を実際に動かしているのは、設備投資を行う資本家である。したがって機械工藝は必然的に資本的工藝となり、「商業主義の許に生産されている」（九―三五八）、要するに経済的利益が至上目的となる。

（3）手工藝における貴族的工藝・個人的工藝・民衆的工藝の区別

手工藝は、貴族的工藝、個人的工藝、民衆的工藝に区別される。貴族的工藝とは、王侯貴族のために特別に仕立てられたような調度品、端的にいえば、高級な素材を用いた、色彩の華やかな、そして丹念に細工の施された、「豪奢な品」である。このように技巧を追い求めた贅沢な貴族的工藝によって、「技術的に見て驚くべきものが出来た」（九―三五七）と柳はいう。次の個人的工藝とは、美術の影響を受けて美を意識した個人作家が、「美の表現を目的として自由に製作するもの」（九―三五七）である。もちろん美術が実用にとらわれない自由な創造活動であるのに対し、個人的工藝は、あくまでも美しい実用品の制作が目的である。しかし美術と同じく個性の表現を意図したものであるから、もはや純粋な実用品ではないこと、そして「サイン＝銘」を入れることが、個人的工藝の特徴である。要するに、貴族的工藝も、個人的工藝も、希少価値の高い、高価な作品となる。結果としてそれらは「用いるためよりも、見るための要素が勝ってくる」（九―三五七）から、実用的工藝ではなく「鑑賞的工藝」と呼ぶにふさわしい。

同じ手工藝でありながら機械工藝と同じく実用に徹するもの、それが民衆的工藝である。民衆的工藝すなわち民藝とは、「実用を主眼とし、民衆の生活に役立つために作られる多くの品物」（九―三五七）である。民衆の生活に用いられるものであるから、鑑賞的工藝とは異なり、多量に生産されかつ廉価でなければならない。もちろん作り手も個人作家ではなく、個々の名を挙げることのできない無名の職人・工人である。機械工藝が勃興する以前、私たちの日常の生活空間はすべて、このような無名の職人たちの制作による民藝品によって満たされていたのである。ちなみに民藝の「民」、すなわち民藝における民衆とは、社会学的に分類されるような特定の社会階層を示すものではない（貴族的―民衆的という対立は、両者の差異を象徴的に表現するための手段にすぎない）。民藝における民衆とは、人々の日々の生活に関わるという意味である（だから実際に貴族であっても民藝と無関係ではない、彼らが地に足の着いた生活をしている限りは）。また民藝の「民」は、民族性を意味するものでもない。たしかに民族性も、それぞれの民族の生活様式を反映した性質であるだろう。しかしそれは結果から引き出された抽象的概念であり、民族性という言葉を先行させることで、それを生み出した背景――自然風土とともにある具体的な生活――が見失われる危険を孕んでいる。(2) 民藝の「民」は、あくまでも私たちの生の現実に密着したものなのである。

(4)「工藝の正系」としての民藝

以上、美術と区別される工藝のなかに、さまざまな工藝のあることを確認した。そして柳によれば、民藝が「工藝の正系」――工藝の基軸でなければならない。なぜならば、民藝こそが、人々の生活を基礎づけてきたのだから。

今日まで工藝として最も健全な寄与を文化に贈ったものは、生活に即したこの種の手工藝であったといわねばならない。おそらくその価値は永遠に変わることがないであろう。生活に即した実用的工藝が最も正系な工藝であること。またかくある時にのみ健全な工藝となること。ここに基礎的な工藝の原理を見出さないわけにゆかぬ。（九―四二三）

なるほど機械工藝も、実用的工藝である。しかし先に指摘したように、資本家の思惑に左右される機械工藝では、第一に経済的利益が優先される。製品の質よりも、製品の社会に与える影響よりも、あるいは制作に携わる人間の存在価値──「人間が活かされる道」──よりも、一部資本家（とそれを支える株主）の利益が尊重される。だから柳はいう──「人間が活かされる道においてのみ、正しい仕事があるなら、手工に工藝の正系があるのは当然だといわねばならぬ」（九─四二三）。

もちろん、現代において手工藝に固執することには無理があるだろう（この問題については本書一九一頁参照）。しかしとりあえず柳においては、民藝はあくまでも手工藝であることが、たとえ機械を用いるにしても、最終段階でやはり手仕事が関与しているということが前提である。

2　美学としての民藝

（1）　民具との比較

ところで、第Ⅱ部の最初に述べたように、民藝は「発見」であった。名もなき職人・工人たちの制作による手工藝の実用品に美しさを感じたことが民藝の起源であった。そしてその「神秘」を解き明かすことが柳における民藝の理論化であった。

したがって民藝品とは、なによりも美しい品物であることが前提である。ただ実用品である、ただ伝統的な手工藝品である、ということでは民藝品にはならない。民藝にとって重要なのは、物質としてのものの存在ではなく、ものに表現されている美しさ、さらにいえば、その美しさをもたらした背後の精神的な働きである。この意味において、民藝は「民具」とは厳密に区別される。民具とは、なるほど民藝と同じように、民衆の用いる道具すなわち生活のための実用品を示す言葉である。しかし民具研究──民俗学あるいは文化人類学に含まれる──の課題は、過去のさまざまな道具を手がかりに、それらを用いた人々の生活形態を再構成し、そこに私たちの祖先の生きた足跡を探ることに存する（いわゆる「郷土資料館」に展示されているような、昔の人々の用いた農耕具や台所、家具調度類といった生活空間をイメージされたい）。そこでは、どのような民具が実際に存在していたのか、それらはどのような素材で作られていて、どのような人間によって、どのように使用されていたのか、あるいはそれらはその地域・その風土のいかなる特性を反映しているのか、等々――要するにものの歴史的・文化的価値が問われ、美的価値が問われることはない。いいかえれば、民具はあくまでも博物館・資料館に展示されるべきものであって、決して美術館に展示されるものではない。そのような民具に対し、民藝は、ものの歴史的・文化的価値を一切問わない。[3]むしろ民藝は、ものをそのような歴史的文脈から積極的に切り離し――歴史的文脈という「こと」にとらわれず、現前の「もの」を「直に見る」ことが民藝の趣旨であるから――、ひたすらものの美的価値を問い、そして美しい品物に共通している美の本質、すなわち歴史を超越した「普遍的真理」＝「永遠の美」＝「美そのもの」を摘出することだけを目的とする。したがって民藝品は、あくまでも美術館での展示を要求する。このような意味において、民藝は、一貫して美学であり、また美をとおして人間の精神の在り方を問う哲学なのである。

（2）「美の標準」の提示

以上、民藝が美学であること、そして民藝品はあくまでも美しい品物でなければならないということを確認した。それでは民藝に見出される美しさと、他の領域における諸々の美しさ、すなわち美術における美しさ、もしくは鑑賞的工藝における美しさとの関係はいかなるものであるか。いいかえれば、民藝は、さまざまな美のなかの一つの特殊な美を表現するものなのか、あるいは全体としての美に関わるものなのか、という問いが立てられる。柳の立場としては、間違いなく後者である――民藝の美の特質を明らかにすることは、「美の本質、進んでは美の標準を規定することになる」（九―二六七）と柳は主張する。

柳によれば、世間一般の美の見方は、おおむね次のような態度である。

　最も美しい工藝品はほとんど天才の所産であり、また王侯貴族の保護で出来た貴重な品物の中に発見される……在銘のものが尊ばれ、歴史家も何某の作であるかを探求することに熱中する……立派なものは皆有名な作者のものに限るので、少数の貴重な高価な品でなくばよいものは見出し難い。たとえ作者の名が知れなくても、それは当時の天才であったに違いない……美しい品は美しさのために作られた品に見出されるのが当然である。工藝品は美術的工藝品となって始めて美しくなるのである。美への天才が手づから作ったものや、美術品を志して出来る貴重品に一段と美しいものがあるのは当然である……。（九―八三）

ところが、民藝の美の発見は、そのような一般的な見方――美の天才や意識的な創作活動を讃える――に逆らうもの、すなわち「沢山作られた並の品に見事なものが生まれている」、あるいは「工人達が多量に作る品と美とが結合し得る」という事実の発見であった。そしてその発見は、「美学的にもっと重大な真理を提出することができる」（九―八二）と柳は力説する。

　貴族的な作品で美しいものを省みると、それ等のものに限って民藝品を美しくしているのと同一の法則、すなわち簡素とか健康とかいう性質に基づいていることが分かる。だから民藝の美を了解することと、工藝の美全般を了解することとには密接な関係が生じる……私達が特に民藝を重要視するのは、そこから美の性質を多分に教わるからである。（九―八五）

要するに、民藝の美を可能にさせている原理――後述の「用の美」「無名性」「健康の美」――とは、民藝だけに限られた特殊な美ではない。それは工藝美全般に通じるもの、さらには――とくに第三の「健康の美」は――工藝の領域にとどまらず、「美の性質」そのものに関係するもの、すなわち美術をも含むすべての美しさ＝美それ自体に関わる美しさなのである。そうであるから、柳によれば、民藝の美を体得するということは、「真の美」を理解する能力の会得を意味する。それは決して、民藝の優位を主張するものではない。美術にも、鑑賞的工藝にも、同じように美は、現れるべきところには、現れている。柳は決してそれらを排除しない。

或人には、吾々が何か狭隘な見方に捕らわれていて、美しいものは民藝品以外にはないと主張している如く評するのです。しかし実際私達はそんな不用意なものの言い方をしたことがないのです。ただ民藝品ならざるもので美しいものは、民藝品を美しくしているのと同じ法則が働いていることを指摘してきたのです。単純とか健康とか確実とか正常とかいうことを離れて、真の美はないということを述べているのです。（一六―一四四）

このように述べた上で、柳は、あらゆる「真の美」を可能にさせている「法則」は、正しい工藝＝民藝において、より多くより確実に――後述するように、民藝は実用品であるが故に、「理法」に即した正しい美しさが発揮されやすいから――見出せると説くのである。

正しい工藝には普遍の世界が潜む。時代は異なり地方色は別れても、それらを越えたある共有の美が示現される。人も物も正しい美において結合することができる。差別にあってなお差別に終わらない公の美がある。

（八―一八四）

私たちは民藝において「真の美」「共有の美」「公の美」、すなわち「美の標準」を確実に学び取ることができる。だからこそ「特に民藝を重要視する」――民藝をとおして正しい「美の標準」を伝達する使命が存するのである。(4)

(3) 古作品＝古民藝からの学び

それにしても、「美の標準」を提示しうる民藝とは、いかなるものであるのか。もしそのような民藝があるとするならば、それは理論で語られるものではなく、具体的なものに即して表現されなければならない――「直に見る」ことが民藝の基本である。そしてそれは、古作品――古い時代に作られた実用のための手工藝品、浜田庄司の言葉でいえば「古民藝」(5)――において確実に示されているということが柳の確信である。

心の道を見失った時、ある者は「自然に帰れ」と警告した……源に帰ろうとするこの要求は常に正しい。工藝においても道が見失われてきた今日、私が云うべき言葉も同じである。「古作品に帰れ」と。美しい作は同時に正しい作と云わねばならぬ。そうして何が正しい工藝であるかを、美しい古作品は語るであろう。そうして如何に作るべきかの教えも、そこに読まれるであろう。(八―九五)

そうであるから、民藝運動は、日本民藝館の設立を必要とした。設立の経緯、その存在意義についてはすでに述べたが、要するに民藝館とは、志あるすべてのひとが、古作品＝古民藝をとおして、本来の正しい美しさに触れるための場、「美の標準」を体得する場にほかならない。何が美であり、何が正しさであるかが不確かな今の時代において、誠実に古作品に向き合うことを、柳は要求するのである。

しかし誤解してはならない。古作品＝古民藝に学ぶということは、いたずらに過去を尊ぶことではない。「過去のものがよいと云うのは、過去のものだからよいと云うのではない」（八―九五）。優れた古作品には、「永遠の美」「永劫の美」が宿っている。そしてその永遠性を、まさに今の時代において、今の自分の生きた心でもって、感じ取らなければならないのである。

よき古作品は〈永遠の今〉に活きる。その美は過去に破れず、今に終わらず、未来にも尽きないであろう……古えに帰れとは、過去に帰るのではなく永遠に帰れとの義である。時間の世界を云うのではなく、超時間の世界を指すのである。そうして時間に流れる現代を、時間に流れぬ永遠の美に救おうとするのである……永遠さに触れることなくして、創造はあり得ないであろう。（八―九五）

古作品を凝視せよ、そこには永劫の美が潜む。されば未来をも貫く法則をそこに見出すであろう。もし来るべき時代に正しい作を産むとするなら、過去の美しい作に潜む不変の法則、すなわち美しさを可能ならしめたその原理を学ばねばならぬ。（八―九五）

根本にあるのは、「永遠の美」「永劫の美」という考え方――現象としての個々のものにおいて表現される諸々の美しさは、時代・場所に応じてさまざまに変化するとしても、その背後には、時代を超えて美しさを可能にさせている不変の法則・原理が存在しているという考え方である。

美それ自身には永遠のみあって進化はない。ただその表現の様式とか、技巧とか材料とかに変易があるだけである。不変な美がただ時代の異なる形式にその姿を現すに過ぎない。伝統とは過ぎし形ではなく、かかる永遠なも

の の姿を指して云うのである。（八―九五）

法則はいつの時代になっても不変不易でなければならぬ。時世は変わり、用途は変わり、外形は変わる。しかしそれ等の底に流れる美の法則は変わらない。（九―六七）

さらに、次のように「永遠の今」「永遠の相」を情熱的に語る柳に、宗教哲学者の面目がうかがえよう。

用途において時代は推移する。だが美しさにおいては変異がない……正しき美には過去と現在がないのである。永えな今のみが残る。過ぎ去る今はない。美は時代を超える……〈永遠の今〉を保つもののみが時代を征御する。古作品がとりわけ美しいのは、そこに時代を超えたいつも新たな美があるからである。真の鑑賞は復古の心ではない。またそうであってはならぬ。永遠の相への賛嘆でなければならぬ。（八―一二四九）

このように変転する現象の背後に永遠的な「美の法則」を把握すること、それが古作品＝古民藝を学ぶことの真の意味である。[6] それは「復古」――未来を思い描くことができないが故に郷愁としての過去に執着する――ではなく、現代に、そして未来に「いつも新たな美」を実現していくための学びなのである。[7]

（4）根拠としての「大名物」

しかしながら、なるほど「永遠の美」「永劫の美」すなわち時代を超えて美しさを可能にさせる「永遠の美の法則」が存在しているのは事実――客観的事実ではなくあくまでも形而上学的な事実――であるとしても、どうしてそれが民藝の古作品＝古民藝に確実に宿るとされるのか。いいかえれば、どうして美術ではなく、鑑賞的工藝でもなく、あえて民藝の美に注目しなければならないのか。

第一の根拠は、すでに述べたように、「直に見る」こと――「直観が示してくれる素裸な啓示」（八―一一七）――によって、そこに美が見出されたからである。しかしそれでは柳一個人の、あるいは柳に共鳴した若干の人間の美意識にすぎないという批判も可能だろう。そのような批判は、往々にして「直に見る」ことをしない人間から生じるものだと柳は嘆くのだが、しかしそれだけでは説得力をもちえないことも明らかである。そこで柳が絶対の自信をもって提示する第二の根拠、それが「大名物」の存在である。

「大名物」とは、茶道の世界では広く知られた言葉である。それらは初期茶人＝茶祖たち――村田珠光《むらたじゅこう》、武野紹鷗《たけのじょうおう》、千利休《せんのりきゅう》といった、茶を趣味道楽的なもの（たとえば賞品を賭けて茶の銘柄をあてあう「茶闘」という遊戯的なもの）から「茶道」へと高めた人たち――によって見出された茶器類であり、信長・秀吉の時代には戦功に対する褒美として領地と同じレベルで取引されたほどに高く評価されたもの、そしてその評価は一度たりとも下がることはなく、今日でもその多くが国宝として讃えられている名器の類である。しかしそれら「大名物」は、決して特別につくられた器物ではなかった。それらは貴族的工藝品でも個人的工藝品でもなく、無学の工人たちによってつくられた「貧しい日常の雑器」であった。しかしそのような、当時の美術愛好家たちがまったく見向きもしなかった雑器のなかに、茶祖たちは無上の美を見出し、彼らの茶の「道」――柳によればそれは遊戯ではなく、美しい器物を仲立ちとした「美の宗教」（八―二二九）である――のなかに取り入れたのである。要するに茶祖たちは「創造的直観」をもっていた。彼らは「人々が全く顧みずつまらないものとした雑器の世界から、驚くべき美を取り出してきた」（八―二二八）のである。そのような雑器こそが民藝にほかならない。だから柳はいう。

> 民藝の美的価値を彼らほど鋭く見た者はない。彼らは〈下手物〉（＝民藝）以外のものを茶器に選んでおらぬ。あの〈大名物〉は皆数銭もしない日常品たる〈下手物〉である。茶室といえども民家の美が規範である。彼らは〈民〉の世界に最高な美の姿を見た。（八―一二九）

このような「大名物」の存在が、柳に揺るぎない確信を与えている――茶祖たちがその「創造的直観」によって雑器のなかに見出した「大名物」、それが表現している「美の法則」と、柳自らが古作品＝古民藝に見出した「美の法則」は、同一なのである。

「大名物」の後、「大名物」を模そうとする努力が、あるいはそれ以上に美しい品物を創作しようとする企てがなされてきた。しかし「大名物」を超えると評されるものは現れていない。そこには本来は民衆的工藝品である「大名物」の美を、個人的工藝による美によって再構成しようとする誤謬があったと柳は指摘する。しかしながら、もし私たちが茶祖たちと同じような「創造的直観」をもつならば、すなわち曇りのない眼で「直に見る」ことができるならば、今日においても民藝の領域において、「幾多の匿れたる〈大名物〉が私たちの目前に現れて来る」（一七―一五六）と柳は断言する。なぜならば、美の創作を意図しない民藝の領域にこそ、「大名物」を生み出した背景と同じ「美の法則」が流れているから。そしてこの「美の法則」を把握しえたならば、未来において、新たな大名物を生み出すことも決して不可能ではないと柳は説くのである。

柳は、河井寛次郎とともに、「天下随一の茶碗」と評される大名物「喜左衛門井戸」を拝見する機会に恵まれる。そして「天下の大名物を親しく手に抱いてもろもろの想いにふける」（一一―一五七）。そこで柳は、「喜左衛門井戸」と、柳自身の眼によるこれまでの蒐集品とを思い比べ、自らの美的直観に誤りのないことを再確認する。

「進め、進め、お前の道を進め、」そう大名物は私に囁いてくれる。私は私の歩いた道が、そうして歩こうとする道が、間違っていないということを省みる。私は「井戸」の幾多の兄弟や姉妹が今もこの世にあることを示してゆこう。そうしてこの地上を少しでも美しくしてゆこう。そうしてどんな美が最も正しいのかを語ってゆこう。そうしてどうしたらかかる美しさが今後も続いて産めるかを考えよう。そうして出来得るなら、それが実際に作られるように準備をととのえよう。それらのすべてのことは、何が美であるか、どうしたら美が分かるか、如何にして美が産めるか、美の意識と認識と製作との三つの問題への鍵となろう。（一七―一五七）

無名の職人・工人によってつくられた日常品＝雑器に正しい美の現れを主張する民藝は、美を天才の創造力に帰属させる立場、すなわち貴族的・個人的な鑑賞的工藝を尊ぶ立場からは黙殺されるか、あるいは柳個人の主観にすぎないという批判を受けつづけてきた。しかし柳は、「大名物」を根拠として、そして「創造的直観」に生きた初期茶人たちを追慕することによって、自らの「眼の力」を信じ切ることができたのである。

3　これからの社会美のための民藝

（1）民藝美から社会美へ

以上述べてきたように、民藝は、古作品＝古民藝に現れた「永遠の美」に触れることで、未来において正しく美しいものを産み出すことを期待する。そしてそれは、正しく美しい社会の創設に向けた努力をも意味する。そこに美術あるいは鑑賞的工藝とは異なる民藝の独自性がある。柳はいう。「美術は個人的価値に活きるであろうが、工藝は社会的価値に活きねばならぬ」（九―四七七）。美術あるいは鑑賞的工藝は、それを享受しうる一部の人々にだけ許された美である。しかし「美が普通のものになるまでに美を高めることこそ吾々の理念であっていい」（九—四七六）。飾り立てられた特別な美よりも、ありふれた実用品が美しいということ、その結果として日常生活空間すべてが美に満たされているということのほうが、この社会にとって遙かに重要であると柳は訴えるのである。

美よりも生活を救えよと人は云う、美は二義であると人は思う。だが美なき生活を生活と呼ぶことができるだろうか。まして美を保証し得ない文化を、正しい文化と云えるであろうか、生活が美に悖《もと》るなら、真の生活にも悖るのである。美は娯楽ではない。生活をして、真の生活たらしめる大きな基礎である。善に冷ややかな社会から、正しい生活が出ないように、美を無視する制度から、よき文化を期待することはできぬ。（八—一三三）

美術あるいは鑑賞的工藝は、生活から離れるが故に、「娯楽」に堕しやすい。それに対して、正しい実用的工藝である民藝は、日々の生活に交わる。そして人々の日常生活において、きちんとした品物が普通に用いられていれば、その社会は精神的に豊かであり、そうでなければ荒んでいる——「良きも悪しきも、器は世を映す鏡である。器が病むなら、それを産む社会もまた病にある」（八—一二九）。要するに「工藝の美は社会の美である」（八—一〇六）。だからこそ、正しく美しい、きちんとした民藝品の存在が要請されるのである——「正しい工藝はそれ自ら正しい時代の表現である。工藝を高めることと社会を高めることとを分けて考えてはならぬ」（八—一七九）。なるほど民藝は生活を重要視する。なんといっても、そこが人間の生きる基盤であるから。しかしながら、民藝は、自分の部屋、自分の台所、自分の家といった、個人的な生活空間を充実させて心穏やかに暮らすところで終わってはならない——そのような場合には、民藝はあくまでも個人的趣味にとどまり、「娯楽」に終わるだろう。だが柳の意図する本来の民藝は、はるかに厳しく、真剣なものである。醜い器を前に柳は悩み、そして怒りを覚えずにはいられない——「罪を見て安らかでいられる僧があろうか。器が悩むが故に私の心もまた悩む」（八―一二五）、「私は罪なき器を呪うことができない。だが器をかくも醜くさせた暗い力に怒りを感ぜずにはおられようか」（八―一二七）、「醜い器の陰には社会の醜さが潜む。私たちは器を咎める前に、誰がかくさせたかを咎めねばならぬ」（八―一二九）、等々。そのような世の中にあって、自分だけがお気に入りの美しい品物に囲まれて満足することは、柳からすれば、決して許される在り方ではない。それはほんとうの美を知らないひとの態度である。「もし美を味わうに止まって、美を創ることに進まないなら、それは創られた美についても真に味わうところがないからである。未来への愛を含まない過去への愛は、過去への正しい愛とは云えぬ」（八―一四八）。だから「未来への愛」すなわち「来るべき工藝への愛」（八―一四七）を抱くことは、醜いものが蔓延るこの現実において、美しいものが生み出されるような明るく健康的な社会の実現を祈念することにほかならない。柳はいう。「未来とはいうも、時に打ち任すならば、あるいは病める未来ともなり、邪な未来ともなろう。この暗い時代が、そのままに続いたとて何の意義があろうか。私はかくあるべき未来においての工藝を語る」（八―一七八）。

「真＝善＝美」は一つである。だから日常の生活空間を美しくすることによって社会を美しくし、同時に精神的な意味において真実で正しい社会を実現させるということが、柳が民藝に托した理念なのである――「工藝を真に想う者は、社会的愛に燃えるだろう」（八―一二三）。

（2）民藝における未来志向

このように、個人的な趣味として美を享楽することで満足するのではなく、つねに「来たるべき社会」「これからの社会」における美を意識しているのが、柳の思索の特徴である。すでに考察してきたように、朝鮮の工藝品を蒐集し、朝鮮の地に建てられた朝鮮民族美術館は、未来の朝鮮のための準備であった。同じように日本民藝館は、古作品

＝古民藝に触れることで、そこに宿る精神、すなわち「永遠の美の法則」が、現在そして未来において継承されることを期待するものであった。あるいは民具研究が博物誌的に過去の保存に向かうのに対し、美しいものを蒐集する民藝は、その美を未来において表現することを求めていた。ある対談のなかで、民俗学者・柳田國男の悲観的な見方に対し、柳は――やや無邪気に――次のように述べている（一〇―七三八）。

柳田　しかし、柳さんにおたずねしますが、いまこういう風に民藝館に集められた古い工藝品が、もう一度あたらしい工藝品としてあらわれてくる時代があると信じていられるのですか。

柳　われわれは、おそかれ早かれ将来において、そうしたものが現れる、あるいは現れねばならない部分が、これらの古い民藝のなかに含まれていると信じて、今の民藝運動を行っているのです。

滅びゆく過去を書き留める柳田からみれば、近代化・工業化による伝統の喪失、生活形態の根本的な変容はもはや避けられない現実であり、過去に立ち戻ることができないのは自明である。しかし柳は、あくまでも過去の古作品＝古民藝をとおして未来に期待しつづける。それは楽観的に聞こえるだろうか。

もちろん、柳とて、単純に過去の再興が可能であると見ているのではない。はっきりとリーチは述べている――「そんなことが可能であると考えるほど柳が愚かであるとは思えない」（リーチ222／三一八）。ここで大事なのは、「現れねばならない部分」という表現であるだろう。そこに何か学ぶべきことが見出される限り、たとえ「部分」ではあっても、私たちは、それを謙虚に受け容れ、そして今日の私たちの生活に反映させていかなければならないのである。なぜならば、いつの時代であっても、生活は現在進行形であるのだから。そして人間の人間らしい生活がある限り、少なくともその生活を正しくしていこうとする志のある限り、民藝の理念は存続し、また存続させていかなければならないのだから——それが理想主義者・柳の信念なのである。

ところで、用いられる器の醜さに社会的悪を見出す柳は、食器の存在意義について、次のように述べている。

食器の問題などは、どうでもよいように思う人もありますが、その選択は国民の美的教養をまともに語るもので、文化の程度の一面をよく示すものであります。何故なら食器は三度々々のもので、国民の生活に一番深く交わるものでありますから、そこに用い手の美的教養がはっきり反映されて参ります。（一七—六二五）

ただし柳は、日常生活においては、たとえ美しいものであるからといって、いたずらに古い器物を使用すべきではないとも説いている。それは心をどことなく窮屈にさせ、また「骨董趣味に落ちるきらいがある」だろう。それよりも柳は、新品を正しく選択することを要求する。「新品の方は、気安くも使えますし、またどこか明るく活々した点もあり、また更に清潔な点もありましょう」（一一—六二六）。要するに、私たちには、あくまでも私たちの属するこの時代において生産されるものを上手に用いること、すなわち同時代人とともに、今の時代を生きていくことが課せられているのである。(8) そのとき、先述の「見る者」「用いる者」「考える者」として、正しく美しい実用品をこの世の中に実現していく責任、すなわち社会美に対する責任が芽生えるだろう。その責任の一端を引き受けること、それが民藝に関わるすべての人間に求められているのである。(9)

以上、柳が民藝においてめざしたものについて述べてきた。ここから民藝理論の本質的部分であり、また「民藝の哲学」の根本問題——柳の思索の中心であり、また本書の中心となるべき問題——に入る。それは、民藝の美とはいったい何かという問題、いいかえれば、柳が手工藝の実用品に見出した美しさ、そして未来に伝えようとした美しさ、すなわち永遠にして真なる美しさ、その美しさの正体は何か、という問題である。以下、民藝美を構成する三つの条件――「用の美」「無名性」「健康の美」――について考察し、その正体に迫りたいと思う。

もちろんこの三つの条件を知識として理解することと、実際の美的経験との間には、無限の隔たりがあることは否定できない。諸条件を詳細に分析すればするほど、かえって真実の美からは遠ざかることになるのかもしれない。しかしそれでも、文字を「象徴」として読みとくことによって、私たちは柳の思索を追体験すると同時に、文字の背後にある美の正体を思い描くことができるだろう。

第七章　民藝美を構成する三つの条件

柳は、古作品＝古民藝に現れた美しさについて思索する。それはいいかえれば、「永遠の美」である「美の法則」を構成している諸条件を解き明かそうとするものである。その諸条件とは――以下に述べるような筆者の解釈では――「用の美」「無名性」「健康の美」という三つの条件である。この三つにおいて、柳の民藝理論の本質が表明されている。そしてこの三つを深く正しく理解することによって、現在・未来においてつくられる工藝品のなかに、時代を超越した美しさを表現していくことが民藝の理念である。

もっとも柳は、諸々の表現で民藝美の本質に言及している。たとえば『工藝の道』においては、「自然な材料、自然な工程、素直な心、これが美を生む本質的力になる」（八―二一四）と語られている。あるいは『工藝文化』においては、「工藝が正しき工藝たるためには、三つの大きな性質を必要とする……一つは実用性でありあるいはこれを生活性と呼んでもいい。一つは社会性でありこれを民衆性と呼んでもいい。一つは道徳性でありこれを人道性と呼んでもいい」（九―四二一）と述べられている。このような主張をまとめるならば、実用的であること、自然に任せること、社会的な拡がりのあること、人間として清らかな正しい心をもつというようなことが、正しい美の成立に必要な条件となるだろう。

しかし筆者は、それらの著作より後に執筆された『手仕事の日本』（一九四八年）において柳が提示した三つの条件が、民藝理論の本質を端的に解き明かしていると考えたい。柳は述べている。

何がそれらのものに正しさや美しさを与えているのかを見極めねばなりません。考えねばならない大切な点が三つあると思います……。（一一―一六七）

この三つとは、柳によれば、「職人の功績」「実用と美」「健康の美」である。それを筆者は、若干整理して、「用の美」「無名性」「健康の美」と表現したい。民藝はあくまでも実用品であることが前提であるから、考察の順番としては「用の美」が第一に置かれるべきであり、また「職人の功績」は有名に対する「無名」を意味するからである。そしてこの二つが可能となってはじめて「健康の美」が論じられるのである。なるほど柳の文章は、読者に具体的なイメージを喚起するために、類似の表現を重ねて用いる傾向がある。しかし民藝に関する柳の著述全体を視野に入れるならば、すべてはこの三つの術語に収斂すると理解して、まず間違いはない。たとえば『工藝文化』において、「工藝美の特色」として、柳は、実用性・反復性・低廉性・公有性・法式性・模様性・非個人性・間接性・不自由性という性質を列挙し、それぞれに綿密な説明を与えている（九―四六七～五〇一）。しかしつきつめれば、実用性、反復性（＝同じものをくり返したくさんつくりうること）、低廉性（＝反復性の結果、安価となること）、不自由性（＝目的と材料に制約されること）は、「用の美」に属し、非個人性、公有性（＝社会的一般的妥当性をもつこと）、法式性（＝一定の型に準ずること）、模様性（＝デザインが反復されることで単純化されていくこと）、間接性（＝使い込まれることによってものそれ自体の味わいが出てくるように、直接の作者の存在が背景に退くこと）は、特定の作者＝有名から離れるが故に、「無名性」に属するといえるだろう。同時に、日常づかいの品物が高価であって低廉性を欠いていることや、使いにくいことや、壊れやすいこと、あるいはデザインが奇抜すぎて公有性や法式性から逸脱するものは、「健康の美」の喪失を意味しよう。このように、「用の美」「無名性」「健康の美」の三つに焦点を定めることで、柳の意図をもっとも簡明かつ的確に把握することができると思うのである。

しかしながら、三つというこの区分も、あくまでも論述における便宜的な識別にすぎない。この三つの要素は相即不離の関係にあり、それらが一つになって、民藝美が実現される。どれか一つが欠けても、民藝理論は瓦解しよう。したがってたえず他との連関を意識しつつ、一つ一つを確認することが求められているのである。以下、順に見ていきたい。

1　用の美

ここでは「用の美」が輝き出る根拠として、まず「実用性」の意味について考察し、次いで実用性の特徴である「不自由性」、あるいは「反復性・多量性・廉価性」について検討する。そこから柳における実用性は「心理的用」をも考慮したものであって、「物質的用」に限定されるもの、すなわちたんなる機能主義ではないことを示す。さらに同じ実用性を求めながらも機械工藝と異なる「手仕事」独自の意義について、また手仕事を育む土壌としての「地方性」について考察する。

(1)　実用性

「用の美」とは、それが実用的であることによって自ずから表現される美しさである。そして実用的であるとは、「なくてはならぬ品」であることを意味する。そのような実用的なものが美と結びつくのは、柳によれば、そこに「用に奉仕する心」「奉仕に活きる志」があるからである。

用途への奉仕、これが工藝の心である。それ故工藝の美は奉仕の美である。すべての美しさは奉仕の心から生まれる。働く身であるから、健康でなければならぬ。日々の用具であるから、暗き場所や、荒き取り扱いにも堪えねばならぬ。彼らの姿を見られよ、丈夫な危なげのない健康な美が見えるではないか。（八─七六）

務めを果たす時、人に正しい行いがあるが如く、器にも正しい美しさが伴うのである。美は用の現れである。用と美と結ばれるもの、これが工藝である。工藝において用の法則はただちに美の法則である。用を離れる限り、美は約束されておらぬ。正しく仕える器のみが、正しき美の持主である。帰依なくば宗教に生活がないのと同じである。奉仕に活きる志、これが心霊を救う道であるが如く、工藝をも救う道である。（八─七八）

「奉仕」というと感傷的な響きになるが、要するに、実用品とは、純粋にその使用目的に徹して制作されたもの、「用が招く選択」（九─四二五）の結果である。どのような素材で、どのような形態で、どのような手法で制作するかということは、作者の思惑ではなく、すべて用＝使用目的が決定するのである。それはあたりまえのことであると批判されるかもしれない。しかし「こんな分かりきったことも、どんなにしばしば無視されているであろう」（九─四二五）と柳は嘆く。実際のところ、私たちの身の回りの品々を眺めれば、本来の使用目的に不必要なものが、どれだけ付着していることだろうか。

目的は客観的であるから猥りにこれを主観でくずしてはならない。一時の思いつきや、単なる趣味から作っては、確実なものを産むことが出来ない。目的はもっと酷《きび》しいのである。仕事が遊びに終わるようでは、弱い存在になってしまう。目的への忠誠は仕事を真面目にする。ただ作りたいから作るというようなのは、面白いものにはなるかも知れぬが、本格的なものにはなり難いであろう。しばしば機能が無視されてくるからである。

（九—四二六）

「目的はもっと酷しい」——ほんとうの奉仕は、自分を犠牲にして真剣に相手のことを想わなければ、そして純粋に相手の立場に立つものでなければ、決して務まるものではないだろう。自己満足的な趣味的な奉仕では、結局は中途半端なところに終わるだろう。少しでも思いどおりにいかなければ、すぐに投げ出してしまうだろう。ほんとうに奉仕するもの、すなわち忠実に目的を果たすことのできる真に実用的なものは、真面目で確実で忍耐力のある、強い存在である。そこに「用の美」が輝く。

そして「ただ作りたいから作るというようなのは……本格的なものにはなり難い」——使用目的に徹するということが重要であるが、さらにいえば、それが使用される目的、すなわちそれがこの世界に存在することの理由が十分に理解されていなければ、正しく美しいものをつくることはできない。だから「その存在意義の薄いのは真に美しい品たることができない」（八—一〇二）と柳は断言する。私たちは、しばしば「本場もの」という言葉を使い、高い信頼を置いている。この「本場」とは、ただそれの発祥地を示すだけではないだろう。発祥地であればこそ、それの存在意義に対する深い洞察がある、ということも含意しているだろう。そして実際のところ、その深い洞察が「本場もの」のよさを支えているのである。柳の長男で工業デザイナー・柳宗理は、スイス製「ピッケル」の写真を紹介して、次のような説明を添えている。

ピッケルは、ロック・クライミングとか氷壁を攀じ登る登山家にとって、大切な道具です……使い勝っての良し悪しは、直接クライマーの命に関わりますから、無駄な物は一切省き、機能的にぎりぎりの形にまで追求されております。従ってデザイナーの美意識等介入する余地は一切ないわけで、厳然とした姿をしているわけです。

（宗理一五〇・一五一）

クライマーの命に直接に関わるものであるから、一切の遊びなく、真剣に作られている――作者の主観は混在せず、純粋に客観的な目的に奉仕するためにつくられている。その厳然とした姿もまた、「用の美」の表現である。ちなみに右の文章につづけて、柳宗理は次のように述べている。

因みにこれは、登山に於いて、最も歴史の長いスイス製のものです。日本製のものもありますが、やはり何所か商品臭くて、アンバランスでおかしな所があります。人間の命から出発したものと、商売として金儲けのために作られたものとの違いによるものだと言えましょうか。（宗理一五二）

柳宗理のいうように日本製が「金儲けのために作られた」かどうかはともかく、スイス製が、長い登山の歴史の経験から、ピッケルの使用目的、ピッケルの存在意義を熟知した上での制作であるということは確かであるだろう。このように、本当の必要性に応じること、誠実に実用性に徹するということが、「用の美」を表現するのである。それがしばしば口実として語られる惰性的な必要性でないことはいうまでもない。ここでの柳の語り口は厳しい――「益なきものを作るのは、美を乱す所以と知らねばならぬ」（八―七七）[1]。

（2）　不自由性

実用性とは純粋に用に奉仕することであった。それは別のいい方をすれば、人間の自由な創作が制限されるということを意味する。まさに工藝とは「用途に拘束され、材料に束縛され、工程に制約される」ものであり、「不自由性」

を宿命づけられている。それ故に、工藝は「不自由芸術」と呼ばれ、「工藝は芸能の中の低い位置にあるもの」と軽視されてきた。なぜならば「美は自由でなければならぬ。不自由と美とは背反した概念である。そう固く主張せられた」からである（九―四九七）。しかし柳によれば、この不自由性も、逆説的な仕方で、「用の美」を表現する不可欠な条件である。

しかし考え直すと不思議でありますが、かかる不自由さがあるために、却って現れて来る美しさがあるのです。色々な束縛があるために、寧ろ美しさが確実になってくる場合があるのです。なぜでしょうか。実は不自由とか束縛とかいうのは、人間の立場からする嘆きであって、自然の立場から見ますと、まるで違う見方が成り立ちます。用途に適うということは、必然の要求に応じるということであります。材料の性質に制約されるとは、自然の贈物に任せきるということであります。手法に服従するということは、当然の理法を守るということになります。人間からすると不自由かもしれませんが、自然からすると一番当然な道を歩むことになります。それ故、かえって誤りの少ない安全な道を進むことになります。（一一―一七二）

もちろん、すでに述べたように、柳は、美術――個人の自由な表現によって創作される美――の可能性を否定しているわけではない。しかしながら、自由な創作は、往々にして作者の「わがまま」による「わざとらしさ」「作為＝作意」「騒々しさ」によって、美を傷める場合が少なくないことを柳は指摘するのである。なぜなら、人間に自由が与えられることによって、かえって美しいものを、人目を惹きつけるものを、自分自身の手で創り出そうとする意識あるいは無意識が、どこか力みとなり、誇張となり、嫌味となり、ついには臭味となって、作品を汚すからである。なるほど伝統的に茶道は「侘び」の美しさを提唱し、「枯れ」の境涯を讃え、「和敬清寂」の世界を求めてきた。しかし狙われた「侘び」、演じられた「枯れ」は、「意図が現わで、饒舌で、どこにも静寂な所はない」（九―四五五）だろう。作意の跡が見えるところには、必ず自己主張の醜さという「人間の病」がある――「もろもろの醜いものを顧みますと、何処かに自我の影と知識の傷とが見出されます」（一八―二六〇）。柳によれば、先述の「大名物」の美しさは、一切の作意なきところに、尋常であり無事であるところに由来する。

何故茶人たちは〈井戸〉の茶碗に無上の美を見出したのか。ここで答えは明らかなように見える。それにもまして坦々たる尋常の器はないからである。何も企みはない。何一つ造作した跡はない。どこに人間の病があろう。それほど無難なもの無事なものはないではないか……だから茶人はその美しさに限りない敬念を抱いたのである。美の極みだと感じたのである。（九―四五九）

「大名物」だけではない。すべてのよき作品は、そのような一切の作意から免れている。

よき作を見られよ。そこには特殊な性格の特殊な表示はない。威力の強制もなく、圧倒もなく、挑戦もない。どこに個人の変態な奇癖があり得よう。すべての我執はここに放棄せられ、すべての主張は沈黙せられ、ただ言葉なき器のみが残る。（八―八三）

実用に制約されるという工藝に宿命的な不自由性は、まさに不自由であるが故に、いたずらな自己主張もしくは自我への執着というような「人間の病」から免れる機縁となる。そしてそこに知らずして美が現れてくる。「逆説のようにとられるかも知れぬが、ある世界に来るとむしろ不自由のみが、美を自由にするのである」（九―四九八）。なぜならばそれは「自然の贈物に任せきる」こと、「必然の要求に応じる」こと、「当然の理法を守る」ことであり、その結果、小さな人間の思惑を超えたより大きな働きに、いいかえれば、「小我」ではなく「大我」に身を委ねることになるからである。

> よき美には自然への忠実な従順がある。自然に従うものは、自然の愛を受ける。小さな自我を棄てる時、自然の大我に活きるのである。（八―八六）

たとえば織物は、縦糸と横糸とを交互に交差させなくてはならないという、不自由性を余儀なくされている。しかしその不自由性は、同時に織物に生命を付与する「道」であり「法」であって、そこから織物の美が生じると柳は説くのである。

> 美しい織物を見る……その美しさを安泰なものにするのは、経と緯とが交わる法則に委ねきった道だからである。ここでは人間の我儘を、ぶしつけに出すことが封じられているのである。どんなことをしようと、法を外れれば、織は乱れてしまう。人が織りはするのだが、法の中で人が織るというに過ぎない。（一八―四一一）

実用という与えられた不自由性に素直に従い、一切の作意を離れることによって、あるべき自然の「理法」に従い、美が贈与される――このようなところに、宗教哲学研究からの連続性、すなわち自己を滅して「理法」と一つになるというあの本来的自由の在り方が、そのまま民藝理論の基礎になっていることが確かめられるだろう。いわば不自由性は、本来的自由と表裏の関係にあって、そこには美学的にも宗教的にも深い真理が潜んでいるのである。作者が好き勝手に、我が儘に、意図的に、作意を盛り込むことが技術的に可能である——また世間の風潮としてそれが許されている、それどころか奨励されている様子である——今日であればこそ、この不自由性の密意について、反省される必要があるだろう(2)。

(3)　反復性・多量性・廉価性

さらに反復性・多量性・廉価性ということも、「用の美」に寄与すると柳は説く。

反復性とは、同じ作業のくり返しを意味する。個人による創造を掲げる美術や鑑賞的工藝の領域では、反復は好まれない。同じ出来上がりになると、制作する個人においては自身の成長を認めることができず、また受け取る側においては変化がなく、面白さが感じられない。そのため、反復性は、作者の創造力の衰えのしるし、いわゆるマンネリ化した状態であるというのが、一般的な認識であるだろう。したがって美術は「希有なものを讃えてきた」のであり、「一個の傑作をだに産むことが出来るなら、美術家の名は十分に保証された」のである（九—四七五）。しかしながら「多く作ればこそ、ますます美しくなるような場合がありはしないか」（九—四七五）と柳は問う。そして、それが実現されてきたのが民藝の領域なのである。なぜならば、反復こそが、決して天才でも美術家でもない職人たちに「充分な熟達」を与え、「無心にこだわりなく」制作する自由——不自由のなかで純粋に法則に従うことから生じる本来的自由——を可能にさせるからである（九—四七五）。そのような反復のなかで、一切の作意は消尽する。もはや作業工程に迷いはない。「もし作り更え、作り直し、迷い躊らって作るなら、美はいつか生命を失うだろう」（八—八九）。作意なきところから、迷いなきところから、すなわち「淀みなき冴えた心」である「無心」から、「活々した自然の勢い」が現れるのである——かつての柳のセザンヌ評を想起されたい（本書六四頁参照）。それが本来的自由の発露である。それに対し、技巧にとらわれることで作品から生命力が失われる危険性を柳は喚起する。たとえば『手仕事の日本』で全国各地の民藝品を紹介する柳は、くり返し、次のような批評を与えている。

……見ていると技としては進む所まで進んだものなのを感じます。少し進み過ぎて仕事が細かくなり弱くなってきた恨みさえあります。もっと板を分厚くし模様を単純にするなら、力を得てくるでありましょう。

（一一―三〇）

……だがこれも江戸末期のごたごたした風が残って、無駄な労力をかけることが多く、出来るだけ細かな細工をするのを誇るようであります。しかしもっとあっさり簡素に作ったら、どんなに仕事が活々してくることかと思います。必要以上に手を掛けることは、かえって美しさを害う所以なのを省みるべきだと思います。

（一一―五七）

……模様と色合とは、もはや昔の気高い格を持ちませぬ。本能の衰えに帰すべきでありましょうか、末期の徴とも見るべきでありましょうか。いたずらに細かい技に落ちて、活々した生命を忘れた恨みがあります。

（一一―一〇三）

実用に徹し、不自由性のなかでの絶えざる反復による「活々とした生命」の表現――宗教哲学的にいえば「理法」と一つである境涯から湧き上がってくる生命力の発露――、それが「量に交らずしては出ない美しさ」「量に交じってこそますます冴える美しさ」（九―四七六）なのである。息を詰めて細工を施すような制作にも、なるほど美しさはある――ただし柳は、そこにあるのは精密な技巧に対する感歎であって、決して美しさに対する感動ではないことを指摘する（一一―一〇三）。そうしたものは、どことなく神経質で花車《きゃしゃ》なところがあり、かえって見る者を疲れさせる。(3) それに対し、反復性と多量性とが与えてくれる美しさは、必要以上の複雑さが削ぎ落とされ単純化された、それ故にのびのびとした、開放的で拡がりのある美しさである。「奔放な美としばしば呼ばれるものは、趣味等の産む所ではない。遅延のないなだらかな仕事の跡に過ぎない」（九―四八〇）。だから「多量から安らかな美が生まれる」（八―一七二）と柳は説く。

そして多量性は、廉価性につながる。多くつくられるものは、必然的に安価である。しかしその安いものであっても美しい場合がある。「安さは何も美に叛《そむ》きはしない」（九―四八二）。それどころか「この世には安くなければ生じない美しささえあるのだ」（九―四七九）とまで柳はいう。なぜならば「低廉なものは質素である。質素は簡素の美を誘う」からである。先に見たように、実用性に奉仕することによって、ものから余計な装飾・機能の一切が排除され、また反復の過程においてますます単純化されていく。その姿が、簡素ということである。「用途に仕える製品の強みは、実に簡素ということにある」。人間で喩えるならば、「奢る暮らしには多くの病がまつわる」（九―四七九）ということになるだろう。ここで宗教哲学において柳が「聖貧」について語っていたことを想起されたい――「ごく質素だということは、謙遜深い性質や淳朴な赴きを与える原因になります……こういう品物から教えられる訓《さとし》は、質素が如何に美しさの大きな原因となり得るかということであります。昔偉い坊さんたちが〈清貧〉の徳を説きましたが、それが深い教えであることを、こうした品物を通してもよく学ぶことができます」（一一―一三二）。このように簡素・質素であることが、目的に真摯に奉仕する健康性を与えてくれる。そして多くの場合――少なくとも古作品＝古民藝の時代においては――簡素なものは安価である。「この簡素の徳こそは、低廉な品物のもつ特権とこそいっていい」（九―四八〇）。低廉性であることもまた、「用の美」の表現に寄与しているのである。

ただし、ここで注意しなければならないのは、低廉・安価の意味である。それは単純に値段が高い・低いという問題（相対的価値）ではなく、そのものの実質的な価値（絶対的価値）から判断しなければならないと柳はいう。柳は質素と粗雑とを区別し、同じ安価でも、質素なものの安価には意味があるが、粗雑なものの安価は、決して安価ではないと説く。

粗悪なものや醜悪なものはむしろ価値以下であって、どんな安さもなお高いといえよう。粗悪なものは価格を要求する資格さえないのである。罪を犯して何の報酬を求める権利があろうか。安いから悪くても仕方ないという考えは欺瞞である。ここで質素と粗雑とを混同してはならない。質素は誠実の徳であるが、粗雑は不誠実の行いである。（九―四八一）

残念ながら今日では、安価なものは質素というより粗雑である場合が多いかもしれない――しかしその問題はさておき、一般的な傾向として、私たちは、多量につくられるものは価値が低いという先入観を抱いている。しかし「美と多とが背反するように思うのは心理的錯誤である。粗悪なものが沢山出来ることは不幸であるが、多いものは粗悪になるとはいえない」（九―四七七）と柳はいう。また安価であるものは粗悪なもの、すなわち「安かろ悪かろ」というイメージも、先入観にすぎない。実際には、高価であり自らは美であると自惚れつつ、醜い粗悪なものが多数存在していることも否定しえない事実だろう。しかしかつては――まさに古作品＝古民藝の時代においては――安価で美しい日常品が、生活のなかにごく当たり前に存在していたのである。

そうした事実があればこそ、柳は、まさに今日において、安価にして美しいものを制作する義務が作者に課せられていると訴える。「高価なもののみを作ることは一つの社会的悪を構成しはしないか……誰でも買える品を作る時、作る心は一層平和であり安らかではないか」（八―一七二）。先に考察したように、民藝は、器物をとおして日常生活を美しくすることで、社会全体を美しくしていくことを目標に掲げていた。「だから廉価なものを美しくすることに、すべての才能を傾倒すべきではないだろうか」（九―四八二）と柳は主張するのである――美しいものが安く、普通に買えることができれば、自然と生活は潤い、社会は明るくなるのだから、と。しかし順番を誤ってはならない。「社会のため」に安価なものをつくるのではない。「社会」という抽象的な概念においては、「民族」と同じように、具体性から離れてしまう。そしてその社会・その時代の風潮にとらわれた――普遍性をもたない――作品になってしまう。そうではなく、多量性や廉価性は、あくまでも日々の具体的な生活において要求される実用性に真摯に応えること、すなわち「用の美」に徹するなかで、実現されなければならない。そしてそのような「用の美」が正しく実現された結果として、社会美が可能になるのである。

（4）物質的用と心理的用

このように純粋に実用に徹する「用の美」は、よく知られた言葉では、「機能美」と呼ばれるものに近いだろう。先ほどの柳宗理におけるピッケルがその一例であるように、機能性を追求することによって、付随的に美が生じるという現象である。それは純粋に機能・目的が問われるものであるから、デザイナーの関与しえない領域に多く見られる現象である。代表的なところでは、軍用機、戦車、機関銃など――まさにその冷徹な機能美によってミリタリー・マニアを魅了している（迷彩柄は一つのファッションである）――であり、工場の配管やタンクなど――その金属の鈍い色が照明によって無人の暗闇に浮かび上がる様子は、いわゆる「工場夜景」として撮影の題材となっている――であろう。そして「用の美」を条件とする限りにおいて、民藝もこのような機能美であると解釈する見方も出てきた。たとえば東海道新幹線が開通した頃、そこに鉄道のもっとも洗練された機能が表現されたことから、「新幹線民藝論」なるものが主張されたこともあった。(4)

しかしながら、柳は、そのような重工業的な実用性を、民藝の範疇からは完全に除外している。柳において「用」とは、あくまでも私たちの日常生活における用にとどまる。

〈用〉という言葉で、見る力を妨げてはいけない。もしも〈用〉という字が躓きやすいなら、〈生活〉という字に更えたらいい。生活に交わって現れる美、それを工藝美と呼んでいい。生活を豊かにするもの、温めるもの、潤すもの、健やかにするもの、そこに工藝の美が宿るのである。かかるものは生活を離れた美より、もっと深い意義がありはしないか。（九―四七三）

そうであるから、どれほど優れた機能美を示していても、日々の生活から離れたものは、民藝における「用の美」にはならない。たとえば柳は、工藝の一分野であり、美術品として世間的に高く評価されている刀剣や甲冑の類にはまったく興味を示さない。それを不思議に思った寿岳文章《じゅがくぶんしょう》が、あるとき柳にその理由を尋ねたところ、「人殺しを連想させるようなしろものは、たとえ民具であっても、僕はきらいだ」と言下に答えたという（寿岳八八）[5]。それらは、むしろ日々の生活を危うくするもの、冷たくするもの、暗くするものであるだろう。ところが興味深いことに、そうしたものが日常性の領域に入ってくると、ただちに柳の評価対象になる。たとえば昔の刀鍛冶が、鉈や手斧を作るようになると、「刃物の鍛え方に昔の法が残るためか仕事がよく、また切れ味が冴えているのが気づかれます」（一一―一三八）と、あるいは剣道の道具になると「革のこなし方が実に見事で、一期にして生まれた仕事ではないのを想わせます……昔の立派な武具の歴史が控えているのを見ます」（一一―一一七）と積極的に評価されるようになる。

要するに、実用性という言葉のなかに、柳は二つの意味を見ている――それが「物質的用」と「心理的用」である。そしてこの二つが正しく調和して一つに結ばれているものが、ほんとうの用であると柳は主張する。

> 実用とは実際的な用であるため、とかく物質的な用とのみ思われ易い……だが実用ということを物質的に解するのは果たして妥当だろうか。一面的な見方に過ぎなくはないか……実用ということを物質的意味に受け取るのは、人間の暮らしを余り狭隘なものに解し過ぎる。吾々の生活は肉体だけの生活ではない。精神を切り離した肉体というが如きものは何処にも存在しない。生活は体の暮らしであり兼ねてまた心の暮らしである。生活は物質的なものと心理的なものとの結合である。否、元来一体をなしているものを、便宜上物心の二つに分けて考えるに過ぎない。だから生活に役立つということは、体の求めと共に心の求めも交わってくる。物質的用と心理的用とはいつも結ばれながら働いている。だから機能ということは、物理的性質を示すだけではない。それは心理的機能をも有たねばならない。使いよいとか使いにくいとかいうことは、なかば心の言葉である。（九―三〇七）

その身近な例として、柳は「料理」について語る（以下九―三〇八）。「もし食物が純粋に肉体的な求めであるなら、滋養さえあれば事は足りよう」。しかし同じ栄養価であっても、やはり味よく香りよく色よく舌触りよく調理されたものは、食欲をそそるであろう。そしてその料理にふさわしい食器を選んできれいに盛り付け、さらに生花をもって食卓を飾ることを忘れなければ、より一層の満足感が得られよう。「食欲をそそる是等のすべての準備が、消化を活発にさせ、栄養を増進させる……栄養はただ肉体的なことではない。これに心理的作用が加わってこそますます栄養価が高められる。もし食欲が単なる肉体的性質のものならば、料理は発達の歴史をもたなかったであろう。そうして人間は幸福の大きな面を知らずに終わったであろう」。あるいは夏にはガラスの器で冷たい水を飲む（以下九―三〇九）。それが「一番涼しい快適な心で水を味わうことが出来るからである。硝子体を通して水は更に水の姿を増してくる」。反対に、冬には陶器で温かいお茶を飲む。「それが茶を更に茶にしてくれるからである」。このように心理的用は、人間の五感すべてと関係する――味覚としては、食器類の口当たり、視覚としては色や形など。触覚としてはコップの取っ手、引き出しの引手、お盆の重さ、座布団の硬さ、紙の滑らかさなど。嗅覚としては、木材や染物の香り、あるいは防虫香など。聴覚としては戸や襖《ふすま》を引く際の柔らかな音（その反対は不愉快なきしんだ音）、衣擦れの音、あるいは「松風」と呼ばれる湯が茶釜にたぎる音など。要するに「心に逆らって、器に滑らかな働きはない」（八―九七）――「心に逆らわない」ところ、心が自然に淀みなく生き生きと流れていくところ、そのような滞りのない境地において、心理的用の美が発揮されるのである。

なかでも着物についての柳の考察は重要である（以下九―三一二）。ただ保温のためなら、無地一色でよいはずである。しかし「温かさは温かい気持ちを誘うことでなお温かになろう」。だから肌に温かさを直に伝える材質あるいは織り方が求められるだけでなく、温かみを感じさせる色や柄も求められる。しかし見た目に醜い着物では袖を通す気持ちにはならないだろう。「醜い着物は着物としての機能を充分に発揮することができない」。それは心理的用に逆らっている。だからひとは美しい着物に憧れる。心理的用に応じることで「美しさは着たい気持ちをそそる」のであり、「着物は美しい着物であってこそ、着物らしい着物に成る」。このように着物の美しさとは、物質的用と心理的用が一つに結びついた美しさなのである。そしてこの着物の例から、柳は、デザイン――形・色・模様――の意味について考察を進めていく。

ここで形や色や模様の明らかな存在理由を捕らえることが出来る。それ等のものは皆用の一部なのである。用に根ざすが故に、それ等のものが存在するのである。用を離れたり用に叛いたりするなら、それ等のものは存在の価値を失うであろう。（九―三一二）

デザインは、決してものに後から付加されるような、たんなる装飾ではない。正しく美しいデザインとは、心理的用と物質的用との正しい結合であり、そのような結合があってこそ、そのものの価値が最大限に引き出されるのである――だから「無地」もまたデザインである。(6) そして柳によれば、ものが醜くなるのは、物質的用と心理的用との悪しき結合――不調和が原因である。

ものが醜くなるにはいつも二つの原因がある。一つは心理的作用を軽んずる場合である。それは形を乱し色を濁し模様を失うであろう。味も何もないものに陥ってしまう。かくなるとものは粗末に作られてくる。だがこのことは機能を弱め、物理的働きをも低下させてくる……ただ功利的なものは、かえって貧しい功利に終わる。第二はこれとは逆に物的用途を二の次にして、心的なもののみをひたすら追う場合である……仮に形が必要を越えて複雑となったり、模様が度を過ごして煩わしくなったとするなら、用をたちまち乱すであろう。(九―三一二)

「ただ功利を求めて貧しい功利に終わっている」――もしかしたらそれは、私たちの今日の状況をいい当ててはいないだろうか。料理の例でいえば、私たちは食卓を飾るどころか、食器に気配りすることもなく、さらには料理それ自体をも喪失しつつあるのではないだろうか。極端な場合、料理の姿形はなく、ただ栄養素だけを、たとえば錠剤によって、摂取すればいいという発想になってきているのではないだろうか。

一般的に実用性というと、物質的用だけがイメージされがちである。しかし民藝においてはそうではない。あくまでも心理的用と物質的用とが正しい調和にあること、すなわち「物心の均合」(九―三一四)が、「用の美」を構成する不可欠な条件なのである。

（5）手仕事の意義

先に識別したように、同じ実用的工藝でありながら機械工藝とは異なる「手工藝」による制作が、民藝の本分である。すなわち民藝の基本にあるのは「手仕事」である。しかしながら手工藝は、すでに柳の存命時から機械工藝に取って代わられつつあり、そして今日においては、完全に駆逐されてしまった。したがって、もはや手工藝＝手仕事は、民藝の絶対的条件とはなりえない。手仕事にこだわるならば、民藝は未来を志向することはできず、民藝理論はその普遍的理念を掲げることはできないだろう。なるほど手仕事が人間の営みに対してもっている深い意味を理解することは重要である。しかし、「民藝＝手工藝」という見方は、修正される必要があるのではないだろうか。

もちろん柳には、手仕事に対する強いこだわりがあった――「手工藝にも増してよき工藝はない。この法則が破れることは永《とこしな》えにないであろう」（八―一〇七）。というのも「機械が反復であって自由がない」のに対して、手仕事には「創造の自由」が働くからである。

試みに一の字を描いてみよう。定規によるものと、自由な手によるものと、その間の美の相違について誰も疑う余地はないであろう。一つは決定の世界に終わり、一つは創造の自由に活きる。後者の無限な変化に比べて、いかに前者が単調であろう。どれだけ機械が複雑であっても、人の手に示された造化の妙に匹敵することができぬ。（八―一〇七）

手仕事であればこそ、機械的な正確さにはない「ずれ」が生まれる。しかしその「ずれ」は、その仕事が誠実に実用に奉仕するものである限り――作意なきものである限り（意識的な「ずれ」は嫌味になる）――「理法」に則った「ずれ」、いいかえれば、大自然の働きによって与えられた「ずれ」である。「単なる整頓は美になくてはならぬ要素ではない。むしろ不規則なくば、美は停止するだろう」（八―八九）[7]。ここにおいて、人間の一切の思惑を超えた美しさが表現されるのである。

また手仕事においては、自然の許容範囲を超えて無理がなされることはない。それぞれの風土において、それぞれの素材がもっている自然の個性・特質をいかに上手に引き出し正しく利用していくか、その工夫の積み重ねが手工藝の歴史であった。だから民藝の美しさは、自然と人間との協働がもたらした美しさであった。だが、機械には自然と調和するという発想はない――「なぜ手工が優れるのであろうか。それは自然がじかに働くからである。とかく機械が美を傷うのは、自然の力を殺《そ》ぐからである」（八―八七）。

しかし、もっと率直に、私たちは手仕事の価値を知っている。今日でもやはり手書きの手紙が尊ばれるのは、あるいは「手づくり」であることそれ自体が付加価値をもっているという事実は、そこに私たちが何か特別なものを感じている証拠である。その特別なものとは、いうまでもなく、心である。

そもそも手が機械と異なる点は、それがいつも直接に心と繋がれていることであります。機械には心がありません。これが手仕事に不思議な働きを起こさせる所以だと思います。手はただ動くのではなく、いつも奥に心が控えていて、これがものを創らせたり、働きに悦びを与えたり、また道徳を守らせたりするのです。そうしてこれこそは品物に美しい性質を与える原因であると思われます。それ故手仕事は一面に心の仕事だと申し上げてもよいでありましょう。（一一―一〇）

だからきちんとした手仕事、正しい手仕事、意味のある手仕事を果たすということは、同時に「道徳を守らせる」こと、すなわち心を陶冶することをも意味する。そこに責任感――いわゆる職人気質であり職業倫理――が生まれるのである。いわば正しい手工藝は、自然の恩寵によって美を生み出すが、それ以上に、それに携わる人間に、無意識のうちに「理法」に則った在り方・生き方を染み込ませるものであった。このような意味において、柳は、機械の意義は認めつつも、手仕事の優位を保持するのである。

だが手工が優れると云っても、すべてが手造りでなければならぬという意味ではない。また手工が機械を排するという謂いでもない。何故なら人はなんらかの道具なくして手工を充分に働かすことはできないからである。ある意味では機械を用いることによって、手工はさらに冴えると云わねばならぬ……手工を活かさんがための機械である……人間が主であり機械は従である。（八―一〇八）

しかしながら、今日においては、柳の思惑をはるかに超えて、手工藝は完全に駆逐されてしまった。そしてそれぞれの土地の天然の素材を用いるということも失われてしまった。柳の怖れていたこと――「近代機械工藝の醜さは、機械が手工を助けず、手工が機械に侵されるところから起こる……機械が主となるなら、美の安定は来ないであろう」（八―一〇九）――が現実になってしまった。労働は、かつてのような自らの手で生み出すことによる創造の歓びを伴うものではなく、機械に服従する、苦痛なものになってしまった。正しい仕事を正しく行うことが困難になり、職業倫理は崩壊しつつある。そしてかつて民藝であった廉価な手工藝品は、かえって高価な品物となり、したがってもはやすべてのひとのための日常品ではなく、一部の裕福な人々のための贅沢品・趣味品に近いものになってしまった。だが趣味品となったもの、本来の実用性から離れてしまったものは、厳密な意味では、もはや民藝ではない。

このような事情であるから、機械工藝を拒否し、いたずらに手仕事に固執することは、かえって民藝の精神から外れることになるだろう。そしてそのような固執は、また柳自身が嫌うものである[8]。柳は「正当な機械製品はむしろ未来を待たねばならない」と述べて、そして未来において機械製品を優れたものにするためにも、手工藝からの学びは不可欠――「機械を正しく用いるためにも、手工の精神は必要であろう」――であると主張するのである（九―五二六）。[9] ここで柳の意図した日本民藝館がいつでも未来志向であったことを想起されたい。やはり柳宗理の示した道――機械工藝によって工場で大量生産される品物を美しくすることで、すべての人々の生活に美しさが行き渡るようにすることが、民藝の精神を正しく継承することになるのだろうか。柳宗理は、「アノニマス・デザイン」――使いやすく安価で、余計な装飾を排したシンプルなデザインによる工業製品――を提唱した。しかしその柳宗理もこの世を去った。これからの日常品にどのように民藝の精神を反映させていくのか、あるいはどのような生活を志向し、どのような社会を構築していくのか、それは私たち自身に託された課題であるだろう。

（6）　地方性

最後に、「用の美」を語る民藝は、「地方性」を重要視する。なぜならば、それぞれの地方に固有の風土が、その風土に適ったもの、そこでの生活に必要なものを要求し、またその制作のための自然な材料を提供するからである。

人は工藝において材料を選ぶというよりも、材料が工藝を選ぶとこそ云わねばならぬ。自然の守護を受けずして工藝の美はあり得ない……材料の貧しさは美の貧しさである。自然を遠ざかるものは、美からも遠ざかってくる。（八―一〇九）

天然に休むが故に工藝の美は地方色に活きる。地には東西があり、処には寒暖がある。もし自然にこれらの異相がなかったら、工藝にも変化は来ないであろう。そこに現れる特殊性や多様性は地方性の現れである。工藝には

それぞれの故郷があるではないか。(八―一一〇)

その土地での生活でほんとうに必要とされるものを、その土地で自然に手に入る材料を用いて、あくまでも自然に即した仕方で制作するということが、私たちにとってきわめて自然な在り方だろう。それがほんとうの意味での実用品であり、そうであればこそ本来の「用の美」が発揮される。別の場所から材料を運んでくるならば、もはやその土地で制作される必然性は薄くなるだろう。あるいは別の場所で用いられるならば、それは本来の用途から離れ、趣味品になりかねない。あくまでも民藝は、その厳密な理想としては、それぞれの故郷に根ざして生きるものでなければならないのである。だからこそ柳は、「地方性」の意義を説く。

そして柳によれば、民藝の故郷である「地方性」こそが、国家、あるいは民族のほんとうの力を表現するものとなる。都市は諸外国との接点が多いが故に、必然的に「国際的都市」となり、国民的な性質を失う。だからこそ「私たちは民族的なものを求める時、地方に帰らねばならない。地方が都市の模倣に陥ることより大きな矛盾があろうか。それは一国の独自の文化の樹立にとっては由々しき出来事だと思える」(九―四六六)と柳は述べるのである。

ところでこのような思考よって、柳の言説は、表面的には、戦時体制と同調してしまう――民藝という、その地方に固有のものの価値を訴えることが、同時に「国家意識」を高めることに結びついてしまうのである。たとえば柳は次のような表現をしている。

私たちは物で日本の文化を示さねばなりません。これより確実に日本を証明するものはないからです。物に即した国民精神宣揚の運動こそは勃興されねばなりません。(九―三二五)

しかしながら、柳が大事にしているのは、あくまでものもの――美しい手工藝品――であり、そのものを生み出した背景すなわち自然であり、そして自然とともに暮らしてきた人々の歴史である。だから柳はそれぞれの地方を愛し、またそれぞれの地方が表現する個性的な美によって織りなされた美しい故国を愛するのである。次の一文――「時局と美の原理」（一九四五年一月）――も、注意深く読まれなければならない。

民藝運動の悦ばしい仕事の一つは、故国の伝統を厚く語ろうとするにある。幸いなことに今日ほど日本が自らを反省するに至った時期はない。時局がそれを切要しているからである。とりわけ大東亜の建立こそは、日本の自覚を促して止まない。誰が故国への情愛をもたないものがあろう。だが私達が今求めるのは、ただの賛歌ではいけない。もっと基礎の固い確信でなければならない。実質的で、どこまでも事実に即したものでありたい。日本はどうあっても具体的に日本の価値と使命とを自覚せねばならない。何処に日本の固有な姿があるかを、目前に指さされねばならない。之が出来ないなら愛国の念も如何に心もとない情愛に終わるであろう。今日本は何よりも実質的な日本を指示しなければならない。（九―五七一）

ここに「国民精神宣揚」あるいは「大東亜の建立」というような政治的影響を受けた表現があることは否定できない――先述の「沖縄」の場合と事情は同じである。(10) しかし実際のところ柳は政治性とはまったく無縁であり、純粋に、生活のなかに在るべき美しさを護ることだけを願っている。柳における「実質的な日本」とは、それぞれの地方において、その風土に深く根づいた、具体的な日々の暮らしよりほかにない。戦時中に執筆された『手仕事の日本』では、「岐阜提灯」を「強さの美はないが、平和を愛する心の現れがある」と率直に解説して、「平和」の文字が検閲に引っかかっている。またこの著作では、日本各地の伝統的な手仕事を概観した最後に、次のように述べられている。

ただ一つここで注意したいのは、吾々が固有のものを尊ぶということは、他の国のものを誹《そし》るとか侮《あなど》るとかいう意味が伴ってはなりません。もし桜が梅を誹ったら愚かだと誰からもいわれるでしょう。国々はお互いに固有のものを尊び合わねばなりません。それに興味深いことには、真の国民的な郷土的な性質を持つものは、お互いに形こそ違え、その内側においては一つに触れ合うもののあるのを感じます。この意味で真に民族的なものは、お互いに近い兄弟であるともいえるでありましょう。世界は一つに結ばれているものだということを、かえって固有のものから学びます。（一一―一七八）

柳の主張は一貫している――すでに『工藝の道』において、「民藝の心はどこにおいても兄弟である」（八―二六一）と述べていた。なぜかといえば、民藝のあるところ、「真の国民的な郷土的性質」のあるところ、そこは自然と調和した人間の具体的な暮らしのある場所であり、人々が同じ一つの「理法」に授かって生きている場所だからである。その具体性が欠けるところ、「国家」や「民族」といった抽象論に陥るところで、人々は互いに退け合う。しかしながら、それぞれに与えられた自然条件のもとで実直に日々の暮らしを紡いでいくという具体的な生きる姿勢においては、人々の心は、一つなのである。そのためにも「地方性」を尊重しなければならないと柳は説くのである。

2　無名性

民藝の美を構成する第二の条件は、「無名性」である。民藝は「民衆」的工藝であるから、もちろん民衆に関わる――それが「民族」ではないことはすでに述べた。民衆とは、人々の間にあって、その一員として、お互いに助け合い支え合って生きる存在である。決して自分ひとりの名を立てるのではなく、人生の歓びも悲しみも他者とともに分かち合うような生き方である。そして民衆的「工藝」とは、このような民衆――すなわちある特定の個人作家ではない、不特定多数の職人たちによる制作であり、また同じく民衆によって日々の生活で用いられる実用品である。決して貴族ではない、金持ちではない、今風な表現をすれば断じて「セレブ」ではない、いわゆる普通の人々の暮らしに関わるものである。しかしそうであればこそ実現される美があるというのが柳の主張なのである。以下、このような「無名性」がもつ多様な意味について考察し、さらにその背景にある「自力と他力」の問題について、他力に支えられた「協団の理念」について、あるいはもはや無名にとどまることのできない「個人作家の使命」について、有名・無名の対立の彼方をとらえる「直に見る」ことについて、検討していきたい。

(1)　非個人性

「無名性」は第一に「無銘」――作者のサインがないことである。作者が「個人」を名乗らないことである。柳が自らの美的直観の根拠として示した大名物茶碗「喜左衛門井戸」(喜左衛門はかつての所有者の名)は、朝鮮の名もなき工人の制作による雑器にすぎなかった。同じように柳はいう。

この世の最も美しい、あの波斯《ペルシャ》の敷物に作者の名が記してあろうか。この世の最も優れた支那の青磁は、ただの職人の作ったものではなかったか。この世の最も秀でた琉球の型染は、個人作家の作であったろうか。

(九―四九三)

「無名＝無銘」であるからといって、低く評価することはできない。少しでも美について反省すれば、有銘か無銘かということは、決して作品それ自体の美醜を判断する基準にならないことは明瞭である――有銘であって美しいものが在り、無銘であって醜いものが在る、有銘であっても醜いものが在り、無銘であっても美しいものは在る。しかしながら、私たちにはやはり「有名＝有銘」のものを尊ぶ傾向があるだろう。そして世間一般においては、その傾向ははなはだしい。だからこそ柳は「無名＝無銘」の意義を力説する。「無銘の道は美の大きな道の一つなのである。否、最も高く深い美がしばしばここに現れることを忘れてはならない」（九―四九四）。なぜならば、「銘を誇るような仕事には病がつきやすい」（九―四九五）からである。

個人の作を見よ、いかに自然への帰依が薄いか、いかに主我の念が強いか、いかに個性の捻出にいら立っているか。そこには帰依は見られず尊大のみ残る。敬虔は失われ傲慢のみ残る。無欲に住まず名誉にのみ煩う。いかに自己の名を出すことに急であるか。その焦慮の間からどうして静寂な素直な作が生まれ出ようか。（八―一三九）

いたずらに個性を主張することは、実はその個性にとらわれていることである。自由であると思いながら実は不自由である。宗教哲学的な表現でいえば、相対的自由にとらわれ、絶対的自由・本来的自由を識らない態度である。そこに創造は働かない。「自然への帰依がない時、吾々に全き自由はない。そうしてこの自由がない時、いかなる独創もあり得ないであろう……今日の製作に全く創意が欠けてきたのは、自然への帰依を無視して、自己の力に一切を工夫しようとする結果である」（八―一一二）。すでに「用の美」が示したように、ただ実用に徹するという姿勢が、個性の滅却を可能にさせる。用途に制約された不自由さが、作者のいたずらな作意を封じ、「理法」に則った、のびのびとした生命力のある美をもたらす。それと同じように、銘にとらわれないこと、自我への執着から離れること、すなわち「非個人性」であることは、「小我」が静まり「自然の大我」が働くことによって、かえって美を生み出す機縁となる。まさにそのとき、絶対的・本来的自由が躍動し、活き活きとした開放的な作品が生まれるのである。

何故個性の作が民藝に劣るか。そこには個性の開放がないからである。自由がないからである。自我に執せず個性に著せず、一切を自然に任じた古作品により深い美が宿ることをどうして否むことができよう。（八―一三九）

古作品＝古民藝とは、自我を誇らない、無心の作である――それを浜田庄司は「つくりもの」ではなく「生まれもの」と呼んだ[11]。職人たちは、知識でつくったのではなく、ただつくったのである。柳はいう。「意識の乏しい仕事が、如何に近代の美にそぐわないものであるかを考えるかも知れない。しかし意識の道が唯一の道であるかどうか……無意識の道を歩めばこそ、彼らに優れた仕事が許されるのではないだろうか。無心の道は別に大きな美の世界を開きはしないか」（九―四九〇）。この無心の働き、それが「非個人性」にほかならない――「無想の美に優る美はあり得ない。高き工藝の美は無心の美である」（八―一一一）。

このような無心・無想から美が生まれてくる瞬間を、柳の親友・リーチは、自らの創作体験を踏まえて「〈制作における〉超個人的な感覚」と表現し、次のように描き出している。

〈無〉はたんなる否定ではなく、否定にも肯定にもとらわれない無分別の状態である。私たちが作陶で最も敬うのはこの性質である。それは風が開いた窓を通り抜けるように〈生命の霊気〉が私たちを通り抜けるとき、私たちのうちで一瞬垣間見られるような、極めて稀な状態である。そのとき、動作は軽やかに自然に流れ、決して負荷がかけられることはない……。（リーチ222／三一三）

リーチにおける「生命の霊気」とは大我の働きであり、それに身を委せることで――自我意識としての「小我」が透明になり、「風が通り抜ける」ように自己の内奥から「大我」が現れ出ることで――「動作は軽やかに自然に流れ」

る、そしてその瞬間において本来的な自由や、創造の歓びが感じ取られるのである。先述の不自由性と同じように、「非個人性」は、神秘的＝宗教的な問題から切り離すことはできない。だから柳は、無心の境地を、「神聖な忘却」（八―一五七）――自我を滅して神と一つになるような境涯――という表現に置き換える。そのときすべてを自然の法則に委ねた「静寂な素直な作」が生まれ、「深い美」が宿るのである。

（２）間接美

このように「非個人性」である「無名性」が表現する美の特徴を、柳は「間接美」と呼ぶ。

個性が間接にされるということは、それだけ自然が代わって直接に働くことを意味してくる。人間にはとにかく誤謬があるが、自然にはそれがない。たとえあったとしても罪からは遠い。人間が間接にされる道は、どんなに美を素直にさせ、穏やかにさせるだろう。（九―四九五）

このような「間接美」とは、作者の存在が背景に退くことである。たとえば「よく使い込んだ品物は美しい」という現象を柳は挙げる。実用品は使われることによってその本来の性質を発揮し、それによって美しさが出てくる。「〈手擦れ〉とか〈使いこみ〉とか〈なれ〉とか、これがいかに器を美しくしたであろう。作りたての器は、まだ人の愛を受けてはおらぬ。また務めをも果たしておらぬ。それ故その姿はまだ充分に美しくない。だが日々用いられる時、器は活々と甦ってくるではないか」（八―八〇）。そのとき、それを生み出した作者の存在、あるいは制作の痕跡は消え、ものは自ら生きるのである。あるいは古い歴史あるものに対して私たちが感じる「荘厳さ」の美、それも作者が間接化され、自然の働き――時の経過がもたらした重み――が支配的になったことの結果にほかならない。

柳によれば、この「間接美」を端的に表現しているのが、版画や拓本の美しさである。最初に書かれる下図は直接的である。それが板に彫られることで第一の間接化が行われ、摺られることで第二の間接化が行われ、さらに作品完成後の時間の経過が第三の間接化を行う。そうであるから、版画の美の栄誉は、最初の図案の作者だけに与えられるべきではないと柳は説く。

浮世絵の美を、よく〔鳥居〕清長とか〔鈴木〕春信とか〔安藤〕広重とか画家の名で説くのは不充分だと思える。版画は版になって美しいのだから、板師や摺師の大きな貢献を考慮に入れないのは不覚である。版画の美はいわば間接美である。（九―四九六）

浮世絵の美については多く論じられている。広重の作品を知らないひとはいない。しかしその美しさに「板師や摺師の大きな貢献」を指摘するひとがどれだけいるだろう。それを見逃さないのが柳の審美眼である。[12]このような「間接美」の理解は、一つの事物の背後に拡がる「無名性」の領野——すべては名もなき人々との連関のなかで存在しているという事実——に対する気づきなのである。

（3）　型をもつこと

「非個人性」において作者が背景に退くことによって、「間接美」が表現される。それはいいかえれば、「型」に収まるということである。「型」があるから無心な制作が可能となり、決して天才ではない、特別な美意識のない、ごくふつうの職人であっても、その「型」に護られて美しいものをつくり出すことができるのである。いわば「型」とは、秩序であり、規範であり、法則であり、律法である。「それは多くの経験を経由して濾過せられた精髄だともいえる。煮つまる所まで煮詰まる時、法に帰るのである。至り尽くしたものが型となって示されるのである」（九―四八五）。だからすべてはこの「型」に入ることによって、「法の加護を受ける」（九―四八五）、そして自然の法則に従うことによって「大我」に生きることができるのである。

そうであるから「すべての芸能が型を基礎にするのは必然である。型まで深まらずば、奥義に達したものとはいえない。芸は型に生きる」（九―四八五）と柳はいう。能、歌舞伎、茶道、華道はもちろんのこと、囲碁将棋その他諸々のスポーツにおいても「定石」という「型」がある。「型に則って仕事は始めて本道に出るのである。型は従順な奉仕を求める。ここで服従はかえって仕事を自由にする。法を離れれば美に安全な保証はない」（九―四八五）。それと同じように、安全で間違いのない古作品＝古民藝は、柳によれば、すべて「型」に従って仕事をした成果なのである。

「型」の一つの例として、柳は「模様」について論じている。先に言及したように、実用品は、同じものを多量に制作する反復を要求する。そして「反復は要約を求め、要約は模様を招く」（九―四八七）――最初は一つの絵画であったものが、反復のなかで少しずつ純化され、最後は模様に至る。だが模様は決して絵画に劣るものではない。純化の過程において、最初の絵画に含まれていた本質がより強調されてきたものが模様である。だから柳は次のようにいう。

最も美しい絵画は必然に模様に近づきはしまいか。描写からあらゆる無駄を取り去り、絵を要素的なものに還元する時、すべてに単純化が行われる時、絵は必然に模様に入るではないか。それを工藝化された絵と呼んでよくはないか。模様化は絵をもっと絵にするとはいえないだろうか。（九―四八七）

このような模様化＝単純化を、ひとはどうしても低く見たがる。そして表面的には多くの労力が費やされているように見えるもの、複雑なものの方に「有難味」を覚える。しかしそのような見方を柳は否定する。

> 古来複雑なもので、美しいものは稀の稀だといってよいだろう。あの印度や波斯のもので複雑なものがあるが、しかしよく注視するならそれは錯雑ではなくして、単純の複合であるのを気づくだろう。素材とか簡素とかいうことは、美の大きな要素である……模様の精神は物象の精髄の把握にある。したがって複雑ならば外形の描写に終わるであろう。古来偉大な模様は常に単純であった。（八―一一五）

往々にして私たちが複雑なもの、手の込んだものを称賛するのは、そこに費やされた時間的・技術的・金銭的な労力に対して、たとえば卓越した技巧や、装飾に用いられている高級な素材（金や銀や宝石など）に対して感服しているのであって、そこに実際に美しさを感じているかどうかはまた別の問題である。そして「複雑ならば外形の描写に終わる」――一般論としていえば、私たちは事柄の本質に迫ることができないとき、その周辺を彷徨うことになり、本来は単純である真実をかえって複雑にしていく傾向があるだろう。しかし単純さにおいてこそ「物象の精髄」が把握されるのである。そのような単純を単調と取り違えてはならない――「単純は単調ではない……単純には煮つめられた美がある。弱い単純さはない。そこには生命が活々と踊る」（八―一一六）。

さらにいえば、絵だけが模様になるのではない。柳によれば、ものはみなそれにふさわしい姿形をもっており、その姿形に落ち着いてはじめて安定する。すなわちものは「その形自身が自ら均斉の構造を招いている」のであり、「いつも一定の形を求め、気儘な不規則を許さない」（九―四八八）。それを柳は「形の模様化」と表現する。

> 用途や材料や工程は、形やその構造を落ちつく所まで落ちつかせてしまう。それを形の模様化と呼んでいい。あ

るいは結晶された形と見てもいい。用途をもつあらゆる工藝品は、自ら均整を保つ一定の形に入るのである。（九—四八八）

模様化されることによって、「型」に収斂していくことによって、次第に余計な付着物が削ぎ落とされ、最終的にもの自身の安定性が獲得される。それは自然の法則＝「理法」に適った在り方である。だからそのとき「法の加護」が働き、美しさが生じる。その美しさは法と交わった美しさ、すなわち「法美」である。したがって、諸々の事情によって――外部的には時代の風潮や労働環境の変化によって、内部的には仕事に臨む各人の意識の変化、すなわち習慣化し惰性化することによって(13)――その「型」が崩れるとき、ものは法から離れ、美もまた失われる。故に柳はいう。「法が弱まれば美もまた弱まるのは必定である」（九—四八六）。

ところで濾過されること、単純化されること、結晶化していくこと、そして自ら一定の形に収まり、「型」や模様となること――それらは純粋に実用に徹したことの結果であると同時に、一個人の働きをはるかに超えた多くの人間の働きの結果であり、そして人間をつつむ自然との長い交渉の結果である。その広大な時間過程を前にしては、一個人の自己主張は沈黙せざるをえない。そこにもまた「無名性」の領野の拡がりが確認されよう。それが次に述べる「背後としての無名性」である。

（4）背後としての無名性

「無名性」は、第一義的には、作者が「無名＝無銘」であること、すなわち作者の「非個人性」を意味した。しかしながら、「非個人性」から「間接美」を経て「型」について論じてきた一連の考察において、無名性の議論は、ただ「無名の作者」すなわち職人・工人という問題圏にとどまらないことが明らかになってきた。すなわち「無名性」

は、どれほどささやかな、小さな事柄であっても、無限に多くのひとやもの、自然環境とのつながりのなかで生まれているという事実に対する気づきに至るのである。「間接美」を語る柳は、浮世絵における「彫師や摺師の大きな貢献」について言及した。あるいは「型」においては、その型に結晶化するまで、長い歳月と多くのひとの不断の努力とが費やされていることを指摘した。このように、特定の個々人としては決して表には現れてこない存在、すなわち「背後としての無名性」、それが「無名性」のもつ第二の意義であり、それは以下の二つの観点から説明される。

a. 過去とのつながり（自然・歴史）

「背後としての無名性」は、一つには、ものそのものが生み出された経緯、すなわち自然・歴史の働きという、時間的な過去としての背後を指示するものである。

様々な品物が出来る原因を考えてみますと、二つの大きな基礎があることに気づかされます。一つは自然であり、一つは歴史であります。自然というのは神が仕組む天与のものであり、歴史というのは人間が開発した努力の跡であります。どんなものも自然と人間との交わりから生み出されて行きます。（一一―一三）

日々の生活に用いられるものは、それぞれの土地の生活の必要性に応じたものである。そしてその必要性を決定づけるのは、先述の「地方性」でも触れたように、民藝の「故郷」であるそれぞれの風土である。温暖な土地には温暖な土地ならではの暮らし方があり、雪国には雪国特有の暮らし方がある。実用品は、その自然条件に応じた、切迫した暮らしから生まれる――「気候風土を離れて、品物は決して生まれては来ない」（一一―一二）。そして歴史とは、それぞれの土地において、絶えず自然と向き合って生きてきた人々の堅実な日々の暮らしの蓄積にほかならない。

実際吾々が今日こうやって生きているのは、祖先のお陰であって、吾々の智慧も経験も生活も思想も、多かれ少なかれ、祖先から受け継いでいるのであります。もし自分一人の力で何もかもしなければならないとしたら、どんな人も極めて幼稚な生活より出来ないでありましょう。否、生きていく力さえないでありましょう。火をどうして得、家をどうして作り、着物をどうして織るか、誰がそんなことをすぐ知り得るでしょう。みな祖先たちの智慧や経験に助けられて、今の生活を得ているのであります。（一一―一六）

このような具体的な歴史、自然と一つになった暮らしの継続のなかで、いわゆる伝統が形成される。「伝統とは長い時代を通し、吾々の祖先たちが、様々な経験によって積み重ねてきた文化の脈を指すのであります。そこには思想もあり、風習もあり、智慧もあり、技術もあり、言語もあるわけであります」（一一―一八）。伝統とは、灯を消すことなく伝えていくこと、すなわち「伝灯」（一一―一〇七）である。このような伝統から生まれてきた実用品が、古作品＝古民藝である。それらが確実に示している「用の美」は、こうした過去の「無名性」によって支えられているのである。

されば工藝の美は伝統の美である。作者自らの力によるものではない。長い長い歴史の背景である。今日まで積み重ねられた伝統の力である。そこにはあの驚くべき幾億年の自然の経過が潜み、そうして幾百代の人間の労作の堆積があるのである。私たちは単独に活きているのではなく、歴史の過去を負うて活きているのである。私たちは長い歴史の一端末にあるに過ぎない。（八―一〇二）

それを一日で醸《かも》された美と思ってはならぬ。あの粗末ないろいろな用具にも、その背後には多くの歳月と、飽くことなき労働と、味気なき反復とが潜んでいる。粗末に扱われる雑具にも、技術への全き支配と離脱（＝技術を完全に習得することで技術を意識しない自由さを得ること）がある。よき作が生まれないわけにはゆかぬ。（八―八八）

もちろん伝統から生まれるからといって、すべてのものが美しいとはいえないだろう。しかし自我の病に侵されたような「罪深いもの」は一つもないと柳は断言する。伝統とは、ただ古いから、長い歴史があるから尊いのではない。そこには祖先たちの日々の具体的な暮らし、それも決して楽ではない、生きるために精一杯の暮らしがあった――もし楽な暮らしであったなら、古作品＝古民藝は「用の美」を表現することなく、病的もしくは趣味的な、「罪深い」制作に堕したことだろう。

人々は美しい作を余暇の賜物と思ってはならぬ。休む暇もなく働かずしてどうして多くを作り、技を練ることができるであろう。汗のない工藝は美のない工藝である。あの美術家たちが求める感興や気分や情緒や、それらの余裕に美が托されているのではない。あの反復や勤勉や努力が工人たちのなさねばならぬ生活である。それは慰みに作られるのではない。ましてあの低徊的な物語的な趣味がその美を左右するのではない。この世界には感傷もなく夢幻もない。それは現実に当面する課された仕事である。そこには廃頽の暇はない。安逸を貪る者は、この仕事に堪えることができぬ。（八―一〇二）

そのような無名の人々の労働辛苦の上に今日の自分が存在していることを実感するとき、私たちは、いたずらに自らの個性、自らの独創性を誇るようなことはできないはずである。そしてこのように過去の「無名性」を理解することは、私たちを謙虚――それが宗教哲学研究においても重要な課題であったことを想起されたい――にさせる。それもまた、民藝美が表現されるために不可欠な意識態度なのである。

b. 現在とのつながり（協働・顧客）

さらにもう一つ、「背後としての無名性」は、過去とのつながりだけでなく、現在とのつながり、すなわち同時代人とのつながりに対する自覚をうながすものである。

よき作を、ゆめ一人の作と思ってはならぬ。そこには真に協力の世界が見える。ある者は形を、ある者は絵附けを、ある者は色を、ある者は仕上げをと幾つかに分かれて仕事を負うた。優れたほとんどすべての作は一人の作ではなく合作である……よき作の背後にはよき結合が見える。（八―八九）

実用品がつくられる現場は、個人ではなく職人・工人たちによる制作、すなわち協働作業である。そこから柳は、後に述べるように、西洋中世のギルドを理想とした。工藝の協団を夢見る。ちなみにこの協働作業は、決して手工藝に限定されるものではない。それは機械工藝においても必要な態度である。柳宗理は述べている。「今日では湯沸かしでも土瓶からステンレス製のやかんに変わってきていますが、製造技術の変化によりデザインの形態は変わってきますので、デザインするには当然製造技術者との密接な協力が必要です。造る人の技術に目を向け、話に耳を傾けて初めていいものが出来ると思います」（宗理一〇〇）。それにしても今日、私たちは、デザイナーの過剰な美意識が実際の制作現場、あるいは使用者の立場から解離している光景をしばしば目にしないだろうか。しかしながら実用の世界においては、いかなる時代においても、よい協働が、よいものを生産するための条件である。ここにおいても、先述の謙虚さ、すなわち自分ひとりの功績を誇ることのない「無名性」の意識態度が求められているのである。

さらに実用品は、それが実用品である限り、多くの見知らぬ人によって買われなければならない。だから柳は、工藝を守護する者として、「正しく見る者（批評家）」「正しく作る者（作者）」「正しく買う者（顧客）」という三者を挙げていた（八―一一七）。今日でこそ消費者の立場が云々されるが、それでも一般的には、「正しく買う者」の存在は忘れられがちである（どちらかといえば、消費者を守るという消極的な姿勢であって、消費者が生産者を選ぶという積極性には乏しいように見受けられる）。しかし、数あるもののなかから正しいものを選んでくれる見知らぬ多くの顧客の存在があればこそ、正しい制作の継続が可能となる。このような人々の存在も同時代における「背後としての無名性」であるだろう。[14]

そしてさらに反省を深めれば、著しくグローバル化が進んだ今日においては、生産から流通を含め、自分が手にするこの一個のものに、どれほどの多くの無名の人間が関与していることか、実感せずにはいられない。結局のところ、一個人の力は限られている。だからこそ、過去からの、そして同時代とのつながりを想うとき、自分は与えられて支えられている存在であるという自覚が湧き上がってくる。すなわち一切の自我性を払拭する「他力」の意識が芽生えてくる。ここにおいて「無名性」は、必然的に「他力」思想と結びつくのである。

（5）　自力と他力

以上、「用の美」とともに民藝の美を条件づけている「無名性」について考察してきた。そこでは「非個人性」という、自我を誇らない謙虚な在り方が示され、最後に「他力」という立場に逢着した。しかしながら柳は、個人として意識的に制作する立場――「自力道」を歩む個人作家の存在を否定しているわけではない。ただ、個人作家の道は険しい――「難行道」であるというのである。というのも、ひとは往々にして自我意識＝個性に停滞し、「道」から外れるからである。

個性を否定する見方は間違っている。しかし個性に止まることに満足するのはなお間違っている。個性美も一つの美である。だが最高の美ではない。もし絶大な個性があるなら、彼は超個性の域にまで達しているだろう。（八―二一三）

「超個性の域にまで達する絶大な個性」とは、天才である――「ただ天才のみが正しい個人作家である」（八―一六三）。天才は、なるほど個性美の表現から出発するとしても、ある段階でその個性を突き抜けて、超個性の域、すなわち「永遠の美」に触れる。そこに時代を超えた美しい作品が顕現する。もちろんその作品には彼の個性が存分に反映されているだろう。しかしその個性は、永遠の美の法則と一つになっているのである。だから一見したところ著しく個性的な表現であっても、見るひとの心をかき乱すような騒々しさはなく、「理法」に則っているが故の、落ち着きが感じられる。

だがそのような力量ある天才は「選ばれたる者」である。「一時代に数人の天才を予期することはできぬ（選ばれざる個人作家がいかに多いであろう！）」（八―一六四）と柳はいう。そして柳は、天才だけに美を生み出す権利を与えるような考え方、いわゆる「天才主義[15]」を批判する。なぜならば、少数の人間だけが美を創り出すとされる限り、社会全体が美しくなることはないからである。

ところが民藝の領域に目を向ければ、古作品＝古民藝が証明しているように、いかなる人間であろうと、伝統のもとで素直に誠実に実用品をつくるなかで、自ずと永遠の美の法則に従い、美を創出している。彼らは個性をまったく意識しないからこそ、容易に超個性の領域に入ることができるのである。「真によき作は無銘ではないか。そこには小我がない。だが超我（＝大我）――一切の我が融合するその超我がないとどうして云えよう。正しい美は個性を越える」（八―一八四）。それは人間の思惑ではなく大自然の法則が表現する美しさであるから、天才と同等の、あるいはそれ以上の美しさ、正しさを実現しうるのである。「民衆は自然の力に加護されて非凡な世界に入る。あの天才すら近づき得ない異常な世界に入る」（八―一五〇）。このような民藝の立場を、柳は「他力道」と呼ぶ。まさにこの「他力」こそ、そしてそれを説き切った親鸞の「悪人正機」の教えこそ、柳の民藝理論の形而上学的根拠――それが前景に現れてくるのが晩年の仏教美学――である。

私はあの『歎異抄』に書かれた親鸞上人の言葉を感慨深く想い起こす。「善人なおもて往生をとく、況んや悪人をや」と。心霊の世界における驚くべき秘義について、これまでに深く見破った言葉は世にも稀であろう。私は宗教におけるこの秘義を、工藝においても深く体験する。私が費やした多くの言葉もついにこの一句に尽きる。

（八―一六〇）

このような「他力道」を、柳は、そこには「人間の病」が起こりえないという意味で「安全道」と呼び、また「易行道」とも呼ぶ。しかし誤解してはならないことは、それは決して怠惰が許される道ではないということである。他力とは、すべての生活をこの「信心」――すべてが与えられ支えられているという報恩の念――によって充たすということである。そこには一瞬の疑義も油断も許されないだろう。そしてなぜ古作品＝古民藝において他力が働き、天才をも凌駕するほどの美が生まれたかといえば、そこではひとは生きるために一生懸命であり、生活と制作行為とが完全に一つであったからである。そこに趣味的な要素が混在してくる隙は、一時もなかったからである。

（6）協団の理念――ウィリアム・モリスとの比較

そのような他力性に満たされていたかつての制作の力を、この時代において再興するために柳が求めるのが協団である。柳は工藝を「協団的芸術」と呼ぶ。西洋中世期のギルド（職人組合）をイメージしながら、柳は次のように述べている。

美しい工藝にはいつも協団的美が潜む。謀叛と憎悪との社会から、美が現れる機縁はない。美の背後にはなんらかの意味で愛の血が通う。神への愛、人への愛、自然への愛、正義への愛、仕事への愛、物への愛、かかるものを抹殺して美の獲得はない。相愛の基礎に立つ協団は工藝によって喚求される社会であると云えないだろうか。（八―一八一）

そこには「秩序の美」が宿っていると柳はいう。それは「自然法」に従い、「理法」に従うところから生じてくる、「普遍の美」である。

私は省みてこういうことができよう。正しいすべての工藝には、秩序の美があると。それは勝手にできたのではない。その背後には自然法が潜み、また制度の掟が宿る。その美は理法の許に生まれたのであって、任意に作為されたものではない。時代や地方によって種々なる異相が示されてはいる。だが作の心には共通がある。時と処を越えた普遍の美が宿る。（八―一六四）

古作品＝古民藝が生み出された時代を思うならば、それは――個別的にはさまざまな問題があったにせよ、全体としては――宗教的信仰が生きていた、そして厳格な職業倫理意識のもとで、神への感謝、あるいは自然の恵に対する感謝を抱きつつ、それ故にものが粗末に扱われるようなこともなく、各人が各人のなすべき仕事を、誠実に行っていた時代である。そこでは小さな共同体が形成され、お互いが助け合って生きていた、あるいは助け合わなければ生きていくことはできなかった。そしてそこで制作されるものは、日常生活（あるいは宗教生活）に奉仕するものであり、制作における個性の主張などはなかった――要するに、その協団に属することによって、自ら意図せずして「自然法」あるいは「理法」に則った生活がなされ、そこに自ずと「秩序の美」が映し出されていたのが、かつての工藝の世界であった。したがって、工藝の未来を思うとき、自力の道である個人主義、すなわち美術に向かうのではなく、他力の道――「相愛」の精神にもとづいた工藝の共同体＝協団の創設が必要であると柳は主張するのである。

個人はしばしば狂う。彼自身に執着すればするほど狂う。そこに鋭さはあるかもしれぬ。しかしかかる鋭さに世界の平安はない。私たちは各々私たちの仕事において世界を明るくする任務を帯びる。個性の競争にではなく個性の協力にこそ未来の理念を感じる。（八―一八一）

とくに資本主義経済が発展すれば、ますます利益・効率が優先される――正しくよいものを丁寧につくるという堅実な気風はすたれ、粗悪なものが蔓延るようになり、職業倫理は堕落する。それに対抗する意味でも、つくる側の人々による連帯が重要になってくる。

なるほど協団が形成されることによって、個性の主張は封じられよう。しかしそれは決して不自由を強いるものではない。協団に属し自然の法則に従うことで、「秩序の美」が表現される。そしてその秩序のなかに生きることが――先述の「不自由性」あるいは「非個人性」で示したように――より大きな自由・本来的自由の発揮になると柳は説くのである。

個性にも自由はあろう。しかし秩序の中に、さらに大きな個性の自由が発見される。個性の美よりもさらに自由な秩序の美。来るべき工藝はかかる目標へと進まねばならぬ。（八―一九六）

もっとも柳は、社会主義運動のような、大きな政治システムを意図してはいない（すでに見てきたように、柳はまったく非政治的な人間である。柳が協働を要請するのは、ひとえに「相互の愛のないところに美はない」からである）。協団の理念は、なるほど議論を推し進めれば社会主義に向かう傾向はあるにしても、そこが自らの活動領域ではないという謙虚さが柳にはある。柳自ら、「資本制度の罪過に関する経済学的難詰に対して、専門家ではない私は常識以上に何事も論ずる資格はない」（八―一八〇）と告白する。その柳が「常識」から企図するのが、「結合主義」である。

個人主義より結合主義への転廻、私は明らかに来たるべき社会の理念をそこに感じる。それはあの感情的な同胞主義の空虚を意味するのではない。それは将来の人間が真のために美のために、依って立たねばならぬ根拠である。（八―一八二）

それは「感情的な同胞主義の空虚」――抽象的な理念のもとに群がった集団ではない。その場合には、全体としては一つでありながら、個々人の間には深い断絶がある。彼らは一個人としては満たされない孤独を癒すために、あるいは一個人における何らかの内面的欠如・空白を埋めるために、一個人であることを忘れることのできる全体を、熱狂・陶酔のなかでの没我を――おそらくは無意識のうちに――求めるのである。[16] だが、そこには上からの強制があり機械的な統一性はあっても、「理法」にもとづいた秩序の美、一個人の内面の自由から湧き出る活き活きとした連帯はない。それに対し、柳が思い描くのは、各人が具体的な制作活動を行いつつ相互扶助しあう、個と個の結合、人間と人間との交わりである。そしてその制作活動は、あくまでも民藝の制作――実用的手工藝品の制作でなければならない。なぜならば、ただ民藝においてのみ自我が抑制され、自然に素直に従った制作が可能であり、それが技術の習得のみならず作者の精神をも陶冶し、全体としての協団の秩序が自発的に形成されるからである。

以上のような柳の協団の理念――とくに『工藝の道』において熱く語られたテーマであった――は、柳の思想に共鳴した若者たちによって、実行に移された。それが「上加茂民藝協団」である。ただこの協団は、経営的な面において、また内部の人間関係の面において困難に直面し、長くはつづかなかった。[17] その出来事について柳はほとんど語っておらず、また、その苦い思い出の故か、その後の柳の著作のなかで、協団の理念に関する発言は控えめになる。それに代わって、個人作家がいかに職人たちを導き、正しい美を維持していくかという問題に、柳の関心は移っていくのである（本書二一九頁参照）。

このような協団の理念は、たしかに理念としては美しいが、手仕事が今日ではもはや現実的ではなくなったように、それを実際の活動形態として展開させていくことは、きわめて困難であるだろう。しかし現実的ではないからといって、たんなる夢として捨て去ることもできないように思われる。[18] 少なくとも、「ひとが活かされている」職場には、その職種は何であれ、協団的な雰囲気があるのではないだろうか。

ところで、工藝と社会との関係について、しばしば言及されるのがウィリアム・モリス（William Morris 1834-96）である。「仕事が喜びで、喜びが仕事になっている暮らし」を主題に『ユートピアだより』を書き、工藝家の共同体を設立し、自らも創作活動を行ったモリスに対して、そしてそのモリスに大きな影響を与えたラスキン（John Ruskin 1819-1900）に対して、柳は深い敬意を示している。

美を追うたラスキンはギルドを試み、モリスもまた同じ道を辿った。かれらの心の求めが今また私の血脈にも通

う。協団の幻像がはてしなき世界に私を誘う。（八―一九三）

しかし、柳は、協団の理念に関しては彼らを先達とみなすが、工藝＝民藝の理解については、彼らとは一線を画する。たとえばモリスについて、柳は次のように批評する。

彼は〈モリス〉の名において作ったのである。彼が熱愛した中世代の作品のように無銘なものでもなくまた民衆の手から作られるものでもなかった。ましてや用を第一に作られたものではなかった。単に美術家が工人に名を変えたというまでである。用を二次に美を主として工夫された作品である。美意識から発したので、あの古作品のように無想から発したものではない。（八―二〇二）

柳にとっては、工藝はあくまでも民衆的工藝であるべきであり、来るべき協団も、民藝品の制作、すなわち「無銘」の実用品の制作でなければならない。しかしモリスが求めたのは、もはや工藝ではなく、「有銘」な美術であったと柳は批判するのである。

実際にモリスの著作『ユートピアだより』を一瞥するならば、なるほど手仕事の尊重や日常生活を美しくするという観点において民藝との共通点はうかがえるものの、明らかに立場の違いが感じられるところがある。たとえば「いまの時代〔ユートピアが実現された時代――あくまでも仮の話として〕のわれわれは、体が堅固で健やかで、ゆったりとくらしています」[19]「〔ユートピアに生きている女性は〕昔の時代、みずからあくせく働き、またあくせく働く者の母であった者よりもよほど母性本能が強いのです」[20]「わたしはといえば、したいときに一生懸命働くわ。それが好きだからだし、わたしのためにもなるから。体がひきしまるし、見た目にもずっと美しくなる。いっそう健康に、幸福になるのだから」[21]という表現がある――ここでモリスは、美に囲まれた穏やかで快適な生活を志向している。そして手仕事は、そのような生活を豊かにし、潤いあるものにしてくれる趣味である。しかしながら、民藝が生まれてきたのは、はるかに切迫した具体的な生活からである。仕事が好きか嫌いか、楽しいか楽しくないかは問題ではない。それがやるべき仕事であったから、やらざるをえなかったのである。柳はいう。「苦しくとも楽しくとも労働は人間に課せられた任務である。これを受ける者に、運命は幸福を約束する」（八―一〇三）[22]。かつて河井寛次郎は、「金襴手」のどんぶりが絵付けされる光景を目にしている――「畳をめくった板間で、子を負うた女の人が描いていた。親子丼という名を思い出すのである」[23]。実際のところ、民藝は「あくせく働く者」たちの仕事であった。しかしその仕事は、手仕事であり、まったく遊びのない、純粋な実用品の制作であった。だからそれは自ずと自然の道＝「理法」に従うことになり、「普遍の美」「秩序の美」がそこに宿ったのである。それはラスキン―モリスにおける個人的な美意識の追求とはまったく異なる営みなのである。

とはいうものの、ラスキン―モリスの切り開いた道――社会制度と美とを結合させる試みは、大いに認められなければならない。柳は述べている。

私は多くの経済学者が、なんら美に対する反省なくして、彼らの経済学説を建設するのを不充分に感じる。進んでは美を二次的意味にさえ説き去ろうとする人々だある。しかし何故社会に正しい経済的組織が必要であるかは、それによって真善美を保証し得るからであろう。もし美を欠く社会があるなら、その社会は欠陥をもつことを証拠立てる。（八―一八〇）

「美を欠く社会には社会として欠陥がある」――このような思考は、やはり理想主義者の戯言なのだろうか。それでも資本主義の終焉が囁かれる今日、ただ数字の上下だけが喧しく議論されるような今日にあって、次の経済システムが求められるとしたら、そしてそのシステムがほんとうに人類の幸福に寄与しうるものであるとしたら、ラスキン—モリス—柳の「血脈」は、改めて熟考されるべき課題を提示していると思われる。

(7)　今日における個人作家の使命

実際のところ、「民藝」を提示した柳の時代にあってさえ、かつての古作品＝古民藝を生み出していた厳粛な生活基盤は失われつつあった。柳は嘆いている――「すべての新しい品で、質の粗悪と工程の粗雑と、そうして美の低下を示していないものはない。しかし残るわずかの古風なものが、もう臨終の床に横たわっていることをどうすることもできない。四囲の事情はもうこの傾きを引き戻すことはほとんどできない」(八—一七五)。そして他力性のなかに秩序の美の自然発生を期待する協団も、その実現は難しい。しかし理想主義者・柳は希望を失わない。ここで柳は、美についての明確な自覚をもつ「個人作家」に期待を寄せるのである――「しかし民藝がはなはだしく堕落してきた今日、何が美の目標であるかを示してくれるものは、個人的作者よりほかにない」(八—二一四)。個人作家が美についての「正しい目標」を示すこと、そこに柳は民藝の未来を見るのである。

　何が正しい美であるか、今この認識より重大な意味をもつものがあろうか。もし美に対し社会に対し正当な理解をもつ者が、彼らの道を開かないならば、民藝は迷路に入るであろう。来たるべき時代の選ばれたる個人作家の任務は、かかる指導にあると云えないであろうか。(八—一七五)

「無名性」を掲げる民藝が個人作家に期待するのは、矛盾と思われるかもしれない。だがそれは時代の要請である。

私たちは、古作品＝古民藝の時代に戻ることはできない。だからこれからは、志ある個人作家によって、「民藝の美」「正しい美」が職人・工人たちに示されなければならないと柳は訴える――なるほど柳は「無名性」を説いたが、実際に柳の思想に共鳴し柳の活動を支えていたのは、有名な、実力のある個人作家たちであったという事実を見逃すことはできない。そして、そのような個人作家に課せられた使命は、個人性を突き抜けて、先述の「超個性の域」、すなわち「有名・無名の彼方」にある本来の「無名性」まで達することである。

特に工藝の領域において、知識ある者の作が、無心なる者の作に優った例を私は見ない。だが一度知の実を犯した私たちはもう無知に帰ることはできない。知をもって知を脱する道のみが残されている。難行の難行である。（八―二六七）

ただこの難行を歩むことによって、有名性の彼方にまた無名性を見出すことができるのである――柳は「技術を修得するのに三年かかったが、それを洗い去るのに約十年を要した」という浜田庄司の言葉を讃えている（一八―三一八）[24]。さらに柳は、個人作家は、自らの個人性を克服していくと同時に、無名の人々の間に入って行かなければならないと説く。それは社会美の実現のためであり、またそれによって自分自身を人間的に高めるためである。

作者は彼の個性の小さい室と、彼独りの工房から外に出ねばならぬ。彼らは自らを民衆の世界に投ぜねばならぬ。〈多〉と離れることによって〈孤〉を守るべきではなく、〈孤〉を〈多〉の中に活かさねばならぬ……個人に立ち止まるかぎり彼らは偉大な作家となることはできぬ。一度自らを越えて民藝に彼らの種が花開く時、それは不滅の香りを含むであろう。（八―一七六）

作家は、新しい民藝の育成に深く関与する人でありたいのです。それ故これからは個人作家であり、兼ねて社会作家とも呼ばれるべき人でなければなりません。つまり将来の工藝を栄えしめるため、作家と工人との協力が非常に望ましいのであります。個人作家はよい意匠家となり協力者となるに及んで、ますますその存在の意義が高まってくるでありましょう。指導者という言葉はおこがましいでありましょうが、工人達を活かすよい世話役であり、相談役であり、また親切で賢明な看護人でありたいと思います。（一六―二三五）

このように、個人作家と職人たちとの連携の模索もまた、民藝運動の一つであった。[25]もはや個人作家といえども、「多」に関わり、「無名性」につながらなければならない。いいかえれば、個人作家であろうとなかろうと、実用品をとおして社会美に尽くすという民藝の基本的精神に共鳴する限り、ひとはこの「無名性」から離れることはできないのである。[26]

（8）直に見ること――有名・無名の彼方

最後にこの「無名性」の問題は、第三の意義として、「直に見る」ことを要求する。この「直に見る」ことの重要性については、すでにくり返し述べてきた。民藝理論も、柳自身が直に見た美の経験を言語化したものにすぎない。ほんとうは「直に見る」ことさえできれば、それで十分なのである。なるほどそれはきわめて平凡な、当たり前のことであるといわれよう。しかし実際のところ、この当たり前のことができていない場合が少なくない――私たちには、由緒ある美術館の展示だから、著名な作家の作品であるから、家元の箱書＝鑑定書があるから等々、いわゆる外的な権威づけによって、美醜を判断してしまう傾向が多分にある。要するに、自分自身で判断をすることをせず、ただ「有名＝有銘」という既成事実に敬意を表し、「無名＝無銘」を軽視してしまうのである。

しかし改めていうまでもなく、権威づけられ客観的に価値を保証されていることと、美しさとを、単純に結びつけることはできない。初期茶人たちは、朝鮮の雑器から「大名物」の作意なき無事の美を取り出してみせた。あるいは貧しい農民の小屋から、茶室という簡素な美を導き出した。そして柳も、「無名」の古作品＝古民藝に「用の美」、あるいは次に論じる「健康の美」を見出したのである。このような例が示しているように、「無名性」の思想は、「有名＝有銘」に惑わされず、自分自身で直にものを見て、感じて、それから判断することを要請するのである。

柳によれば、この「直に見る」という直観的経験が欠如している場合、ひとは「美への認識を概念で組み立てようとする」（九―二一〇）。そのような概念理解の特徴は、たとえば絵であるならば、必ずある「流派との関係」でその絵を説明すること（目の前にある一枚をしっかりと語ることができないから他と関連づけて、知識でもって、比較する）、そしてその絵の美しさを説明するためにやたらと「形容詞」に腐心することであると柳は指摘する。「言葉はしばしば大げさであり、また字句は異常であり珍奇でさえある。しかもその言葉数が極めて多量である。彼（直に見ない者）は形容詞の堆積なくして美を暗示することが出来ない。これは彼の解説のまごうことなき特色である」。要するに「感じが乏しいが故に、強いて形容を重ねて感じを装う」ことになってしまう。それに対し、自分自身で直に見て感じることができるひとは、知的概念に依拠しない。だから言葉は無理をしなくても、自然に湧いて出てくる。「感じが波々と溢れれば、形容詞で造り上げずともよい。それは言葉を越えた言葉を求めるであろう。形容できるような美は、むしろ深く感じられた美とは云えないであろう」（以上九―二一〇）。柳の文章は単純明快であるが、「感じが波々と溢れ」てはいないだろうか。そしてこのような柳の指摘は、私たちが権威に惑わされないための、そして「大げさで異常で珍奇な言葉」や「形容詞の堆積」――実質のない美辞麗句に振り回されないための、一つの有効な指針になると思われる。

ところで、ひとたび発見された無名の美は、今度は「有名」となって権威づけられてしまう危険性がある。実際のところ、無名から出発したはずの民藝ではあったが、それが流行することによって、さまざまな弊害が現れてきたという。[27]とくに厄介なのが、柳によれば、民藝を批判する「外敵」ではなく「内敵」、すなわち「民藝を浅く理解したり、甘く受け取ったり、更に誤って解したりする人達」である――「これを是正しないと、民藝運動は内部から病気を受けて、その健全な成長を蝕まれる事になる」（一〇―一八〇）と柳は危惧する。そこで柳は、民藝という語が定着したあと、「再び民藝について」（一九四〇年）、「改めて民藝について」（一九五八年）、あるいは「三度民藝について」（一九五九年）という文章を識して、民藝という「有名」にとらわれて民藝の本質を見失うことのないよう、くり返し戒めている。[28]

無銘のものがよいからと云って、在銘のものが見えぬようになってはこまる。丁度今まで在銘のものだけ有り難がって、無銘のものの美しさが見えなかった過ちと同じようになっては困る。要するに見方の自由が大切で、之が乏しいと、何を見ても本当のものは見えぬ。民藝の美が見えるのはこの自由のお陰なのである。だから民藝ならざるものに対しても、同じ自由を働かすべきである。民藝という考えに囚われると、実は民藝をも見失ってしまう。（一〇―一〇六）

だから、いたずらに「民藝」という言葉を口にすることは、望ましい態度ではない。意外に思われるかもしれないが、柳は次のように述べている。

私は〈民藝〉という言葉を形容詞に用いる事すら余り好まない。〈民藝紙〉〈民藝建築〉〈民藝茶会〉などという言葉を聞くが、〈民藝的〉という特殊なものなら、すでに本筋から外れていると思える……真の民藝なら、本質的な美しさを持つわけだから、〈民藝的〉というような差別相が出ては、却って矛盾に落ちよう。民藝品の美しさは、民藝品だから美しいのではなく、そんな性質から自由に解放されているからこそ美しいのである。

（一〇—一八一）

民藝品は貴族品とは違うものだから、その差別を考えることは、民藝の性質を理解する一方便としてはよいが、民藝品は決して貴族品への対抗意識から生まれたものではない。そんな反抗的分別が現れる前に、ただ実用品として作られたのである。見る者は区別してもよいが、区別で見ただけでは民藝の本当の美しさは見えまい。

（一〇—一八五）

要するに、民藝理論における「無名性」は、有名性に対する無名性で終わってはならない。本来の「無名性」は、「有名＝有銘」にとらわらず、同時に「無名＝無銘」にもとらわれない態度、すなわち「有名・無名の彼方」に在るのでなければならない——まさに柳が期待する個人作家とは、この意味での「無名性」に達しうるような人間である。そして私たち自身もまた、このような本来の「無名性」という立場から離れてはならない。すなわち、「直に見る」ことを怠ってはならないのである。

なぜならば、「直に見る」ということは、ただものを見るだけの問題ではない。人間もまた直に見られるべき存在である。ひとそれぞれ、個性があり差異がある。ひとりとして同じ存在はない。それにもかかわらず、もし私たちがひとりの人間を「直に見る」ことをしないで、客観的権威＝世間的な評価基準によって——すなわち他との比較によって——人間を見るならば、私たちは、そのひとりの人間の真の価値を見出すことはできないだろう。そして「正しく見る者」のいないところに「正しく作る者」がいないように、その人間の真の価値に気づくことのできるひとがいなければ、その価値は、ほんとうの意味で活かされることはないだろう。そしてほんとうの意味でひとりの人間——代替不可能な存在——が活かされない社会、ただ客観的評価基準だけですべてが判断されるような社会は、暗い社会となるだろう。だからこそ情報が過剰となり、不確かな客観的権威が私たちの周囲に張り巡らされているような今日において、私たちひとりひとりが「直に見る」という根本に立ち帰ることは、きわめて重要な、喫緊の課題である。その意味でも、この「無名性」についての反省が求められるのである。

3　健康の美

民藝の美を構成する第三の条件は、「健康の美」である。筆者の見解では、この「健康の美」を提示しえたことが、哲学・思想家としての柳宗悦の最大の功績である。柳の思想は、あるいは「民藝の哲学」は、究極的にはこの一言に尽きるといっても、決して過言ではない。まず「健康の美」を「すべての美の標準」とみなす柳の主張を確認し、次いで、その美の特徴を明らかにしていきたい。

（1）　すべての美の標準

「健康の美」とは、文字どおり、健康であること、健全であること、健やかであることが表現する美しさである。先行する二つの条件、すなわち「用の美」と「無名性」から、この「健康の美」は生まれてくる。すなわち純粋に用に奉仕する態度や無名性のなかでの謙虚さ、それらがともに健康性を育み、「健康の美」を表現するのである。そして今度は、このように導き出された「健康の美」が、前二者を補うようになる。たとえば「健康の美」がなければ、「用の美」はたんなる機能主義に墜ちてしまう。しかし先に示したように、柳の説く「用の美」は、物質的用だけではなく、そこに心理的用が交わってはじめて輝くものである。そしてその心理的用を決定づけるのが「健康の美」なのである。もし心理的用が不健康であるならば、それは物心相互の正しい調和・バランスを崩し、物質的用をも損なうことになるだろう。あるいは、より根本的な問題として、人間にとって何が必要であり何が必要ではないかを——私欲を離れて——見極めるのも、すなわちものの正当な「存在意義」を定めるのも、「健康の美」の働きである。(29) またこの「健康の美」がなければ、「無名性」に気づくこともなく、「直に見る」ことの真意も理解されないだろう。自分の背後に働く広大な「無名性」を感じ取ることができず、有名性に憧れて「人間の病」に侵されるか、あるいは無名性に居直ることで、怠惰な生活が正当化されるだろう。もしかしたら無名性を匿名性に置き換えて、自らの責任を回避するかもしれない。そして現前の対象を素直に、ありのままに、「直に見る」ことをせず、先入観でひとを裁き、固定観念で物事を取り扱うだろう。そしてそのような自分の在り方について反省することもないだろう……。こうした逸脱の一切を防ぐのが、「健康の美」なのである。

先に述べたように、「用の美」「無名性」「健康の美」は相即不離の関係にある。この三つの条件が浸透し合って、民藝美は構成されている。それでも、やはり最後に示されるこの「健康の美」こそが、民藝理論の要諦であり、「民藝の哲学」の核心である。だから健康を「旗印」に掲げて、この美を生活のなかに実現させていくことが、精神文化運動としての民藝運動の「大願」であると柳は主張する。

> どんな理念が、この精神運動の中心を成しているのであろうか。それは美の健康化ということに尽きる。健全な美を生活に交えしめるのが大願である。〈健康〉の二字こそ吾々の旗印だといっていい。(九—五六六)

なぜ「健康の美」が中心になるかといえば、それは「健康の美」が「正当な美の理念」を示すからである。

吾々の目指すところは健康な美である。それによって保証される健康な文化である。私たちは美を健康な性質によって確実にせねばならぬ。それより正当な美の理念はない。(九―四六一)

ここに至って、「健康の美」が、もはや民藝の範囲内にとどまる問題ではないことが明らかになる。なるほど「用の美」や「無名性」は、あくまでも民藝という実用品・日常品に特徴的な条件であるだろう。しかしこの「健康の美」においては、民藝という枠を超えて、人間の営みの全領域において、普遍的な美の本質が問われるのである。

健康は最も妥当なる美の理念である。私たちは進んで美がどれだけ健康になるかを省みることによって、その美を評価することができる。健康性こそは美の標準である。健康は美的価値である。この価値を深く認識することこそ、将来の美学の任務ではないだろうか。そうしてこの美を表現することこそ、将来の芸術の眼目とする所ではないであろうか。それは文学においても、音楽においても、建築においても、すべての造形芸術においても、真摯に追求されねばならない理念である。どんな美も健康の美の前には価値が浅い。(九―二二一)

端的にいえば、この世にはさまざまな美がある。そのなかで柳は、「健康の美」という理念こそが、すべての美が最終的に拠り所とするもの、もっとも価値が深いもの、すなわち「すべての美の標準」であると主張するのである。そして柳によれば、まさに民藝こそが、この「健康の美」がもっとも的確に把握されうる領域である。なぜならば、民藝には、「健康の美」を実現する条件が整っているから――くり返し述べているように、誠実に日々の生活に奉仕すること、そして「無名性」の自覚において謙虚であること、こうした在り方こそが、人間に健康性を付与するのだから。

もちろん、「健康の美」は普遍的な美の理念であるから、民藝を離れても実現されうる――優れた美術、個人的芸術はみな、その力強い個性のなかに、必ず健康性を宿している。ただし、それは「自力道」であるから、道から外れる危険が少なくない。それに対し、「他力」に活かされている民藝から学ぶことこそが、私たちにとってはもっとも確実で、容易で、誤りのない道であると柳は説くのである。

（2）「健康の美」の特徴

それでは「健康の美」とは、いかなる美であるのか。すでに述べたように、それは純粋に実用に奉仕する心、無名性に感謝する謙虚な心から生じるものである。「健康の美」の現れを、柳は次のように描写している。

坦々として波瀾のないもの、企みのないもの、邪気のないもの、素直なもの、自然なもの、無心なもの、奢らないもの、それが美しくなくて何であろうか。謙るもの、質素なもの、飾らないもの、それは当然人間の尊敬を受けていいのである。それに何してても健全である。用途のために、働くために造られたのである。それもふだん使いにとて売られる品である。病弱では用途に適わない。自ずから丈夫な体が必要とされる。そこに見られる健康さは用から生まれた賜物である。（二一―一五二）

働くものは弱い体をもってはいられません。また不親切な心をもってもいけません。じきに毀れたり破れたり剝げたり解けたりするようなものでは役には立ちません。荒い仕事にも堪えるだけの丈夫な体と、忠実に仕えたいという篤い志とを兼ね備えていなければなりません。これらの性質に欠けるなら、よい品物と呼ぶことは出来ないでしょう。それ故品物の良し悪しを定める標準は、それがどれだけ健やかな心と体との持ち主であるかを見れ

ばよいわけであります。この点で品物だとて人間だとて変わるところはありません。（二一―一七四）

このような健康さは、不健康なものとの対比によって際立つ。不健康なものとは、「弱々しいことや、神経質なことや、たくらみの多いことや、角のあることや、冷たいこと」（二一―一七六）である。しかしそうした性質のものは、日常生活の伴侶としては、不適格であるだろう。日々の暮らしをともにするためには、やはり丈夫であり、使いやすいもの――「物質的用」を過不足なく満たすとともに、「心理的用」にも適った「心に逆らわない」もの――でなければならない。また廉価なものでなければならない――度を超えて高価であるならば、たえず傷や汚れが気になって、心が滞るだろう。そしてまた他の器物ともよく調和し、飽きのこないもの、そして使い込んでいくなかでますます愛着が深まるようなもの、すなわち「間接美」が輝き出るようなものでなければならないだろう。そこに「健康の美」が宿る――まさに「用の美」「無名性」「健康の美」は一つなのである。

もちろん、この世にはさまざまな美しさがある。それらを否定する柳ではない。

美には様々な相があろう。強い美や弱い美や、激しい美や静かな美や、鋭い美や優しい美や、楽しい美や悲しい美や、時としては皮肉な美や、冷酷な美や、陰鬱な美や、いろいろとあろう。どんな境地でも扱い方で美に化してしまうことが出来よう。美の対象とならない題材はないとまで思える。（九―二一七）

ただし、それらのなかに「非凡なもの」を求める気持ち――「何か驚嘆すべきもの、崇仰すべきもの、圧倒的なものに、美を求めたい希い」が強まるとき、人間は「異常なもの」に取り憑かれる。すなわち「悪魔的なものや、退廃的なものや、変態的なものや、夢幻的なもの」の表現に向かう。しかしそこには「神経的なもの、病的なまでに鋭利なもの」(九―二一八)が示されていると柳は指摘する。

そして人々が具体的な生活から離れ、「平衡を失するまでに知的要素が溢れる」ようになると、そのような病的な鋭利さはいっそう顕著になる。柳によれば、そうした現象は、自我意識が高まった近現代芸術において、少なからず散見される特色である。「芸術の多くは、生活全体の表現ではなくして、ひとり頭脳の所産になった、多くの作は鋭敏を示し、分析を誇り、神経を伝えるのに急である。そうしてしばしばそれらの作は凡人の理解を拒むが如く、奇異に走る。そうして多くは〈新しさ〉を強く標榜する」(九―二一八)。なるほど彼らは「天才」であったかもしれない。しかしそのような「天才」のうち「幾許かの者は狂者となって、不幸な天才の末路を示した」のであり、「病的なものに美はその奇怪なる花を開いた」(九―二一九)のである。

ちなみにそのような試み――それは「自力道」がいかに「難行道」であるかを示すものである――も、決して無益なことではないと柳は述べている。「それらの運動はいずれも美の歴史において何らかの存在理由をもつであろう。そうして或るものは一つの大きな働きをさえ為したであろう」(九―二一九)。それでもやはり柳にとっては、「頭脳の所産」であるような抽象的な美ではなく、具体的な日々の生活から生まれてくる「健康の美」こそが、すべての美の帰趣であり、最終的な美の理念である。なぜならば、結局のところ、具体的な日々の生活の場を離れて私たちは生きることはできないのだから。(30) さらにいえば、「真＝善＝美」は一つである。そして真実とは無縁の人間、正しさとは無縁の人間は存在しない、否、存在してはならないはずである。そうであるとすれば、美を一部の天才に限定する見方は許されない。だから「すべての人類が則らねばならぬ正道の美」(九―二一九)が示されなければならない。まさにそれが、純粋に用に奉仕する謙虚さから生まれてくる美しさ、小我を去って大我に、個性を去って超個性に生きるときに輝き出る美しさ――「用の美」と「無名性」から生まれ、そしてそれらと一つである「健康の美」なのである。

(3)　再び「健康」の問題

ところで、初期の科学論で言及したように、柳の思想における「健康」概念ならびに「健康という規準」に最初に注目したのは鶴見俊輔であった（本書三一頁参照）。そのような鶴見の論を受けて、同じように阿満利麿は、初期の「健康」概念を後の民藝理論と結びつけている。[31] 柳の思想全体を視野に入れて「健康」概念の重要性を明確に指摘したという意味で、この両者の功績は大きい。しかしながら、先の考察でも示したように、鶴見は、柳の処女作『科学と人生』第二部「メチニコフ」論のなかで用いられる健康という言葉に、「健康」概念の源流を見ている。だが、メチニコフ論で論じられている健康は、身体の健康性であった。その結果、「健康という規準」が、鶴見＝阿満の読解においては、身体的な意味での健康性に限定されているように見受けられる。たとえば鶴見は述べている。「後年の柳の仏教研究は……老年の理想の追求、安楽な死にむかっての精神の整備の方法と考えることができる」[32]。しかしながら、「あらゆる美の帰趣」であり「正しい美の標準」とされる「健康の美」における健康が、たんなる身体レベルでの健康性にとどまることができるだろうか――老後が安泰で健康に生活できれば、それだけでその人生が有意義であったといっていいのだろうか。そもそも趣味品を否定する民藝理論が、そのような余暇的なものであってはならないはずである。さらにいえば、柳晩年の仏教研究は、民藝理論を宗教的文脈から基礎づけようとする真剣な努力であって、単純に柳の老境の反映とみなすことはできない。あくまでも柳の意図する健康性は、身体からは区別された、精神的な文脈から理解されなければならないと思われる。

それでは、そのような精神的な意味における「健康性」とは何かといえば、大宇宙の永遠の法則である「理法」――科学的法則をも内包する広大な精神の法則――に従うという在り方である。振り返ってみれば、そのような法則を柳は求めつづけてきた。心霊研究や科学論では漠然としていたその法則のイメージが、ブレイク研究を経て、宗教哲学研究に進むなかで、柳のなかで純化され、明晰になってきたことはすでに示した――その軌跡を示すことが本書

第Ⅰ部の課題であった。要するに、「大宇宙・大自然の永遠の法則」であり「神の智慧」であり「道」であり「即如」であり「大我」であり「超個性」である。言葉はさまざまであるが、柳が訴えようとしているのは、このように宇宙全体を貫き支配している、一なる「理法」にほかならない。「物質的用」だけではなく「心理的用」を兼ね備えること、すなわちたんなる機能美ではなく心への影響をも考慮した「用の美」が実現されるのは、この「理法」に従うが故である。「型」に収まることで安定して美が生み出せるのは、そして自然の計らいという「他力」が働くのは、この「理法」と合致するが故である。あるいは柳が朝鮮の工藝に魅了されたのも、木喰仏を探し求めたのも、そして民藝運動を興したのも、そこにこの「理法」の曇りのない顕現を見出したが故である。日本民藝館は未来のために「美の標準」を示すことをその使命とするが、それは「直に見る」ことによって、この「理法」が体得されることを期待するが故である。さらにいえば、朝鮮や沖縄における柳の政治的言動は、「理法」から外れた非道に対する人間としての怒りである。そして「健康の美」も、この「理法」に則ることで発揮される美しさにほかならない。

このように、柳における「健康性」が、身体的な意味での健康性に限定されるものではないという事実は、「無傷な品物」の蒐集から柳が感じ取った、次のような印象からも確認される。

その人〔無傷なものだけを集める人〕の蒐集を見ると、どういうものか非常に窮屈な感じを受け、また全体として冷たくささえあった……全体として力がなく、大変厭き足らないものを感じた。なぜだろうかと考えた時、結局その人は完全さということの方を愛していて、ものの美しさを愛しているのではない。（九―五五九）

ここで柳が、その蒐集論において、完全な二流品よりも不完全な一流品を選ぶことを主張していたことを想起されたい（本書一二四頁参照）。要するに、身体的な健康性――ものが無傷であるか否かは、本質的な問題ではない。柳が身体の不自由なひとの文章に健康な精神を見ていたように（本書三一頁参照）、私たちは、身体を病んでいるからといって、その身体の持ち主を否定することはない——あってはならない——だろう。むしろ、私たちは、健康なひとからは得られないような心遣いを、病身のひとから貰うことがあるだろう。その心遣いは私たちの心を明るくするだろう——「体のともし火は目である。目が澄んでいれば、あなたの全身は明るいが、濁っていれば、全身が暗い」（『新約聖書』「マタイによる福音書」六—二二）。大事なことは、あくまでもその精神、その存在、その行為が、「理法」に適っているかどうかであり、「理法」に適っていれば、自然に「明るさ」が出てくる。そのような明るさこそが、「健康の美」の表現なのである。柳は述べている。

美しさにもいろいろあります。どれでも美しい限りには尊ばれてよいでありましょうが、しかしそのあるものは社会を幸福にさせ、あるものは生活を暗くさせます。（二一—一七五）

与えられた境遇は、ひとそれぞれである。しかしその境遇のなかで、この「理法」に適った生き方・在り方によって、それぞれの仕方で「健康の美」を輝かせること——それが自分自身を明るくし、周囲を明るくし、生活を明るくし、やがて社会全体を明るく幸福にするのである。そのためには、やはり私たちの生きる基盤である具体的な生活から出発しなければならない。そして「理法」への素直な服従が求められる実用品に目を向けて、何が「健康の美」であるかを見極めなければならない。それこそが工藝美から社会美の実現をめざす、そして私ひとりの幸せからすべてのひとの幸せを願う、民藝の「大願」なのである。

（4）「健康の美」と侘び・寂び

このように「健康の美」は「理法」に従うことから輝き出る美しさである。より宗教的な表現――後年になるにつれて柳が多用する仏教的な表現――をするならば、「平常の美」「正常の美」「尋常の美」「無事の美」である。このように類似の言葉を重ねて柳が伝えようとするのは、いずれも同じ一つのこと、人間の一切の作意なきところに「永遠の法則」が現れるという出来事である。要するに、作意がなければ、私たちはそのままで「無事」の境涯に入るのである。そしてこのような境涯に、柳は「渋さ」や「侘び・寂び」の境涯を重ね合わせる。

健康の美は質実の美であり簡素の美である。過剰な装飾や異常な価格を伴うものが、かえって正しい美に交わり難いのは必然である。かつて茶人たちが〈渋さ〉という言葉で讃えたものは、同じく簡素な謙虚な美ではなかったろうか。その雅致はかえって尋常なるが故に現れてくるのである。異常なものは渋さの美に深まることは出来ない。渋さもまた健康の境地をおいてその存在を得ることは出来ぬ。質実な性が人間において讃えられるのと同じく、美においてもまた健康が仰がれねばならぬ。（九―一二四一）

柳によれば、「渋さ」あるいは「侘び・寂び」という漠然とした言葉の内実を、この「健康の美」が端的に示している。[33]「侘び・寂び」とは、しばしば誤解されるような、雅致や風流を気取った態度でもなければ、趣味的な脱俗でもない。それは余計な装飾の一切が省かれた、それ故に簡素で謙虚な在り方――いったい私たちの生活において、ほんとうに必要なものはどれほどだろう――であり、しかもその簡素さをも味わいうる懐の深さ――「不風流也風流〔風流ならざるところまた風流〕」（一八―五五四）という境涯[34]――を表現するものである。なるほど「健康の美」は周囲を明るくするものであるが、同時にこのような爽やかさ、あるいは枯淡の境地――狙われた枯淡ではない――もまた、

「健康の美」の表現なのである。

(5)「健康の美」と原始芸術

このような「健康の美」に由来する「侘び・寂び」の境涯を、柳は「一切の執心から解放された心の静けさ」(一七―四八六)であると表現している。あるいは「寂静」であるともいう。そうであるから、「健康の美」についても、落ち着きのある、静謐な美の様子がイメージされるかもしれない。しかしながら、ここでの「寂静」とは、ただひっそりと静まりかえった状態を意味しているのではない。同じ沈黙でも、たんなる沈黙と、そのなかに強い意志が秘められた沈黙とがあるように、「寂静」とは、たんなる静けさではなく、静けさのなかにあって生命の躍動が感じられるような、いわば内に動性を含んだ静けさである。(35) たとえば柳は、原始芸術と民藝との関連性について語っている。両者はともに、自我への執着から離れた、自由な心境で制作されているのである。

何故原始芸術に驚嘆すべきものが多いかの理由は、彼らが文明人よりずっと自然人であり自由人たる故にあろう……原始芸術に帰ると、そこにしばしば意表を衝いた作風を見るのは、原始民が心に何の罣碍《けいげ》をも持たず、何ものをも怖れず自然に作り得たからである。その大きな特色は作る時の心に躊躇や逡巡がない点だと云えよう。右顧左眄などはしていないのである。美しく作ろうとか、作為を凝らすとか、そんな迷いを持つ暇もなく仕事が成されてしまうのである。ここでは彼らの無知が却って美に加担してしまうのである。(一八―五四九)

このような原始芸術がもつ力強さ、それを柳は「怪異(グロテスク)の美」と呼んでいる。「怪異の美」――柳はこの「グロテスク」という言葉が深みのない日本語になってしまったことを嘆いている――とは、柳によれば、決して否定的なもの、病的なものではなく、むしろ「真実なものの強調された姿」であり、躍動感に溢れた、健康性の表現である。

美が切迫してくる時、あるいは美が迫力をもって躍動する時、それは自ら怪異の相を示してくるのです……美が繊弱になったり甘くなったりする時代には、偉大な怪異の美を示す力がなくなってくるのです。逆にいえば怪異の美を生み得る時代のみが、真に力のあった時代だともいえるのです。(一五―八〇)

それが顕著に表現されているのが、柳によれば、西洋中世紀の芸術である。

西洋中世紀の芸術には多分にグロテスクの要素があります。やはり、破形への求めがひそむのだと思います。ややもすると甘さに落ちる宗教芸術はこの要素によって確かさ強さを失いませんでした。しかもグロテスクは奇怪なものへの興味からではなく、悪の力を善の力に対せしめる道〔善の堕落としての消極的な悪ではなく、軟弱化した善に挑みかかるような積極的な悪〕でもあり、そこには誠実なもの、健全な思想が働いていました。近頃の芸術に見られるグロテスクは、とかく猟奇的で変態的な趣きがありますが、中世紀のは健康さを乱しておりません。むしろ健康さが導いたグロテスクでさえありましょう。これに比べますと、現代のは、いたく病的だと思います。その表現には、暗さや苦しさや、痛ましさが目立って、心の平和は見られません。(一七―四四八)

なるほど民藝は日常のための実用品であるから、「怪異の美」は抑制されている。[36] しかしその潜在的な力――善が陥りがちな甘さや感傷、あるいは偽善を粉砕するような力――は、「健康の美」の奥底に含まれていると見てよいだろう。柳は、古作品＝古民藝に、「活き活きとした自然の勢い」や「延び延びした生命の悦び」を感じ取っていた（八一八九）――それは宗教哲学研究において、とくにベルクソン哲学から学ばれた表現であった。そして細かい技巧に走ることによって、作品から本来の生命力が失われると、くり返し注意を喚起していた（本書一八三頁参照）。

そのような人間本来の生命力は、「理法」と深く関わるところから生まれてくる。それはすでにブレイク研究において「生命の実現」と表現されていた出来事である。だから、「理法」が生活空間を充たしていた時代、すなわち「美が繊細になったり甘くなったり」してはいなかった時代において、偉大な「怪異の美」が生まれ、また同じ時代に、力強い古作品＝古民藝も生まれえたのである。

要するに、「健康の美」のなかには原始的な生命の躍動感がある。だから「健康の美」が示す謙虚さやつつしみ、あるいは簡素な「侘び・寂び」における「寂静」を誤解してはならない。「健康の美」とは、健康的な美しさが生まれてくる暮らしとは、そしてその暮らしがもたらす美しい社会とは、簡素で謙虚でありながら、同時に生命の躍動に満ち溢れた、あらゆるいのちが輝くような、活気ある社会である。だからこそ、自らを明るくし、周囲をも明るくすることができるのである。

（6）ベルクソンにおける「知的健康」との対照

すでに確認してきたように、宗教哲学研究、とくに神秘思想の研究を土台にして、柳の民藝理論は構築されている。そして民藝理論の核心にあるのが「健康の美」であり、「健康性」の概念であった。

ところでベルクソン――柳が愛する哲学者（第二章注11参照）――が、その晩年の著作『道徳と宗教の二源泉』のなかで、まさに神秘思想家の精神が示す健康について論じている。柳はその著作の詳細を知らないと思われる。[37] しかし、両者ともに、神秘思想から「健康性」の概念に到達しえたという事実は、興味深いものがあるだろう。そこで試みにこの両者を対照させてみたいと思う。この試みによって、健康性の概念の内実を確かめると同時に、柳の「民藝理論」あるいは「健康の美」という思想を哲学史的な文脈にのせることが目的である。

まずベルクソンは、神秘思想家（以下神秘家とする）――「理法」に直に触れうる人間――の精神状態を、身体的な健康性と区別して、「知的健康（santé intellectuelle）」と呼ぶ。「知的健康」は次のように説明される。

知的健康は、行動への関心、諸々の状況に適応しそして再適応していく能力、柔軟さに結びつく毅然とした態度、可能事と不可能事の予言的な見極め、複雑さを打破する単純さの精神、要するに優れた良識として提示される。それはまさに私たちが語る神秘家たちに見出されるものではないだろうか。そして彼らは知的な壮健さの定義そのものに役立てられるのではないだろうか。[38]

さらにベルクソンは、「偉大な神秘家にはどっしりと安定した、例外的な知的健康がある[39]」と、あるいは彼らには「神的な謙虚さ」があるとも指摘している。

彼らは〔神秘的経験による〕高まりから傲慢になることは断じてない……逆に彼らは非常に謙虚である。[40]

このようなベルクソンの提示する「知的健康」概念を、柳の説く民藝理論ならびに「健康の美」と関連づけるならば、以下のように整理することができるだろう。

(1)「行動への関心」とは、神秘家が抱く愛は、具体的な行動となり、際限なく拡がっていくということを意味する。ベルクソンは、人間の心＝魂のうちに、閉じようとする（自分ならびに自分の身内を守護しようとする）傾向と、それに抗って、開こうとする（自分の閉鎖性を克服しようとする）もう一つの傾向を見出す。そしてベルクソンは「閉じた魂」にもとづく家族愛・祖国愛と、「開いた魂」にもとづく人類愛を質的に区別し、後者の人類愛を可能にさせるのが神秘家の愛であると指摘する。簡単にいえば、神秘家は、自他の区別のない境涯――主観・客観に分かれる以前、すなわち例の「即如」――に生きる。だから、彼らの愛には限界がなく、自分および自分たちだけが幸せになればいいとするような、「閉じた」発想はない。まさに民藝運動が工藝美を通して社会美の実現をめざし、すべてのひとが「健康の美」と交わることをその「大願」とするのも、このような「開いた魂」から生じる愛であり、「行動への関心」であるといえるだろう――柳がつねに「無私」であったことを想起されたい。「無私」とは、自他を区別しないことである。

(2)「適応・再適応」というのは、自然の法則に素直に従った在り方を意味しよう。人間も含めて、生命はつねに流れ、変化していく。その変化を認めることができず、いいかえれば現在を「直に見る」ことをせず、過去のあるいは未来の一時点にとらわれることを、ベルクソンは「こわばり」と呼ぶ。それに対し、「理法」に触れる――生命と一つであるような神秘家には、この変化に対する適応力が備わっている。そして過去に学びつつ未来志向であり、既存の価値にとらわれないことを求める民藝も、変化に適応・再適応する態度を要請する。なぜならば、「直に見る」とは、今の自分の目の前にある具体的な現実を見ることであるから。

(3)「毅然とした柔軟さ」とは、自然の法則からの逸脱が許されない厳しさのなかで、その不自由さの故にかえって自由――本来的自由――があるということ、すなわち「理法」に従うことによって活き活きとした生命の躍動が生じることを示している。「毅然さ」が欠けると、自我意識の放縦すなわち「人間の病」による緩みが生じる。しかしまた「柔軟さ」に欠けると、自我意識は硬直し、慣習にとらわれ、生命力は枯れてしまう。それもまた先述の「こわばり」になる。そこには美しさは出てこない。

(4)　「可能不可能の予言的見極め」とは、「理法」に通暁することで修得される、未来に対する判断力を意味する。ある出来事が「理法」に適っていれば、それは将来的に可能であり、「理法」から外れるならば——一時的には可能であるとしても最後には——不可能に終わるということの直観的把握である。

(5)　「複雑さを打破する単純さの精神」とは、民藝理論的にいえば、一切の技巧、装飾を排除し、純粋な実用に徹したところに現れる「単純性」である。それが健康性の証である——「健康な性質の品物は、自ずから単純な形をとる」(一一―一七六)。ともかく人間には欲がある。すなわち自己主張という病があり、それが次から次へと複雑さを生み出してしまう。その欲を断ち切ること、自我に対する執着を離れること、それが単純さの精神である。またこの単純さの精神が、一切の先入観、固定観念にとらわれず、諸現象の複雑さの背後に一挙に本質を把握する態度、すなわち「直に見る」態度につながる。先に言及したように、柳は民藝を固定化する「内敵」に警戒していた(本書二二三頁参照)。「永遠の美」に関わる民藝は、つねに背後にある普遍的な本質を源泉として、いつでもそこから新しさを汲み取りつづけるものでなければならないのである。

(6)　「どっしりと安定した」様子というのは、「健康の美」の特徴を端的に示している。「健康の美」は、まさに日々の生活を着実に行いうるところから生まれる美しさである。「荒い仕事にも耐えるだけの丈夫な体と、忠実に仕えたいという篤い志とを兼ね備えていなければなりません」(一一―一七四)——どっしりと安定した精神がなければ、どうして日々の暮らしに耐えられよう(ちなみにこの「どっしりと安定した精神」の持ち主として筆者が思い浮かべるのは兼子である)。

(7)　「謙虚さ」とは、背後の「無名性」に対する気づきである。すなわち自分の存在が贈与されたもの——無限の他者としての「無名性」によって与えられ支えられているという形而上学的事実＝他力に対する深い自覚である。

この謙虚さを欠くと、たちまち自我を誇る「人間の病」が発生する。それを抑制することが――正確にいえば、実用に奉仕することで必然的に抑制されることが――「用の美」から出発する民藝理論の基軸である。

(8) 最後にベルクソンの「知的健康」は、生活の単純さを要請する。自給自足を旨とする修道院に象徴されるように、神秘家たちは、単純な生活によって心身を養ってきた。今日のように、極度に複雑化し、人々が具体的な生活を喪失し、抽象的に生きているような時代にあって、ただ生活の単純さこそが人間精神の「知的健康」を調え、そして人類の存続を可能にさせるということが、ベルクソンの晩年の信念である。[41] だからベルクソンは、現代が直面している危機的状況を救うための「唯一の良薬は単純な生活への回帰[42]」であり、「人類は、その存在を複雑化するために注ぎ込んできた熱烈さと同じだけのものを用いて、その存在の単純化を試みなければならない[43]」と、くり返し説いている。同じように民藝理論も「人間の病」からの救済を説く。そして民藝理論が「地方性」を重要視することや「直に見る」ことを要請するのも、それぞれの土地と結びついた具体的な日常生活の取り戻しを意図しているといえよう。なるほどベルクソンが求めるような「単純な生活への回帰」は、もはや不可能なのかもしれない。それでも民藝が「古作品＝古民藝に学ぶ」ということは、かつての単純な生活の時代から生み出されたものをとおして、そこに確実に示されている「理法」を学ぶということである。そしてその学びを今の時代に――復古ではなく、現実を直視し、未来を見据えて――生かしていくこと、すなわち「健康の美」をとおして世の中を明るくしていくことが、民藝の願いなのである。

以上、柳の語る「健康の美」が、ただ民藝理論を構成するだけではなく、哲学史的な観点から見ても、意義深い問題を提示していることは明らかにされたと思われる。最後に重要なことは、ベルクソンが「彼ら〔神秘家たち〕は知的健康の定義のために役立てられる」と述べていたこと、すなわちあくまでも「知的健康」を具体的に示す一つの例として、神秘家たちが論じられていたということである。要するに、ベルクソンの意図する「知的健康」とは、一部の神秘家だけに限られた特権的な境涯ではなく、潜在的な可能性として、私たちすべてに対して開かれている――かつて柳が神秘家を「公有」とみなしていたことを想起されたい（本書四七頁参照）――課題なのである。それはすべてのひとを「健康の美と結縁させる」ことを求める民藝と同じ方向をめざしているといえるだろう。

4　今日における民藝理論の可能性

これまでの考察によって、柳の民藝理論の全体像を示すことができたと思う。「真＝善＝美」は究極的には一つであるという大前提に、自我意識が抑制されることによって「理法」や「永遠の美」に授かり本来の生命力が発揮されるという世界観に、あるいはその変わらない純粋無私な理想主義的性格に、民藝理論以前の柳との連続性を見出すことができるだろう。そしてその連続性とともに、哲学・思想家としての柳宗悦における一つの着実な発展の軌跡を見届けることもできるだろう。

ところで、すでにくり返し述べてきているように、柳は未来志向である――民藝理論は時代を超えた普遍的真理を時代のなかに表現するという、柳の揺るぎない信念のもとに構築されている。そうであるから、私たちには、この民藝理論を現代に、また未来において継承していくことが要請されている。

しかしながら、これまでも指摘してきたように、その理論のいくつかは、もはや現実的ではないだろう――手工藝は機械工藝に駆逐され、自然素材はいよいよ乏しくなり、自然法則に従った素直な制作は困難になった。協団の理念は挫折した。地方は小都市化し、民藝の故郷である「地方性」は消滅してしまった。もはや人々が仕事に喜びや誇りを抱くことは稀であり、労働は苦痛である……。このような現代において、それでも民藝がその存在意義を保ちつづけることは可能だろうか。

もちろん理想主義者・柳であるから、おそらくは新しい時代においても、民藝の精神を説きつづけることであろう。そして「息子の私をおいては真に宗悦の理想を生かしうるものはないと私は信じて疑わない」と断言する柳宗理は、バウハウス（第一次世界大戦後のワイマール時代のドイツで展開された、機械工藝による生活の芸術化運動）と民藝との共通性を指摘しつつ、民藝が担いうる現代的意義について、次の四点を挙げている（宗理三一五〜三一七）。それは第一に「用の美」、すなわち実用に徹することから自然に生じる美しさを尊ぶこと。第二に「材料」、すなわち素材の自然な性質に従い、素材を生かした制作をすること。第三に「クラフトマンシップの精神」、すなわち自らの制作に対して作者が責任――制作されたものに対する責任と、そのものが周囲に、時代に、人類に及ぼす責任――を自覚すること。第四に「量産」、すなわち多量につくることによって廉価を可能にし、人々の日常生活を豊かにすること。(44)

すでに見てきたように、これらはすべて、柳の民藝理論に含まれているものである。なかでも注目すべきは、第三の「クラフトマンシップの精神」であると思う。柳宗理は述べている。

現代の科学的技術利用の放任は、すこぶる利己主義的な目的にのみ利用され、安っぽいため商品をはびこらせるのみならず、自然環境の破壊や幾多の歪みと矛盾を現出させた。原子エネルギーもその用い方によっては人類破滅となるやもしれず、このことは今日の差し迫った緊急の問題とならざるをえなくなった。この途方もない科学技術の恐るべき利用の仕方に対して、民藝のクラフトマンシップの精神は一つの反省的警告とみなしうるのではなかろうか。（宗理三一六）

このような「クラフトマンシップの精神」を生み出すものこそが、柳の求めた「健康の美」にほかならない。「理法」に則り、社会を美しく、正しく、明るくすることが「健康の美」であり、「理法」から外れて、社会を暗く醜くするのは、不健康・病的な美である。そうであるから、私たちが人類の未来について真摯に想うとき、民藝理論が「旗印」に掲げるこの「健康の美」こそが、私たちの進むべき道を見極めるための主要な判断基準になってくるとはいえないだろうか[45]。

柳の民藝理論は、時代に応じて部分的な修正が必要であるとしても、間違いなく普遍的真理を含んでいると思われる。そこから何を汲み取り、何を自らの糧としていくか、それは各人に与えられた課題なのである。

第Ⅲ部　民藝理論以後

民藝の道を切り開いてからの柳の思考は、もはや民藝ならびに民藝理論を離れることはない。しかし柳の旺盛な思考力——つねに何かに情熱を傾けて生きるという理想主義的傾向——は、民藝の領域に閉じこもることはできない。つねに新しい切り口を見せる日本民藝館の展示や、全国各地に赴き民藝の将来を模索しつづけた民藝運動と併行して、柳は茶道について論じ、最後には仏教美学の提唱に向かう。もっとも、それは決して何か新しいことを始めたということではない。茶道論も仏教美学も、すでに民藝理論に含まれていたテーマであり、それをさらに発展させていったのである。第Ⅲ部では、その両者について、簡潔に論じることにしたい——それぞれが大きくまた深い問題を担っているので、本書では十分に論じ尽くすことはできない。詳しくは別の著作が必要とされよう。

第八章　茶道論

1　茶道への共感

民藝と茶道との関係は深い。なぜならば、茶道とは、道具の鑑賞に終わらず道具を実際に使用する道、すなわち実用的工藝品によって成り立つ世界であるから。そのような茶道を柳は「工藝の美学」と呼ぶ。

茶事は工藝的なるものに終始する。諸道具はもとよりである。書画の掛軸といえども、表装との階調である。それを工藝的なものになさずば用いはしない。茶室こそは工藝品の綜和である。庭園の配置は工藝化せられた自然である。点茶の動作、また工藝的な所作に外ならない。いずれも用に発し生活に根差した美しさである。いい得くば茶は生活の模様化である。茶礼は渾然たる立体的模様である。工藝的なるものを離れて茶はその道を樹てない。美を工藝に観じ、工藝を美に観ずるところに茶道の特性がある……生活に美を即せしめることなくして、彼ら〔初期茶人たち〕は美を語りはしなかったのである。かくして彼らは工藝に美の永遠な位を贈った。茶道は工藝の美学である。（一七―二〇四）

さまざまな工藝品のなかで、中心になるのは茶碗である――日常生活において用いられる器物のなかで、もっとも不可欠なもの、つねに私たちの傍らにあるものは、やはり茶碗であるから。したがって、民藝においても、茶碗は「華」である。そして茶碗に関わる限り、民藝は茶道と無縁であることはできない。そうであるから、早い時期から、柳は茶道を意識していた。日本民藝館が設立されたのと同じ年（一九三六年）、柳は『茶道を想ふ』という小さな本を出している。その後、『茶と美』（一九四一年）を刊行し、また晩年には、民藝品で道具立てした「民藝茶会」を主催している。(1)

このように柳は茶道への共感を示す。そして民藝理論との関係において、茶道の功績を語る。整理するならば、それは次の四点で示されよう。

(1)　直に見ること

すでに「根拠としての〈大名物〉」（本書一六四頁参照）で述べたように、柳が自らの先達――「工藝美に関する偉大な先覚者」（八―二〇六）としているのは、初期茶人たちであり、彼らの「創造的直観」であった。彼らが無名の、平凡な、日常づかいの雑器を茶器として選び出したこと、あるいは「茶室は元来農家などの賤ヶ家《しずがや》に範をとったものである」（一八―一七五）こと、すなわち彼らが真に民衆的なもののなかに普遍的な美を発見したこと、そこに柳は、民藝理論の有力な根拠を求めていた。まさに初期茶人たちは「直に見る」ことを実践した人々であった。このように茶道の出発点が「直に見る」ことにある限り、茶道は今日においても現在進行形でなければならない。だから柳は、「大名物」に相当するものを、現在あるいは未来においても発見し、さらにつくり出していく可能性と義務について述べていた――まさに茶祖たちの「直に見る」精神を継承していくこと、それが茶道に課せられた使命なのである（もちろん「直に見る」という場合、「正しい美の標準」すなわち「健康の美」が体得されていなければならず、そのための修養が必要とされることはいうまでもない)。

(2) 型に入ること

茶道とは、茶人たちの感性と工夫とによって、「型」にまで純化された茶の儀礼であり、「型」に従うことで「理法」に交わる道である。

用ゆべき場所で、用ゆべき器物で、用ゆべき時に用いれば、自ずから法に帰ってゆく。一番無駄のない用い方に落ちつく時、それが一定の型に入るのである。型はいわば用い方の結晶した姿ともいえる。煮つまる所まで煮つまった時、ものの精髄に達するのである。それが型であり道である。(一七―一九八)

型は定型ともいえるので、一種の決定された様式になる。しかしこの様式は実は必然さがそこに導いたのであって、無理して形を整えたのではない。動作を一番無駄のない本質的なものに還す時、一定の型に納まるというまでなのである。それ故必然さを離れた型は、真の型ではない。型はむしろ当然なもの、どうしても自ずからそうなる自然さを持ったものといわねばならぬ。それ故その背後にある必然さを失うと、型は単なる形式に陥って、自然さに背いてしまう。形に執すると不自然に落ちるのはそのためである。型は静ではあるが、その静は動の煮つまったものであることを忘れてはなるまい。(一七―三一五)

「無名性」において述べたように、民藝においても「型」に従った制作がなされる。それは実用に徹することで、余計なものが削ぎ落とされ、ものの「本質」に到達した結果であった。そしてその「型」に従えば、誰であろうと、間違いのない制作が可能になり、自ずから美を生み出すことができるのが「他力道」であり「安全道」である民藝の世界であった。同じように、茶道においても、「型」に素直に身を委ね、そしてたんなる形式としての「型」を超え出て「ものの精髄」に達することで、「理法」の道を深めることができる――まさに茶道は「理法」に触れて「人格を高め浄める機縁」としての「美の宗教」なのである。ここで大事なことは、「型」に素直に従うということによって、自己主張＝作意をつつしむということである。そうでなければ「理法」に触れ得ないことは、すでに民藝理論が示したとおりである。それは宗教的にいえば「無心」であり、我執を捨て去った境地である。だから柳は次のように「茶人の資格」を語る。

人間として、どこか無心の浄さを持たず、私欲に縛られていては、〈茶〉の世界には入りきれぬ。仏法のみならず、すべての宗教という宗教は、皆「私を越えろ」という教えだが、茶もまた、人間を浄める道であり、また浄い心で初めて〈茶〉を道にすることが出来よう。この意味で、茶の道は心の道であるから、俗に囚えられていては、茶人にはなれぬ。（一七―六八）

（3）　美と生活との結縁

すでに述べたように、茶道は器物の鑑賞に終わるのではなく、実際に器物を用いることで心を修める道＝修行である。ところで器物とは、なによりも用いられることでその本来の性質――実用品としての在るべき正しさと美しさ――を発揮するものである。このようにあくまでも実用品として器物をよく使いこなすこと、すなわち生活から切り離された美を鑑賞するのではなく、生活と美とを一つに融合させるところに、柳は茶道の大きな意義を見出す。

生活で美を味わうのが、真の茶である……真の茶人たちは物を生活に取り入れて使いこなした。見ることから用いることへ更に道を深めた。生活で美を味わったことこそ、茶道の絶大な功徳である。（一七―一九六）

日常生活を美しくし、社会全体を美しくすることが民藝の理念だった。そして茶道もまた、生活と美とを一致させることによって、同じ理念を共有するのである。さらに柳は、茶道が「器物に心を入れ、これを大切に扱う風習のある」（一七―三一九）ことも高く評価する。その風習を身につけるだけでも、私たちには茶道を学ぶ意味があるといえるだろう。

（4）「健康の美」の表現

「大名物」を見出した初期茶人たちの眼は「健やか」で「正しかった」と柳は讃える。彼らは「平易なもの、素直なもの、質素なもの、簡単なもの、無事なもの」に「健康の美」を認めたのである（一七―二〇三）。そのような「健康の美」が、とくに茶道において提唱されてきた「侘び・寂び」の境涯に通じることはすでに述べた。要するに、質素で枯淡な美、別のいい方をすれば「和敬静寂」の美が、「健康の美」の表現の一つであった。そしてそのような「健康の美」は、柳によれば、ただ器物に現れるだけではなく、それを扱う人間の心の在り方、すなわち「茶境」に直結するものである。

茶道において美を修するは、〈究竟《きゅうきょう》〉の境に住まわんためである。和敬を体し静寂に参ずるなれば、ゆめ心に濁りがあってはならぬ。茶礼も所詮は修行の一路である。（一七―二〇六）

茶道は物の教から心の教へと高まる。心なくしては物が活きるであろうか。よき物を有つことと、よき心を有つこととが、一つになるまで深まらねばならぬ。物は心を呼ばずば未だ物たり難く、心は物を活かさずば未だ心たり難い。美しき物が如何に多くあろうと、それだけでは茶器にならぬ。すべての物は心の現れにまで進まねばならぬ。心を忘れて誰か物のみを活かすことが出来よう。心が誠たらずば物も誠たることは出来ぬ。心と物と茶境においては一如である。（一七―二〇五）

このように語る柳にとって、茶道の究極的な目的は、器物を用いることで自らの心を整えることである――「器を手にするは心を整えんがためではないか」（一七―二〇六）。要するに茶道とは、曇りなき目で対象を「直に見る」ことにはじまり、伝統の「型」に素直に従い、器物を生活のなかで正しく用いることによって「理法」に触れ、自らの心をその「理法」に近づけていく修行なのである。そのことによって、自己自身において健康性が体得される。そしてそこから周囲を明るく照らしていくこと――美を媒介として人々と「共に活きる」ことを願うのである。柳は次のように述べて、茶の「道」を讃える。

茶人たちの鑑賞の著しい点は、そういう落着いた静かな美しさの中に、共に活きたいという志向を持っていた点にあると存じます。つまり美しさを介して、平和を、身に味わうということが、茶生活の面目でありました。〈茶〉にはかかる心の幸福がありますので、これが長く〈道〉としても栄えるに至った力なのだと存じます。

（一八―二五七）

2　茶道界批判

筆者は、『茶の本』の岡倉天心、『茶の精神』の久松真一、そして柳宗悦に、近代日本における茶道哲学の系譜を見ている。(2) しかし岡倉天心も久松真一も、既存の茶道を全面的に肯定している。ただ柳だけが、前述のように茶道に深い共感を示し、その功績を讃えつつも、茶道をとりまく現状——茶道界に対して厳しい批判を行っている。(3) その批判は、その功績を担うべき茶道、すなわち本来の茶道が、今日では見失われているという危機意識から生じたものである。以下、先の四点と対照させつつ、柳の茶道界批判の意図を見届けたい。

(1)　直に見ることの障害

なによりも柳が批判するのは、いわゆる「茶道的」な制度・慣習が、民藝理論の前提である「直に見る」ことの障害になっているという現状である。茶道界は世襲制の家元を中心とした封建制度に依拠しているため、とかく権威が幅をきかす。家元による箱書が添えられたものや、由緒ある「有銘」なもの、あるいはこれもまた世襲制の工藝一家による作品が、無批判的に高い価値をもっている。なるほど柳はそのような心情を全否定してはいない——「伝承を尊ぶ風にも、何かゆかしい点がある」(一七—三一七)。(4)

しかしながら、冷静に考えれば、「かかる箱書を悦ぶことと、物そのものの美を悦ぶこととは別」(一七—三一七)であるのは自明である。箱書や銘を悦ぶということは、ものそのものに対する悦びではなく、ものに付随する権威に対する悦びであり、そして自分がその権威に授かっていることに対する満足感、すなわち虚栄心にほかならないだろう。そのときひとは、ものそのものを「直に見る」ことを最初から放棄している。だから今日では「余りにも箱書や銘に沈んで、物を直に見る習慣を喪失した」（一七―三一八）と柳は嘆くのである。そしてこのままだと「箱書のために、むしろ物を見る眼が濁り、ついには物が見えなくなるようなことが起こる」と危惧する。しかし初期茶人たちは、つまり茶道を創出した根本精神は、決してそうではなかったはずである――「茶祖は茶道で物を見たのではない。見たから茶道が起きたのである」（一九―一九四）。民藝は「発見」であり、茶道もまた「発見」である。いたずらに「民藝的」という表現を用いることがすでに既成の「民藝」概念にとらわれ民藝の趣旨から外れるのと同じように（本書二二三頁参照）、いわゆる「茶道的」な見方にとらわれると、本来の茶道を見失う。そこでは過去の文化の維持・保存が主なる目的となり、大いなる生命としての「理法」――つねに新たに把握されなければならない――から離れ、もはや活き活きとした自由の働きが出てこなくなる。だから柳はいう。

今の吾々に必要なのは、再び自由な見方を甦らすことである。茶祖たちが持ち得たその自由である。彼らは美しいものを美しいとしたのであって、型に当てはまる故美しいとしたのではない。だからこそ茶器でないものを茶器になし得たのである、この意味で彼らは創作家であった。真の茶人は常にかかる創作家たるべきである。（一七―三三三）

権威に依って判断することはあくまでも知的判断である。しかし美を感じるのは心である。お道具の説明・講釈を聞いて承服させられるのではなくして、自ら「直に見る」ことによって、自分自身で直接美しさを感じることができれば、そこには必ず心の躍動があるだろう。その躍動こそが自由であり創造力の源泉であり、それが未来の茶道に息吹を与えるのである。だから今一度、「直に見る」という原点に立ち帰ることを、柳は強く求めるのである。

（2） 型が生きていないこと

柳によれば、茶道は――民藝において実用に徹した制作が「型」に逢着したように――必然的な動作が「型」に煮つまり、「理法」と交わったものであった。そこで重要なのは、意味のある生きた「必然さ」である。そうであるから、いたずらに結果としての「型」にとらわれるのではなく、その現在における必然性――民藝的にいえば今日の実用性(5)――を正しく見なければならないと柳は説く。

茶礼の法式は、必然さに基づいて、自ずから一定の動作に煮つまったのであるから、その必然さが大切で、型が不変なのではない。時代が変わったり、場所が違ったり、室の構造が新しくなったり、器物の形が異なったり、また季節の差があったりしたら、その時この必然さにつれて、型にも変化発展があってよい……勝手気儘では、法を乱すが、それを凝固させては、また法の心に悖《もと》ろう。真の法は固定したものではなく、流動する生命である。それが法に則るので、おのずから型に納まるというに過ぎない。（一七―六六）

民藝理論における未来志向と同じ精神がここにも現れている――「永遠の美の法則」は普遍的であるが、しかしその表現は、その時代にふさわしい仕方で表現されなければならないのである。ところが「直に見る」ことをしないと――すでに初期思想形成の頃から幾度もくり返されたベルクソン哲学的な表現であるが――「流動する生命」が「凝固」してしまう。「それが伝統だから」「そのように決められているから」というような言葉に拘束されて、目の前の現実を直視することができなくなってしまう。そして昨今の茶道界においては、ひとは知識としての茶に精通し「こまごまとした法式を心得て」いるが故に、かえって「その智慧に縛られて、茶を不自由なもの」にしてしまう傾向――民藝において制作が複雑化することで生命力が失われていくのと同じような傾向（本書一八三頁参照）――があると、柳は指摘するのである（一七―六七）。

もちろん「勝手気儘」では「法を乱す」ことになるだろう。ここでも厄介なのが、例の「人間の病」、すなわち自己主張であり作意である。「しばしば吾々は無駄な所作に会う。時としてはわざとらしい型に会う。時としてはいやらしい誇張に会う。時としては気取った仕草に会う」（一七―三一六）というのが、さまざまな茶会で実際に柳が目にしたところである。しかし「茶道の美しさは法の美しさである。個人を露わに出す茶はよき茶とはならぬ」（一七―一九八）。したがって本来の茶人であろうとするならば、一切の自我意識を超えて「理法」に活かされるところ、自己を媒介として「理法」が顕現するところ、「茶が茶を点てる」――これは次に述べる仏教美学における「念仏が念仏する」という境涯と同じである――ところまで進まなければならない。

茶を点てることに、己が残ってはならない。茶がおのずからにして、茶を点てるまでに至って、点茶の生命が活きる。それゆえ、手さばきが巧みなのは、茶人として当然な資格の一つではあるが、巧みであって、巧みさが消えていないと、本当の資格にはならぬ。（一七―六七）

いたずらに型にとらわれるのは「型に死ぬ者」であり、反対に自意識にとらわれ型に入りきれないのは「型を死なす者」であると柳はいう（一七―六八）。いずれにしても死んだ型は、生命のない「単なる形式」（一七―三一六）に墜ちる。そうであるからほんとうの意味で「型を活かす者」――「流動する生命」としての「真の法」に生きる者――「法美」の体現者となることを、柳は要請するのである。

（3）美と生活とが切り離されていること

また柳は、茶室内（＝茶をたしなむ特別の時間）と茶室外（＝日常生活のすべて）とが切り離されているような在り方を批判する。「今の茶がとかく茶室内の茶であって、露地より一歩出ると〈茶〉が消えてゆくような〈茶〉はどういうことか」（一七―三三四）と柳は問うのである。

茶事を茶室で行うのは当然だが、一歩茶室を出て、家庭の暮らし、不断の居間、茶の間や台所に入ると、およそ〈茶〉の心とは関係のないものが沢山使われている……何も日々の暮らしのすべてが茶事でなくともよいが、しかし茶室と茶室外とが余りにも縁がないと、その茶室は全くただの余所行であって、暮らしとは矛盾したものになってしまう。（一七―三三三）

それは決して茶事に用いる道具（それなりの価値をもつだろう）を日常生活でも用いよという意味ではない。しかし「茶は一つの美の標準を吾々に与えているのである。どんなものも一応この標準で整頓されてよい」（一七―三三四）。だから茶室内と茶室外との間には、途切れることのない連続性がなければならない、いわばその生き方のすべてにおいて「茶精神」（一七―三三四）が貫かれていなければならないと柳は説く[6]。茶道の修練によって磨かれた美的直観、あるいは「型」に入ることで体得しえた「理法」に即した所作や心遣い、そうしたものを「日々の暮らしに深く交えてこそ始めて茶室の〈茶〉が活きてくる」のである。だから「不断の人に茶人の面目があってよい」（一七―三三五）――茶が「茶室」に限定される限り、茶の本来の意義は輝かない。それ故に、志ある茶人は、茶室を超えて、日々の生活を「茶精神」で満たしていかなければならない。それはこの世の中に「茶精神」を実現させていく道程である。ここに「美の宗教」としての茶道の使命があると柳は主張する。

この在家の〈茶〉が栄えぬと、〈茶〉の心は拡まらぬ。真の茶人とは、民衆と深い交わりを持つ者を指すのである。茶の道は、美しさによる済度の道といえよう。（一七—七二）

そして今日の茶道界がそこまでの使命感をもっているかどうか、柳は厳しく問いかけるのである。

（4）「健康の美」が輝かないこと

最大の問題は、前述した諸々の障害によって、「健康の美」が発揮されなくなることである。そのとき茶道は「理法」から離れ、「道」とは無縁な「玩び＝遊び」になってしまう。

とかく〈茶〉は玩びに堕しやすく、たかだか趣味に止まってしまう。少し進めばすぐ巧者に陥る。だがあらゆる自負、気取、好事、技巧、それらと道と何の結縁があろうか。〈茶〉は今も盛んではあるが、道まで盛んだとはいえぬ。（一七—二〇五）

柳によれば、そのような不健康な茶を象徴するのが「金持の茶」である。しかし「金があって物を所有していたとて、その人が直ちに〈茶〉へのよい理解者であることを保証しない……多くの場合（すべての場合とはいえぬが）、金持たることと、真の茶人たることとはなかなか両立し難いところがある」（一七—三二四）。それはどうしても金力に頼り、金力を価値判断としてしまうから、そしてその金力に群がる人々に囲まれてしまうから。柳は、茶はやはり「一般の人々」の茶でなければならないと説く。

〈茶〉は何よりも、一般の人々の〈茶〉である。金持にならねば〈茶〉は行えぬとか、金持の〈茶〉が一番立派な〈茶〉だなどと考えるのは、大きな誤りである。むしろ金持になると誠の〈茶〉は行いにくいのだということをよく識る必要がある。〈茶〉はむしろ貧の〈茶〉となるのが正当である。それ故〈茶〉は簡素の徳ともっとも結縁《けちえん》が深いのである。贅沢はその徳と一致し難いところがある……金力にたよる時、〈茶〉は病にあると気づくがよい。（一七―三二七）

すでに述べたように、「健康の美」は、茶道が掲げる「侘び・寂び」の境涯に通じるものである。それは一切の作意を退け自然に身を委ねる態度、風流ならざるところに風流を見出すような態度であり、簡素を尊び、その簡素さのなかに「理法」に即して生きることの悦びを味わい、さらにその悦びをもって人々と「共に活きる」ことを願うような、そして周囲を明るくしていくような境涯であった。だが茶道の道は深く、それ故に道に迷う危険が多い。「いわゆる野狐禅《やこぜん》が多いのは今も昔も変わらぬ……〈茶〉が〈道〉であればあるほど似非茶《えせちゃ》が現れるのは必定である」（一七―三二〇）。だからこそ不健康なもの、病的なものに迷わされることなく、明るい「誠の茶」に励むことで、この「健康の美」が表現されることを柳は望むのである――「一切の病を超えて、健やかな〈茶〉が再び建てられねばならぬ」（一七―三三九）。そのために、あえて柳は、茶道界批判――「苦い薬」（一七―三三九）を処方するのである。

3　柳の茶道理解の難点

以上が柳の茶道に寄せる共感であり、その共感から――止むに止まれず――湧き上がってくる、柳の茶道界批判である。それはおおむね正論であり、いわば茶道の純粋な理想を高らかに掲げたものといえよう。なるほど柳の言説を

「現実的ではない」と一笑に付すひとはいるとしても、「間違っている」と正面から異議を唱えうるひとはいないと思われる。しかしながら、柳が理想を説くところには、必ず例の理想主義の負の側面――理想を強調するあまり、現実の柳を置いて議論が先走ってしまう傾向――が伴う。それがここでも垣間見られるのである。

たとえば柳は、河井寛次郎らとともに、久松真一を妙心寺の塔頭に訪ねている（一七―二六八〜二七〇）。そこで久松は柳に茶を振る舞うが、柳は久松の所作が型に従順な「しきたりの茶」であることがいちいち気に入らない。しかしそこには、「型を超えたところに真の自由がある」とする理想に固執し、最初から批判的な態度で茶室に臨んでいる柳の「力み」が感じられる――坦々としている久松に対して、粗探しをする柳の心の方が騒々しい嫌いがある。そもそも久松が保守的な茶道観の持ち主であることは、訪ねる前からわかっていたことだろう。(7) だからその場でほんとうに必要なことは、とりあえず自らの批判精神を鎮めて、久松が活けた床の花を愛で、久松が点てたお茶あるいはお菓子を、素直に、美味しく、有り難く、頂戴することではなかったか。それが、おそらくは数日前から柳たちを迎える仕度を調えていたであろう、主人・久松真一の心に応える客人の心ではなかったか。去りゆく柳たちを、久松は門前に立ち、長い間見送っていたという。なるほどそれも「しきたり」どおりであったのかもしれない。しかし「しきたり」以上のものがそこになかったとはいい切れないだろう。それにしても、このような心慌ただしい客人を見送る久松老翁の心中は如何ばかりであっただろうか。

あるいはまた、普通の人たちが「趣味」としてたしなむ茶道を、道ならぬ「遊び」として一概に否定することもできないだろう。なるほど柳が力説するように、茶道は「美の宗教」である以上、道を求める峻厳さが要求されるのは事実である。家元や宗匠と呼ばれるようなひとは、その道を歩み抜く責任を課せられた人々であるだろう。だからそうした人々が「道」の修行者の証として禅僧から「道号」を授かるのは、決して形式的なものであってはならないはずである。しかし同時に、茶道は、茶室という特別な空間において建立される、人々の心の交歓の場でもある。そこには――度のすぎたお道具自慢や派手好みや欲深いものは遠慮していただきたいが――それなりの楽しみもあってよいのではないだろうか。むしろ楽しみながら道を修することができるのが、茶道の優れた点であるとはいえないだろうか（もちろんそれは道に臨むには甘い態度ではあるけれども）。

そして茶室での経験が日常生活に反映されていけば素晴らしいことであるし、そうでなくても、茶室＝非日常空間に身を置くことで、日常において閑却されている何か――道具の丁寧な扱い方であれ、茶碗を回して返す心配りであれ、掛け軸に示された禅境・詩境であれ、茶花や主菓子が教えてくれる季節感であれ、炉炭のゆっくり穏やかに燃えてゆく様子であれ――に気づくことができれば、それだけでも大きな意味があるとはいえないだろうか。少なくとも茶道が、柳が求めたような「一般の人々」に関わるものであるならば、楽しみをとおして学ぶという要素も不可欠であると思われる（ただし指導する人間には、本来の茶道を担うことに対する明確な自覚が求められていることはいうまでもない）。

実際の茶道がもっているこのような側面を柳が察することができないのは、あるいは先ほどの久松真一訪問の例のように、客として未熟であるような印象を与えてしまうのは、やはり理想主義の欠点であるだろう。そもそも柳には、実際に自ら釜の前に座り、誰かのために茶を点てた経験が乏しいように見受けられる。

熊倉功夫は、東京の下町のお茶の先生――「本当にささやかな、どこの町にでもいるようなお茶の先生」――であった叔母の思い出を綴っている。彼女は「一生独り身でお茶だけが生きがい」で、大勢の弟子をとることもなく、高価な道具を所有することもなく、しかし心のこもった堅実な茶会を催しつづけたという。このような叔母の生涯を顧みて、熊倉は、「一介の町の師匠と軽んじてはならぬと思いました。こうした町の先生が生きがいとしている茶の湯もまた一つの茶のありかたです」と述べている。(8) そして筆者もまた、このような茶の湯を支持したいと思うのである。

4　柳の茶道論の意義

前述のような難点はあるものの、しかし全体としては、間違いなく柳の茶道界批判は正鵠を得ており、茶道文化の根幹に関わる重要な問題提起であったといえよう――迷いなく理想を説き切るためには、ある程度の欠点は避けられないと思われる。ところが残念なことに、柳の批判は、茶道界にはまったく届かなかった様子である。茶道界の諸事情に精通している茶人・戸田勝久は、茶道界と柳との間にある絶望的な断絶について、次のように嘆いている。「柳宗悦はこのような茶の湯の世界から、最も遠い距離にある惑星と言える。同じ宇宙にあって、夜空に眩しい光源であるのだが、これを仰望する人は、茶の湯に於いて寥々《りょうりょう》たるものだ。お粗末としか言えない。駒場の日本民芸館を訪れる人は、皆無に等しいだろう」(9)。また熊倉は、「茶道界には、柳の批判に反論するにせよ虚心に受けとめるにせよ、いずれも正面から対応する行動を欠いていたことが惜しまれる」(10)と述べている。しかしながら、そこで熊倉も指摘しているように、柳が批判した家元の権威という問題は、天皇制を基軸としてきた日本社会の統治構造と深く関わる問題である。それは柳ひとりの批判によって動揺するような機構ではない。したがって、柳の茶道論を、たんなる体制批判として読む限り、生産的なものは現れてはこないだろう(11)。むしろ柳の茶道論は、体制―反体制という対立軸を超えて、それを読むひとりひとりの内面に訴えかけるもの、すなわち茶を愛する一個人がそれぞれの仕方で自らの心の有り様について反省し、自らの生き方・在り方に反映させていくべき課題であると思われる。

確実にいえることは、既存の茶道に戸惑うひとにとって、柳の茶道論が、大きな慰めと励ましになるということである。しかしそれは柳が茶道界を批判した先達であるからではない。そうではなく、それら既存の茶道をも包含する、より大きくより深い茶道の根本精神を訴えているから、いいかえれば健康的な茶道を、茶道を貫く「理法」を説いているからである。そしてこの「理法」に則る限りにおいて、柳の茶道論は色褪せることなく、つねに私たちに訴えつづける力をもつのである。

第九章　仏教美学

1　信論と美論の結合

柳＝民藝と理解していたひとにとっては、晩年の仏教美学――正確にいえば「美に関する仏教的思索」（一八―四八七）――の提唱は、戸惑いをもって迎えられたようである。しかし、これまで本書が示してきたように、民藝理論の確立以前からの柳の思索の軌跡を顧みるならば、むしろそこに逢着するのは自然の流れである。柳は述べている。

かつて一途に宗教的真理を追っていた私が、中途にして美の問題に触れ、特に工藝を対象とし、更に民藝館の設立に心を注いだ時、幾人かの人々から、何故宗教の世界を去って、形而下の問題を対象に、日夜を送るのかと詰られたことがある。この問いは一再ならず私に加えられた。早く再び宗教の問題に戻ってはどうかという忠告である（近頃私を知った人々は、逆にかつて私が宗教に心を寄せたことに奇異な想いを抱くのである）。しかし私として見れば、一つの頂きを異なる面から見つめていたのであって、「実は同じ仕事をしているのである」と答えるより致し方なかったのである。信論と美論とを結ぶということは、何も奇怪なことではない……信を語る聖句は同時に美の密意を囁く言葉だといってよい……それ〔美〕が絶対値に触れる限りは永遠なるものと結ばれていなければならない。この永遠なるものをこそ〈聖なる世界〉と呼んでいるのである。それ故美もまた宗教の本質に交わることなくしてはあり得ない。美の法則と信の法則と異なるいわれがない。（一八―一二四）

「真＝善＝美」は一つであるから、そこから美だけを切り離すという発想は柳にはない。もちろん仏教を主題にしえたところには、民藝運動がある段階まで達したという現実的な事情もあるだろう。また仏教美学を最初に提示した『美の法門』が、柳自身の還暦において発表されたものであることを思えば、この晩年における仏教的なものへの傾倒を、鶴見のように「安心立命を祈念する老境の反映」であると指摘することもできよう（本書二三一頁参照）。しかし、民藝理論のなかに、すでに仏教美学は準備されていた。「私はただ趣味から民藝品を云々してきたのではない……私に不思議でならなかったのは、どうして平凡な工人がその平凡のままで立派な仕事を果たすことができたかという事である」（一八―一三四）。そして柳が『工藝の道』において、親鸞の「悪人正機」の教えをとおして、この不思議さの解明を見出していたことはすでに述べた。そうであるから、いつかは柳は再び宗教哲学者――それも西洋ではなく東洋の思想において――に戻るべき運命にあった[1]。またそこまで至らなければ、民藝理論そのものが成就しえないのであった。なぜならば、民藝は、その理論がすでに示していたように、人間の在り方全般に反省をうながし、私たちひとりひとりの生きる姿勢を問う「精神文化」運動であるから。そして人間の精神に最大の深みを与えるもの、ひとの魂の根源に触れうるものは、やはり宗教であるのだから。柳はいう。

民藝文化がどこまでも精神文化たり得る所以は、それが宗教に根差すかぎりにおいてである。この根底なくしてどこに正しい民藝論が成り立つであろう。（一八―一二六）

省みると精神文化においては、宗教より深いものは考えられぬ。芸術もその深いものの一つではあるが、それが深い場合は、宗教的な深さがあるためだともいえよう。もし今の時代に誇るものが少ないとするなら、それは宗教に乏しい点があるからと説いてよくはないか。（一九―三三）

要するに、民藝理論＝美論に宗教論＝信論を結びつけるもの、それによって民藝理論を究極的に基礎づけ、同時に民藝理論に、民藝という工藝の一領域をはるかに超えゆく普遍的な意義を与えるもの、それが「民藝美論の基礎を仏の大悲に求めようと志す」（一八―二四）、柳の仏教美学の試みなのである。

ただし、仏教を中心に論じるとしても、それは仏教的表現を用いることが柳にとって、また私たちの属する東洋的文化圏にとって、もっとも自然で親しみがあるという理由にすぎない。[2] かつての宗教哲学研究において、西洋思想と東洋思想との間を自由に往来していたように、ここでも柳は、仏教を絶対視するようなことはない。「〔仏教における念仏宗と〕同じ他力道である限り基督教が、私の述べる思想に無縁なものだとは考えられぬ。この一文を読む方は、いたずらに宗派に滞ってその文意を受け取ることがないように切望する」（一八―二四）。柳にとって重要なのは、あくまでも「真＝善＝美」に通底している「理法」であり、その「理法」に関わる限り、一切の宗派の区別は超えられる。決して柳は晩年になって仏教に入信したわけでもなく、特別な宗教心が芽生えたわけでもない。昔からの柳の本質は変わっていないのである――その変わらなさ故の否定的側面については後述する。

ここでは柳の仏教美学論のなかで、民藝理論に直結するものだけに言及する（たとえば「法然―親鸞―一遍」の系譜に他力思想の成熟を見出した『南無阿弥陀仏』のように、それだけで仏教書として扱われるべき作品には踏み入らない）。それは「無有好醜の願」「他力思想」「妙好人と妙好品」「美の浄土と美仏性」である。

2　仏教美学による民藝理論の基礎づけ

(1)　無有好醜の願

仏教美学は、『大無量寿経』における第四願「無有好醜の願」に柳が啓示を受けたところに始まるものである。[3] 柳はこの「好醜」という言葉を、「美醜」と解釈することによって——ただしそれは柳の独断ではなく、同じ解釈をとる文献を柳は挙げている——、仏の教えのなかに「浄土においては姿に美と醜の別はない」という真理が宣べられていることを確信したのである(一八—一一二)。

それでは「無有好醜の願」とは何か。それは「美醜已前」を求めること、すなわち「美醜が現れて已後のことを問うのではなくして、その二つが未だ分かれぬ已前の境地を追求しようとするもの」(一八—一一〇)である。常識的には、私たちは、ある対象を眺め、その美醜について判断する。そのとき私たちは、美と醜とが区別された世界、「美醜已後の世界」に属している。そして美醜について判断が下される限り、その美醜は相対的なものにとどまる——この醜があるからあの美があり、この美があるからあの醜がある、というように。しかし永遠の美、絶対的な美は、そのような醜との関係に依存した、相対的なものであってはならないだろう。したがって、絶対的な美を看取するためには、美醜という人間的価値判断を超えた立場、美醜という区別が生じる以前、すなわち「その二つが未だ分かれぬ已前の境地」、要するにあの「不二」であり「即如」である次元に立ち戻らなければならないと柳は説くのである。

美の問題も、美醜のことにその問題を止めてはならない。もう一つ遡って美醜の未だ分かれない境地から、この世界を見なければならない。美か醜かで判じるような物指に、どれだけの力があろう。そんなもので計り得るも

のを、ゆめ美しいと呼んではならない。（一八―一四）

初期思想形成における宗教哲学研究ならびに民藝理論について考察してきた後では、柳の意図は明らかであるだろう。あの古作品＝古民藝の美しさこそが、「美醜已前」＝「無有好醜」の心境から生まれたものなのである――それらは「いわば美や醜の煩いがない作なのである。かかるものにこだわってはいないのである」（一八―一七）。

古作品＝古民藝の時代とは、「平凡な工人がその平凡なままで立派な仕事を果たすことができた」時代である。それは「用の美」「無名性」「健康の美」が、意識されることなく自然に発揮されていた時代であり、一切の我執＝作意から免れた、「罪のない」制作の時代である。そこには狙った美はなく、ただ実用と伝統に従った素直な制作だけが行われ、生活空間は健康的な美しさに充たされていた。そしてすでに見てきたように、そのような無心の制作において授けられる自然で健康な美を、現在また未来においても――あえて意識的に、しかしその意識をさらに超え出て、今一度無心に――表現していきたいというのが民藝の理念であった。ところが今や明らかになったのは、この理念は、実は柳ひとりの願望ではなかったという事実である。その理念は仏の「大願」だった、哲学的にいえば、普遍的真理それ自体に含まれている実現意志だったのである。まさに柳は、この「無有好醜の願」において、民藝の理念と仏教の理念との一致を見出しえたのであり、仏教の力によって民藝理論に宗教的基盤を与えることを、そして「民藝の美論が一宗を形づくらんとする」（一八―二三）ことを企てたのである。

（2）　他力思想

その場合の基盤となる仏教とは、浄土教の他力思想である。端的にいえば、すでに『工藝の道』において（さらに遡れば「他力」を論じた宗教哲学研究においても）言及されていた「悪人正機」説、すなわち「善人が救われるなら、なお悪人は救われる」であり、ただ「南無阿弥陀仏」と念仏を唱えればそれだけで十分である、という教えである。この教えに柳は民藝理論を重ね合わせていく――「自力の天才によいものが出来るなら、他力の凡人にはなおさら出来ると、そういい直しても、決して無理ではなくなるのである」（一九―一八）。そして念仏と同じ働きをするのが、くり返し同じものをつくる「反復」の行為である。その結果、念仏による人間の「成仏」と同じように、ものも「成物」[4]し、浄土――美醜の対立を超越した次元――に至ると柳は説く。

凡夫たる工人たちからどうして成仏している品物が生まれてくるのか。仕事を見ていると、そこには心と手との数限りない反復があることが分かる。有難いことにこの繰返しは才能の差異を消滅させる。この繰返しで品物は浄土につれてゆかれる。この働きこそは、念々の念仏と同じ不思議を生む。なぜならこれで自己を離れ自己を越える。あるいは自己が、働きそのものに乗り移るといってもよい。自分であって自分でなくなる。この繰返しの動作と、念々の念仏とは、似ないようで大いに似たところがある。称名には〈我〉が入ってはなるまい。工人の働きにも〈我〉が残ってはならぬ。この〈我〉を去らしむるものは、他念であり反復である。（一九―二九）

このように、決して天才ではない職人たちではあっても、反復しつづけるという行為によって、我を忘れた無心の境地に至りうる。なぜならば、民藝理論で詳述したように、その制作は実用品に制限され「型」に純化されているが故に、「理法」に則り、滞りがないものである。したがって、心に逆らうことがないから、容易に「我」から離れやすい。それは「仕事が仕事をしてしまう」ような境地、要するに「仕事の中に仕事があり、人が仕事の中に生き、仕事がおのずから仕事を導いて行く」（一八―三〇六）ような境地へと作者を導いていく。そしてもはやひとが行為主体とはならないそのような境地は、「念仏が念仏する」ような、称名念仏三昧に等しい境地であると柳は説く――称名念仏三昧においては、「仏も人も共に絶え去る六字の名号」（一九―一三八）とされる念仏の功徳によって、「念ずるひとも、念ぜられる仏もない」状態になり、「我」は消尽するのである。(5) その結果、「不二」であり「即如」の次元、すなわち「無有好醜」の境涯が現成する。それが宗教的にいえば衆生の「済度」の成就であり、民藝理論的にいえば、ものにおける「健康の美」＝「不二美」＝「他力美」の自ずからなる顕現なのである。だから柳によれば、古作品＝古民藝において美が現れたという事実は、決して偶然ではない。それは仏の「大願」によって「必然に救われる」ように、すでに「約束され」「仕組まれていた」真理なのである。

このように仏教の他力思想と民藝理論とを重ね合わせることを、牽強付会と思うひともいるだろう。(6) だが柳は「法美」――初期の宗教哲学研究以来、幾度となく用いられてきた術語である――の一語によって、両者を統一する。

しかし仏典の経句などを品物にあてはめて考える如きは、少し飛躍し過ぎるとお想いになりましょうが、しかし私の考えでは、仏法は万般に通じる仏法で、そこには普遍な理法が潜むと思われ、美の世界もまた決してその法の圏外にはないことを信じます。美は畢竟〈法美〉に外ならないのを、切に感じるからであります。

（一八―二八九）

(3)　妙好人と妙好品

このような念仏の功徳という観点から、柳は、念仏宗（浄土系仏教）から生まれてきた篤信の人々である「妙好人《みょうこうにん》」の存在に注目する。「妙好人」の宗教的な価値――真宗教団における布教的な意味ではなく「日本的霊性」の一表現という学問的な意味において――を最初に説いたのは鈴木大拙であり、柳も大拙から多くを学んでいる。(7) しかし柳は、そこに民藝を結びつけることによって――後述するように民藝品を「妙好品」と命名することによって――、それを完全に自分自身のものとしている。また妙好人に関する講演を行い、『妙好人因幡の源左』(一九五〇年)をはじめ、精力的に論考を発表している。

柳によれば、妙好人の特色は、彼らが「無学な田舎人」として、何ら学問を修めることもなければ、特別な仏道修行を実践することもなく、多くは百姓として日々の仕事に勤しんでいた民衆のひとりであるということ、そして在家の一篤信者として、先祖代々の教えに従って、念仏を称えつづけたということ、しかしその徹底した称名念仏によって自我が滅却し、「絶対他力」の境涯を得ているということである。そのような彼らの念仏の深さについて、柳は次のように説明する。

〈妙好人において〉念仏するとは、〈私〉が念ずるのではなく、仏が仏を念ずることになってしまう。念仏に〈私〉がなくなる(小さな自分をそれに任せきるのは、小さな自分がその中に消え去ることである)。その刹那は仏が仏となることで、つまり自分の自力を放棄することは、仏の自力が隈無く働くことにもなろう……名号を称えよというのは、その〈私なき〉名号に浄土が現成するからである。称名の働きの不思議は、この奇蹟を目前に実現するからである。(一九—六二二)

「絶対他力」の境涯とは、その人生において起こりうるあらゆることを、よいことも悪いことも、嬉しいことも悲しいことも、すべて仏によって与えられた恵みとして受け取ることのできる心境である。いわば妙好人は「仏の慈悲をいつも直下に受け取れる心の生活」(一八—一六四)を送っている。したがって、妙好人にとっては、すべてが「ようこそ、ようこそ」であり、「ありがたい」「もったいない」と感じられ、すべてが「素直な『はい』という声の清らかさ、深さ」(一九—五八八)で引き受けられるのである。妙好人・源左——その人格の深さを、柳は源左の声質に看て取っている(8)——の言葉を借りて、柳は妙好人の境涯を次のように表現する。

かつて彼〔源左〕は信心を得ると一つ変わることがある、この世のすべてのことが何もかも本当になるといった。何ものも肯定されてくるのである。そのままで真理を現してくるのである。(一九—三六六)(9)。

このように妙好人と呼ばれた人々の逸話や言葉、詩歌を挙げて、柳はその体験の深さ——「人間の病」である我執や作意から離れた自由さ、とらわれのなさ、精神の健康さ、あるいは彼らの心の清らかさについて語るのである。そして柳はいう。

妙好人の存在こそは、浄土の法門を価値づけるものであって、もし彼らが現れなかったら、三部経も、祖師の説法も、学僧の教学も、何か架空なことを述べていることになろう。それらの一切が真実だということの何よりの証文が、妙好人によって示されているのである。この意味で妙好人の輩出こそは、一切の浄土系仏法に、ゆるぎない基礎を与えるものといえよう……法然、親鸞、一遍の如き上人たちの値打は、民衆に妙好人を打ち出す力を備えていたことにある。(一九—四三五)

学問にも特別な修行にもよらず、ただ毎日の念仏だけで民衆の日々の生活のなかから妙好人のような卓越した存在が出てきたこと、ここに柳は他力的仏教の真理を確信する。そして「理法」は普遍であり「仏法は万般に通じる仏法」であると説く柳においては、ひとともののとの間に区別はない。故に妙好人が存在するように、「妙好品」が存在する。「妙好人を忘れて信仰心を綴ることが、大変な片手落ちであるように、妙好品を忘れて美の歴史を記すことは、決して正しい見方ではない」（一八—二六六）。まさに一つの信仰に実直に生きた、健康で清らかな妙好人の境涯と同じように、人々の堅実な生活のなかから生まれた「妙好品」には、「不二美」や「他力美」である「健康の美」が宿っている——それが古作品＝古民藝である。「美がもっとも端的に自由にそれらの民藝品に表現されているのと同じく、仏法の深い真理が、具体的姿をとり、いとも率直に濁りなく妙好人たちの言葉や行いに現れていることは、疑う余地がない」（一九—四三六）。このように妙好人が存在しえたという事実に、柳は「妙好品」としての民藝品の宗教的な根拠を見出すのである。(10)

しかしながら、そこまで深く念仏に徹することのできる妙好人は、もはや他力ではなく、自力の道を進んでいるのではないだろうか。彼らは生まれつき宗教的才覚に恵まれた、非凡な人間ではないだろうか。それでも柳はいう。「妙好人は真宗の園生に咲くいとも美しい花なのである。だが花をのみ見て、それを培い育てる力を見忘れてはなるまい」（一九—三七四）。柳によれば、妙好人は、決して「一人の希有な天才」として理解されるべきではない。重要なのは「それを培い育てる力」、すなわち彼らを輩出してきた宗教的生活の雰囲気——念仏の教えに実直に従い、着実に日々の生活を営んできた無数の「篤信な善男善女」の生き様である。そのような「背後としての無名性」である彼らの存在があってはじめて、優れた妙好人が生まれ出ることが可能なのである。妙好人・源左について語りつつ、柳は次のように述べている。

源左の大を想う者は、伝統の大をも忘れてはならぬ。源左は無数の信徒の結晶した姿なのである。源左の中には真宗の信徒全体がいるのである。逆にいえばそれぞれの信徒に源左がいるのだともいえる。否、すべての人間の心には、源左の心がいるはずである。宗教の有難さはそれを呼び覚ましてくれることにある。真宗の有難さは、それをただの民衆にも目覚ませてくれることにある。（一九—三七四）

妙好人は、たしかに宗教的に覚醒した一個人として注目されるけれども、その本体はやはり無名の民衆なのである。だから、私たちひとりひとりが本来的に源左であり、妙好人である資格が与えられていると柳は訴えるのである。

それと同時に「もし宗風が衰えて、信心の伝統が消えるとすると、妙好人は容易には現れまい……妙好人を更に求めようとするなら、伝統を温めねばなるまい」（一九―三七四）とも柳は述べている。実際のところ、時代の変化・生活環境の変化によって、かつての信心の伝統は消えつつある（今日ではほとんど消えてしまったといわねばならないだろうか……）。そうであるから、民藝において美に対する明確な自覚をもった個人作家の存在が要請されたように、柳は自覚ある宗教家――「最も深い宗教的体験の人」（一九―四七二）――の到来を待ち望む。とくに篤信の人々の姿を想うとき、柳は宗教家の怠惰を許すことができない。

真宗の僧侶の多くは、果たして僧侶たるの資格を持っているであろうか。このことは何も真宗に限ってのことではない。しかし篤信な門徒のことを想うと、真宗の坊さんたちにこそ、とりわけこの自覚が必要であるように思われてはならぬ。なかには篤信なまた偉い坊さんもいるに違いない。しかし当然なこの資格を、すべてが持っているとはいえないのが、悲しい現状である。（一九―四六八）

このように、柳は、日々の生活を真面目に生きる、心の篤い、実直な人々の存在に目を向ける。彼らの精神は、古作品＝古民藝を生み出した背景と同じ精神であり、また民藝が未来に求めつづける精神なのである。

（4）　美の浄土と美仏性

仏教美学において、最終的に柳が求めるのは「美の浄土」である。しかしそれは何処か遠くにある特別な世界――

現世を離れた来世のような――ではない。「美の浄土」とは、まさに私たちの内面において「直下」に感得される世界である。私たちが美醜に分かれたこの世界から「美醜已前」「美醜という差別の絶える世界」（一八―二四七）に立ち戻るとき、「帰趣」するとき、すなわち一切の我執＝作意から離れ、妙好人の清らかな心境と同じように、自然に即してすべてをありのままに受け取るとき、要するに「理法」と一つであるとき、そこがただちに「美の浄土」の顕現なのである。「経に〈無有好醜〉と申しますが、まさに〈美の浄土〉での不思議な出来事を語っている言葉と讃えてよいでありましょう」（一八―二四七）。それはいいかえれば「不二美の国」（一八―二三八）であり、美醜もなければ天才と凡人の区別もない、貴族と民衆の区別もない、すべてが許されていて、すべてが絶対的な意味において美しくなる世界であり、「醜いものがあり得なくなるという不思議が起こる」（一八―二四八）世界である。もっともこのような「美の浄土」は、改めて述べるまでもなく、柳の思索においては新しい発見ではない。その内実は、「魂の不死」や「来世の意味」を探し求めた初期科学論のなかで触れられ、ブレイクにおける「存在の肯定」、あるいは宗教哲学研究や民藝理論における「理法」や「本来の故郷」という言葉で、絶えずくり返し説かれてきたものである。それが最後に「美の浄土」という仏教的表現に逢着したのである。

ところで仏教は、すべての人間に「仏性」――仏の如き円かな本性――の備わっていることを教える。それは、すべての人間が、その心の奥底において「理法」に授かっていること、そして我執によって本来の仏性が曇らされることがなければ、自ずからその「理法」にもとづいて行為し、その「理法」を正しく表現しうるということ――それが「美の浄土」の顕現である――を意味する。このような「仏性」から、柳は、「美仏性」という言葉を創り出す。

> 誰にも美仏性が備わっている……人は美しさを悦ぶ。美しさで幸福を味わう。これは内に既に美仏性が備わっている所以ではないか。花を美しいというが、かくいう人の心にもまた美しさがあるからだともいえる。もしこれ

がなかったら、花と人間とには縁がなくなる。一切の人々は本来美と深い宿縁をもって、この世に生まれているのである。（一八―一四三）

このような形而上学的事実が存すればこそ、天才・凡人の区別なく「人間本来の性質には美しいものを作れる力が誰にも備わっている」（一八―二五二）と柳は説く。そして「人間に本来美仏性が供っていて、それが傷つけられずに働く時」（一八―一五二）、「理法」に即した誤りのない「健康の美」が自然に発揮されるのである。しかし現実はどうであろうか。

今では逆に醜いものが蔓延り、美しいものがわずかよりない。元来は何もかも救われるように仕組まれているのに、今は何かそれを邪魔しているものがあることが分かる。（一九―二七）

この「邪魔しているもの」――醜いもの、間違いをもたらすものは、我執＝作意によって、そして美醜という相対的な美にとらわれることによって、自らの「美仏性」を傷つけてしまう人間の側の責任である。

もし間違いが起こってくるなら、人間の側で何か誤りを犯しているからに由るのだと考える方が至当だと存じます。その誤りはどこから起こってくるのでしょうか。やはり自他を分け美醜を分け、上下を分かつ、その分別心への執着から、一切の誤謬が発足しているのを感じます。（一八―二五二）

ちなみにこのような「美の浄土」の希求を、ただ民藝理論の擁護――民衆の制作にも美を認めるための、あるいは作意の滅却を訴えるための論拠――として、概念的に理解するだけでは不十分である。仏教における「仏性」は決して過去の教えでもなければ、たんなる学問的な知識でもないだろう。仏の教えは現在進行形である――すべてのひとの心のなかに「仏性」があることを説き、すべてのひとがその「仏性」にもとづいて健やかに生きることを、そして少しでも明るく平和な世の中の実現をめざすことが、仏教の求めつづけるところだろう。同じように柳は、私たちひとりひとりに対して、まさに私たち自身が潜在的な妙好人であることを、私たちの心の奥底に「美仏性」が備わっていることを訴えかける。そしてそこから今日において「美の浄土」を現成させていくことを願っているのである。かつて『工藝の道』において柳は、民藝美による社会美の実現をめざした。決して自分の趣味に終わらず、自分の生活空間だけを美しくして満足するのではなく、すべてのひとと美を分かち合いたいというのが柳の一念であり、また民藝の「大願」だった。その柳流の揺るぎない願心が、この「美の浄土」の思想に祈り込められているのである。なるほど柳は、現実の醜さを痛感し、次のように嘆いている。

この世には段々醜悪なもの俗悪なものが殖える一方で、美の王国の建設どころか、醜の王国さえ、現れかねない始末で、進んでは醜をさえ喝采する人たちも殖えてゆく現状であります……残念にも悪の種を蒔く者が日々勢いを得ているのが現状であります。今や善悪間の闘いは、善の方に有利だとはいえぬ状態に立ち至っております。美醜の世界とて同じ悲運が迫っております。（一八―一一六）

それでも「根本的な転回」（一八―一一九）を柳は期待する。だから「無有好醜の願」を説く――その願いをかけつづけるのである。(11)

3　仏教美学の意義

以上のような柳の仏教美学の意義――『南無阿弥陀仏』や妙好人論のように純粋に仏教的問題として扱われるべきところは除いて、あくまでも民藝との関係において――を指摘するならば、なによりの意義は、すでに述べた「信論と美論の結合」（本書二六六頁参照）、すなわち民藝理論に明確な宗教的基盤が与えられたことだろう。なるほど初期の宗教哲学研究は、民藝理論の形而上学的な基礎づけに寄与した。しかしそれは、ものに美が顕現する理由を思想的に説き明かすことが主たる目的であった。仏教と交わることによって、そして最終的な目標として「美の浄土」が説かれることによって、民藝は美をとおして「衆生済度《しゅじょうさいど》」を念ずるものであることが、すなわちその宗教的性格――柳は「民藝の美論が一宗を形づくらんとする」（一八―二三）と宣言していた――が、はっきりと前景に現れてきたのである。そしてこの宗教的性格がなければ、民藝理論は、社会美の実現を求める社会改革運動の一つにとどまったと思われるのである。もちろんそれもあって然るべき道であるだろう。しかし、柳においては、民藝はやはり「精神文化」運動であり、宗教の道――国家や社会という制度の一切を超越した次元で、生きとし生けるものすべてに共感していく――であるのが本道である。

そうであるから、柳の著作に真摯に向き合うひとは、必然的に民藝理論から仏教美学へと導かれていく。そして仏教美学に触れた後で改めて民藝理論を見返したとき、そこに含まれている宗教的意識の深さを感じずにはいられない。奉仕に徹底する「用の美」、「無名性」に感謝する心、世の中を明るくする「健康の美」――それらはすべて、自分という狭さを超え出て、人々のため世の中のために尽くしたい、そして美をとおしてすべてのひとの心を穏やかに、幸せにしたいという、柳の宗教的願心の現れであったことが改めて確認されるのである。宗教的な意識を抱くことの重要性を、柳は次のように語っている。

もし何らの宗教的要求をも起こさぬ人があったとするなら、その人は真実な問題を持たない人といえましょう。それ故、かかる人は人間らしくない冷たさを持ち、また誠実さを欠きまた深さを持たぬ人といえましょう。

(一九—七四六)

宗教的な意識が失われたならば、民藝は、柳の蒐集品の維持・管理、あるいはいわゆる「民藝品」の制作・販売に終わるだろう。そこには、民藝をとおして多くのひとを「健康の美」に結縁させ、「美の浄土」に往生させようとする強い願心は出てこないだろう。[12] そうであるから、民藝に未来があるとするならば、それは、柳の宗教的願心に触れて、柳の志に胸を熱くするようなひとによって、そして民藝を媒介にして人間の生に関する「真実な問題」を誠実に引き受けるようなひとによって、継承され展開されていくことになるだろう。このように柳の仏教美学は、すでに民藝理論に内在していた宗教性をより明確に表現し、民藝を祈りとして未来につなぐための重要な役割を担っているのである。

4　柳自身の信仰をめぐる問題

最後に、しばしば指摘される問題——他力の不思議な計らいや妙好人の清浄さについて熱心に説く著述家としての柳と、実際の柳宗悦その人の信仰とが解離しているという問題について言及したい。有名なのは、先述の例の逸話である——不眠症となり寝付けなかった晩年の柳に向かって兼子が「念仏でも唱えたら」と勧めたところ、「念仏なんぞ唱えたってしょうがないよっ」と叱られたという（本書七頁参照）。まさに柳宗理が指摘しているように、柳は「筆では信を唱えても、それはあくまでも自己の体得した美に対する裏づけの理論としてに過ぎなかった」（回想三一七）のである[13]。ここに宗教哲学研究でも指摘した柳の矛盾——神を信仰していない人間が神について語っている——と同じような出来事、すなわち変わらない柳の本質である、理想主義の否定的側面が垣間見られる。

しかしながら、かつての宗教哲学研究とこの晩年の仏教美学には、根本的な違いがある。それは、以前は観念的・抽象的に神の働き・恩寵について語られていたが、この晩年においては、あくまでも民藝という具体的な「もの」を踏まえた上で、仏教が論じられているということである——「私は物を介して仏法を見、また、仏句を介して物の美を見ることに大きな意味を見出したのであります」（一八—二八五）[14]。ここで柳は教義としての仏教を説くのではなく、あくまでも具体的な民藝品＝妙好品に通底している生きた精神として仏教を語っている。その結果、かつての宗教哲学に感じられたような上滑りの印象はなく、ひたすら民藝を仏教的な観点から擁護したいという、「無私」な純粋さが伝わってくる。あくまでも民藝が主であり、柳は従である。そして妙好人の素晴らしさを語る柳は、決して壇上から妙好人的な生き方の意義を説いているのではなく、柳自身が彼らから与えられた感動を、そして彼らの清らかな姿に寄せる柳自身の憧れを、謙虚に綴っているように感じられるのである。

柳における矛盾を批判することは可能であるだろう。だが、ここまで本書が考察してきたような、柳の一連の思索の歩みと実践とを思うならば、筆者にはもはや柳におけるこのような矛盾を批判する気にはなれない[15]。柳本人の思惑はどうであれ、柳は性格的に宗教家ではない。しかし宗教家ではないからこそ、ひたすら「美」——それは宗教家にとってはむしろ危険な束縛＝執着になる——を求めることができたともいえるだろう。だが同時に、宗教的なものへの憧憬が柳には強かった。だから美はたんなる快感の享受ではなく、人間の真実な生き方・在り方と関わるもの、究極的には「健康の美」として表現されたのである。そして民藝はもちろんのこと、間違いなくその一つ一つが後世に残る価値を有する柳の多大な功績と、一生涯変わることのなかった「無私」の情熱とを思うとき、人間としての柳の諸々の欠点——その言説と信仰との間の矛盾であれ、政治的見識の甘さであれ、あるいは兼子に対する冷淡さであれ——は、許容せざるをえないだろう。私たちは、理想主義者・柳宗悦を、その多くの長所と若干の短所とを併せて、評価したいと思うのである。

終章　理法のなかの不死

1　民藝の哲学の意義

以上、柳宗悦の思索と実践の全体について論じてきた。一連の考察が示しているように、その生涯はまさに「〈美の思想家〉の軌跡」と呼ぶにふさわしいものであったと思われる。またそれが一つの全体として「民藝の哲学」を表現していることに異論はないだろう。いつでも中心にあるのは、「理法」と「理法」に則った私たち自身の生き方・在り方である。その生涯においてじつに多くの仕事をなしとげた柳であったが、それらの仕事はすべてこの精神によって貫かれているといえよう。

ここで今一度簡潔に振り返るならば、最初の科学論や心理学研究における「宇宙の霊的意志」という萌芽的イメージ、あるいはブレイク研究における「不滅の生命」という詩的イメージは、神秘思想を中心とした宗教哲学研究において「理法」として明確に概念化され、そしてその「理法」に則るところに民藝の「用の美」「無名性」「健康の美」が輝くことが明らかにされた。そしてただ理論を語るだけではなく、実際に朝鮮工藝にはじまり木喰仏や民藝品を蒐集することによって、また朝鮮民族美術館を経て日本民藝館を設立することによって、そうした「もの」における「理法」の具体的な顕現を示しえたところは――河井寛次郎が讃えていたように「心のはたらきが形になったらどうなるか」(本書七八頁参照)を証立てたところは――まさに柳以外の誰も果たしえなかった、偉大な文化的功績であるだろう。さらにそこから晩年の仏教美学において、民藝品に美が生じる機縁を、仏教的な「理法」すなわち「仏法」によって基礎づけることが試みられたのである。要するに、「真＝善＝美」は究極において一つである、そのただ一つの点をめぐって、つねに柳の思考は動いている。そしてこの「理法」から外れるような出来事に直面すると、たちまち柳の義憤が起ち上がる。それが朝鮮問題に関する政治的発言であり、沖縄方言論争であり、あるいは茶道界批判であった。理想主義者・柳は、ひたすらこの「理法」との関わりに生きたのであり、それ故に「無私」――「理法」は「私」が尽きるところに発揮される――でありつづけたのである。柳の言説全体を満たしているこのような精神の働きを正しく把握することによって、それぞれの局面における柳の言動が、より深く、より柳の真意に即した仕方で、理解されるのではないだろうか。そしてそのような柳を理解することこそが、「民藝の哲学」を理解することなのである。

もちろん、そうした哲学的な読み込みと、今日の実際の制作・販売の現場との間には、大きな隔たりがある――当然のことながら、柳にとっても両者の合一が理想であった(第七章注14参照)――ことも否定しえない事実である。「民藝の哲学」をいくら喧伝したところで、とくに民藝品の販売促進すなわち経済的効果が期待できるわけでもなく、結局のところ、現場に余計な雑音をもたらすだけかもしれない。そのことを危惧しているのだろう、たとえば長年にわたり民藝品の販売に務め、いわば生産者と消費者との間に立ちつづけてきた久野恵一は、「哲学や思想などから柳宗悦先生のところまで行き着き、民藝を解読しようとする人が出てくる」[1]と苦言を呈している。実際のところ、哲学・思想を扱うことは、口先だけで終わる危険性を孕んでいるだけに、現場に生きてきたひとによるこのような批判には、真摯に耳を傾ける必要がある。しかしそれでも、ここまで考察してきたように、柳宗悦自身が、第一に思想家であったということを忘れてはならないだろう。柳にとって民藝は、あくまでも哲学・思想的な課題であって、その最初から人間の在るべき姿、人間の理想的な未来に向けて大きな志を抱いている。そしてその大きな志、すなわち純粋無私な哲学的理想主義こそが、多くのひとの心を共振させてきたのではないだろうか――なぜならば、真にひとの心を鼓舞するものは、未来へ向けられた、明るい、真正な希望だけであるから。またその哲学的理想主義こそが、たんなる一国家の伝統的手工藝という枠をはるかに超越して、民藝に普遍的な価値を与えているのである。

民藝運動の普遍性について、それが同時に「精神運動」であり「文化運動」であることについて、柳は次のように述べている。

美の問題は単に美の問題だけではない。そこに真や善や聖の問題を含まないなら、美の問題もないはずである。このことを熟慮する時、私達は精神運動ではない民藝運動を許容することができない。この意味で民藝運動は真の文化運動たらんとするものである。（一〇―二一）

そうであるから、もし民藝から、柳が民藝に祈り込めたその哲学が忘れ去られるならば、それは私たちが民藝のなかに、あるいは私たち自身の人生のなかに、もはや「真＝善＝美」に対する真面目な問いをみないことを意味しよう[2]。そこに残るのは柳が警戒していた固定概念としてのいわゆる民藝、あるいはたんなる商品・商標としての民藝であって、もはや生きた民藝ではないだろう。要するに問題は、哲学・思想を語ることではなく、むしろ哲学・思想が十分に語りきれていないところにあるのではないだろうか。先述の久野の苦言は、哲学・思想に携わる者に対する叱咤激励として受け止めたい。

くり返しになるが、哲学を語るということ――さらにいえば、その哲学を自ら生きようと努めること――は、この広大な宇宙のなかで、じつに小さな、しかしかけがえのない一個の人間が、人間としてどう在るべきかを問いつづけることである。だから哲学をもたないということは、何ら問いを発することなく、現在の状況を無反省に受け容れることであり、それは結局は、今さえよければ、自分さえよければ、それで構わないという消極的な態度に帰着するだろう。[3] しかし、それでは民藝に未来があるだろうか。だが、理想主義者・柳宗悦は、過去の古作品に真摯に学びつつ、たえず民藝の、そして民藝とともに生活する私たちの、明るく健康的な未来を思い描きつづけたのである——。

2 美の標準から真理の標準へ

最後に筆者が、柳に、またその民藝の同志たちにもっとも心惹かれるのは、彼らの言動に共通している開放性、いいかえれば「無私」から生まれてくる拡がりのある心である。すでに柳は「この世のすべての素晴らしいことは、利害を越えた所で生い立つ」（一六—五二九）と述べていた。彼らはみな、正しさ・美しさをすべての人と分かち合いたいと願っている。だから自分の損得を超えた次元で活動しているのである。柳がそうであり、また河井も浜田もリーチもそうであった。[4] 筆者が思うに、真理とは、このように無限に拡がっていく動きのなかに存するのではないだろうか。間違いなくそれは明るい、健康的な在り方であるだろう。反対に、閉ざされているところ、隠蔽があるところ、一部に限定がなされるようなところには、決して真理は存在しない——そこには真理を歪める何か不穏なもの、暗く不健康な病的なものが蠢いているように感じられるのである。柳は「健康の美」という「美の標準」を提示したが、しかしその健康性は、同時に「真理の標準」——この混迷する時代において、私たちが真理を見失わないための、いいかえれば、真に人間であることを喪失しないための、標準であるともいえるだろう。

一九六一年五月三日、柳は七二歳で生涯を終える。その葬儀にあたって、柳の学習院時代の恩師、九五歳の鈴木大拙は、次のような弔辞を読んでいる。[5]

大きな思想家、大きな愛で包まれている人——このような人格は、普通に死んだといっても、実は死んでいないと、自分はいつも今日のような場合に感ずるのである。不生不死ということは、莫々寂々ということではない。無限の創造力がそこに潜在し、現成しつつあるとの義である。これを忘れてはならぬ……。

（鈴木大拙「柳君を憶う」回想八）

ここで大拙が、柳が「実は死んでいない」というのは、ただ柳の書き残した思想が、柳が未来に托した志が、あるいは柳が設立した日本民藝館が、時代を超えて存続するという意味だけではないだろう。この場合の「不生不死」とは、生と死との区別を超えた境涯、すなわち主観と客観とに分かれる以前の境涯、要するに「無有好醜」の境涯であり、生命あるいは宇宙の霊的意志と一つであるような、「理法」そのものの境涯を意味している。だからこそ「無限の創造力がそこに潜在し、現成しつつある」——その「理法」の実現は、決して過去に完了した出来事でもなければ未来において誰かが果たしうるような出来事でもなく、現在の私たちひとりひとりに与えられている課題である。なぜならば、私たちの生きている現在は「永遠なる現在」であるから。そして私たちが自我に対する執着から離れるとき、すなわち柳がくり返し指摘してきた「人間の病」から免れるとき、すべてのひとの心の奥底に潜在しているこの「理法」は、自然と発揮される——現成する。そのとき、私たちは柳とともに生きているのである。

この大拙によって、柳の戒名は「不生院釈宗悦居士」と名づけられている。

注

はじめに

（1）柳兼子「回顧」『回想の柳宗悦』蝦名則編、八潮書店、一九七九年、三一二頁（以下回想と略す）。

（2）多々納弘光『出西窯《しゅっさいがま》』、ダイヤモンド社、二〇〇三年、五七頁（以下多々納と略す）。

（3）Bernard Leach, *A Potter in Japan*, Faber and Faber, 1960, p. 222.『バーナード・リーチ日本絵日記』柳宗悦訳・水尾比呂志補訳、講談社学術文庫、二〇一四〔一九五五〕年、三一八頁（訳文は筆者による。以下リーチと略し、原書と邦訳の頁を併記する）。

（4）河井寛次郎『火の誓い』、講談社文芸文庫、一九九六〔一九五三〕年、七四頁。

（5）河井寛次郎「柳宗悦の死」回想二一一。

（6）浜田庄司『無尽蔵』、講談社文芸文庫、二〇〇〇〔一九七四〕年、二五九頁（以下浜田と略す）。

第Ⅰ部　民藝理論以前

第一章

（1）当時の学習院は皇族と華族の子弟のための学校だった。もともとは士族であった柳の父・柳楢悦《ならよし》は、創成期の海軍に尽力した人物（とくに海図の作成では伊能忠敬の業績に肩を並べるものであり、また御木本幸吉に真珠養殖のアイデアを授けたりもしている）で、その功により、子供たちは学習院に進むことができた。ただし父は、柳が一歳のときに亡くなっている。また柳の母・勝子は、柔道の大成者で講道館の初代館長・嘉納治五郎の姉である。ちなみに宗悦という名前は、唐の詩人・柳宗元から着想を得て、楢悦が名づけたものである。

（2）鶴見俊輔「解説・学問の位置」（三―七四四）参照。

（3）この騒動においては、当時学習院で英語を教えていた鈴木大拙が万事取り計らってくれたという（一―三五九）。柳は、終生、大拙を慕いつづけたが、その大拙よりも早くに柳は亡くなり、葬儀では大拙が弔辞を読むことになった。また同じ学習院で西田幾多郎の教えも受け、後に西田の京都の家の家具調度類を見繕ったりもしている。「鈴木先生と西田先生に大変私淑していたようです。西田先生もずいぶん尊敬していたようです。何しろ柳は父には早く別れて、父の顔を存じませんからね。ですから、鈴木先生をお父さんみたいに思って大事にしてきました」(水尾比呂志「柳兼子夫人に聞く」『評伝柳宗悦』付録、筑摩書房、二〇〇四〔一九九二〕年、六二六頁。以下兼子と略す)。

(4) 芥川龍之介は、自らは白樺派から距離を取りつつも、その歴史的・文学史的意義について、たとえば次のように評価している。「武者小路〔実篤〕氏が文壇の天窓を開け放って、爽やかな空気を入れた事を愉快に感じている……恐らくこの愉快は、氏の踵に接して来た我々の世代、或いは我々以後の時代の青年のみが、特に痛感した心もちだろう……氏の雑感の多くの中には、我々の中に燃えていた理想主義の火を吹いて、一時に光焰を放たしめるだけの大風のような雄々しい力が潜んでいることも事実だった……何よりもその人間的な素質の前に真面目であれと云う、それこそ氏の闡明《せんめい》した、大いなる真理の一つだった」(『芥川龍之介随筆集』石割透編、岩波文庫、二〇一四年、三〇・三一頁)。

(5) 松橋一二二(第一章注8参照)。

(6) 鶴見俊輔『柳宗悦』、平凡社、一九七六年、九四頁。

(7) 鶴見俊輔『柳宗悦』、前掲書、八五頁。

(8) 人間としての柳についてのもっとも信頼できる資料は、兼子の言葉であると筆者は確信している。まさに鶴見俊輔が述べていたように、そして後にリーチが評するように、兼子は希有な人物である。なお、以下の叙述では、小池静子『柳宗悦を支えて――声楽と民藝の母・柳兼子の生涯』(現代書館、二〇〇九年。以下小池と略す)ならびに松橋桂子『楷書の絶唱――柳兼子伝』(水曜社、二〇〇三年。以下松橋と略す)を参照した。

(9) ハンカ・ペッツォルド(Hanka Petzold, 1862-1937)はノルウェー人のピアニスト兼オペラ歌手。ヨーロッパ全土で活躍していた一流の音楽家だったが、仏教研究者の夫に従い、一九〇九年に訪日。請われて兼子ら草創期の日本の女性声楽家を指導する。最期まで日本にとどまり、夫とともに比叡山に葬られた。ちなみに彼女の生の演奏を芥川龍之介――兼子と小学校の同級生――が聴いておい、次のような印象を綴っている。「あのベッツォルド《ママ》夫人というお婆さんが、リストを弾いた時も、そのピアノの音の一つ一つは、寸刻も流動して止まらない、しかも不思議に鮮かな画面を、ありありと眼の前へ浮かばせてくれた。その画面の中には、どこを見ても、際限なく波が動いていた……この明るい幻を息もつかずに眺めていた自分は、演奏が終わって拍手の声が起った時に、音楽の波動が消えて了った、空虚な周囲の寂しさがしみじみ情けなく感じられた」(『芥川龍之介随筆集』、前掲書、三八頁)。

(10) ちなみにプロポーズについても兼子は次のように述べている。「プロポーズしたってば、両方でプロポーズしたんでしょう(笑)」(兼子五二七)。

(11) 柳宗理『エッセイ』、平凡社ライブラリー、二〇一一年、三〇〇頁（以下宗理と略す）。
(12) 河井つね「思い出の柳さん」（『柳宗悦全集』第一四巻月報。以下月報と略す）。
(13) たしかに兼子が物語る夫婦間のやりとりを読むと、「あなたそれは……」というように、しばしば柳のやり方に口を挟んでいる。しかしまた兼子は、「まあ、夫婦げんかというのはたいがい下らないでしょうけれどね」とも述べている（兼子五九四）。
(14) 柳は、客人に対して、外から食事を取り寄せるようなことは決してなかったという。柳に限らず、河井も浜田も、基本的に家庭を開放していたから、つねに多くの来客があり、そして食事をともにしていた。
(15) これは嘉納治五郎の敷地の隣に建てられた、治五郎の姉である母・勝子と、これも早くに夫を亡くした柳の姉・直枝子《すえこ》が住むための家だった。ところがこの姉が再婚したことで予定が変わり、新婚の柳夫妻が管理も兼ねて、そこに住むことになった。それは干拓前の手賀沼の畔に建てられた、若い二人には贅沢な、大きな家だった。リーチはこの家の庭に窯を築く。また、武者小路実篤と志賀直哉も隣に越してくる。青春時代の延長のようなこの「我孫子時代」に、柳は宗教哲学を研究し、また朝鮮と深い関係をもつようになる。ちなみにウィリアム・モリスも、二〇代後半に友人たちと共同的な生活を送り、そのなかで自己の使命を確立していったという。その「レッド・ハウス時代」と呼ばれる一時期と、柳の「我孫子時代」との類縁性が、モリス研究者によって指摘されている（川端康雄『ウィリアム・モリスの遺したもの――デザイン・社会主義・手しごと・文学』、岩波書店、二〇一六年、二四〇頁）。
(16) この我孫子時代に柳は東洋大学で教壇に立っているが、兼子はその給料や原稿料などをまったく見たことがないという。
(17) この美術館は関東大震災により『白樺』が廃刊となったために実現しなかった。それまで彼らが得ていた作品群（たとえばロダンから寄贈されたブロンズ像やセザンヌの絵画）は、今日では、倉敷の大原美術館に永久寄託されている。
(18) ただしその「趣意書」を兼子が目にしたのは、ずっと晩年のことである――「あら、私の名前が出てるわよ。初めて見た」（兼子五六三）。
(19) 柳は次のように書いている。「彼の妻はおよそ一と月の間、家と子供とを離れて、北は北海道や新潟や、南は阪神や岡山まで、寧日なく音楽の旅を続けた」（六―五六六）。
(20) 兼子の独唱会は、朝鮮で聴かれた最初の洋楽で、どこでも大盛況であったという。京城（ソウル）での音楽会の初回には一三〇〇人集まったという。このとき兼子は一〇日間で七回ステージに立っている。またそのプログラムは、決して大衆向けに水準を下げたものではなく、本格的なものであったという（松橋一〇四）。
(21) 河井寛次郎『蝶が飛ぶ、葉っぱが飛ぶ』、講談社文芸文庫、二〇〇六年、三五頁。

(22) 柳の姉・直枝子と、その再婚相手・谷口尚真《なおみ》（谷口は後の海軍大将。太平洋戦争開戦に最後まで反対したが、そのポストを外される）。この姉夫婦と柳夫婦とは非常に親しい関係にあり、とくに義姉・直枝子は、最期まで兼子のよき理解者でありつづけたという。

(23) そうはいいつつも、その時期に刊行された柳の『工藝の道』は兼子に献げられている――「遠く異郷に在る妻兼子に贈る」（八―六〇）。

(24) ちなみに兼子が伝えるところでは、ナチスの出始めの頃のベルリンは、「このごろオーストリアのほうに変なのが出て、何だか変なことを言っている」というような、軽い受け止め方だったという（兼子五五八）。

(25) 寿岳文章によれば、ブレイクとホイットマンの文献が中心であるが、またラフカディオ・ハーンに関するものも多くを占めたという（寿岳文章『柳宗悦と共に』、集英社、一九八〇年、二七五頁、参照。以下寿岳と略す）。

(26) 倉敷紡績（現クラレ）の社長であった大原孫三郎は、浜田庄司の茶碗に感服し、浜田を介して柳を知る。息子の大原総一郎とともに、経済的に民藝運動を支援した。経済人の責務として多くの文化事業を支えた大原孫三郎であったが、とくにこの民藝館設立のための寄付が「自分のやった事のうちで最も意義があったと思って居る」と述べている（兼田麗子『大原孫三郎――善意と戦略の経営者』、中公新書、二〇一二年、一八五頁）。また大原は「理想のない仕事には生命はない」とも述べており（兼田麗子、前掲書、八一頁）、このような気概の持ち主であればこそ、柳の活動に共鳴したものと思われる。

(27) ただ民藝館設立の恩人・大原孫三郎との縁で、「慰問演奏会」を各地で行っている。そこでは日本の歌唱曲（『荒城の月』や『椰子の実』など）が歌われたという（松橋二四七）。戦争末期には、空襲警報発令のなかを車で移動したという（松崎二五〇）。

(28) その頃は、食糧にならない花づくりをすると「売国奴」と呼ばれるようなご時世であったにもかかわらず、あえて畑の一角で花を育てたという。後に兼子は「戦時中、私が一番良いことをしたのは、花を作ったことだよ」と話したという（小池一四四）。そのような母の姿を見て、四男・柳宗民《むねたみ》は園芸家になった。ちなみに宗民が半ば冗談めかして語るところによれば、彼の園芸も「民藝」、ただし「民衆的園芸」である。特別に手をかけた華やかな、あるいは風雅な庭園ではなく、私たちの日々の生活と一つであるような庭づくりが宗民の求めるものであり、それは図らずも父・宗悦の志を継承するものになったと宗民は述懐している（柳宗民「父の残した美田」第一〇巻月報）。

(29) 柳は文化功労者に選ばれるが、その年金も、またすべての著作権も民藝館に譲渡する。

(30) 「我が国のドイツ・リート演奏の基礎を築いた」と定評のあった兼子は、晩年になると、「日本歌曲唱法の確立」をめざしたという（松橋二七二）。それは洋楽のメロディーに発声の異なる日本語をいかにのせていくかという課題であった。

(31) 二人の結婚に際して、母・勝子は、それまでの麻布の家を売り、三人で生活するために青山に新居を求めた。その家が音楽家（本居長世）の家で、シュタインウェイのグランドピアノも一緒に譲り受けたという。だから水尾比呂志は「グランドピアノは、やがて宗悦から兼子への良き贈物となる」（水尾比呂志、前掲書、七五頁）と書いたのかもしれない。しかし引っ越しが重なったことで、兼子は大きなグランドピアノを手放し、アップライトピアノを（当然のことながら）自費で購入する。そのピアノを、一流現役歌手である彼女が、新しくすることさえままならなかったのである。まとまった金額になると柳にもっていかれるから、最後は月賦で買ったという（兼子五八六）。

(32) 柳の遺言では、兼子は終生西館にとどまることができるように配慮されていた。しかし兼子がレッスンをすると、「公の場」を私的に利用していると非難の声が上がったという。さらに兼子の台所に民藝館の蔵品が次々と運び込まれ倉庫扱いにされたことに、彼女は敵意を感じたという。河井寛次郎は、「奥さん、申し訳ない、どうか辛抱してください」と頭を下げたという（松橋三一四）。

(33) これは決して私的なものではなく、純粋に商品として企画・制作されたものである（今日ではCD化されている）。そこに年齢的な衰えを指摘するひともいるかもしれない。しかしある評論家は「八十を過ぎて歌曲の録音をした演奏家がいただろうか」とその偉業を讃えている（松橋三三四）。また鶴見俊輔は、兼子が八四歳のときの独唱会を聴いている。鶴見は、最初のうちは「終わりまでもつのか」という不安を抱いていたが、終わりまでもったどころか、終演後に兼子と食事をともにして、彼女がまだまだ「余力を持っている」ことに驚いている。そしてその食事の席で、兼子は自分の歌い方を反省し、今後に向けて的確な「自己批評」を行ったという（鶴見俊輔『限界芸術論』、ちくま学芸文庫、一九九九〔一九六七〕年、四二九・四三〇頁）。

(34) しかし旅先では、柳は自分で自分の身支度を整えていた様子である。棟方志功夫人は述べている。「私が『洗たくものをどうぞ』と申しあげても、『僕ひとりでやれるからいい』と、いつも遠慮なさいました」（棟方チヤ「柳先生と棟方志功」第一四巻月報）。

(35) 朝鮮から身一つで引き揚げてきた浅川母子にとっては、柳は自分たちに生きる場所を与えてくれた恩人であったから、懸命に尽くした。しかしこの母子は、兼子よりも早く、そして二人とも同じ年に亡くなっている。

(36) 柳はときおり、現実的に不可能なことを主張しては「だだをこねた」という。それを機嫌を損ねないよう諦めさせるのに苦労したという（兼子六一六）。

(37) もちろん兼子に対する感謝の気持ちはあっただろう。しかし――これは男性的な見方なのかもしれないが――過剰に嫉妬されることでますます柳の兼子に対する心は硬くなっていたと思う。

(38) 柳が結婚直前に執筆していた『ヰリアム・ブレーク』のなかで、柳はブレイクの夫人キャサリンを讃えている。柳は、次のようにキャサリンを描きつつ、来たるべき自らの結婚生活を夢みていたのかもしれない。「彼女はブレークが此世に於て最大な天才である事を信じていた。その尊敬はいつも敬虔の念に溢れた献身の努力を彼女に与えた……彼女は夫の仕事に対しては倦みを感じることを知らなかった」(四—五一)。しかしこれも理想主義的な観念の産物にほかならないだろう。

(39) たとえば遠藤周作は次のように書いている。「特に中世における聖母マリアの位置は基督の母のみならず、人々の苦患の泪をぬぐう女性として、女と母を具現する象徴像になっていたはずである。その意味で彼女は中世の人々にとって理想的女性と考えて間違いないと思う」(遠藤周作『ほんとうの私を求めて』、海竜社、二〇〇五〔一九八五〕年、一二七頁)。

(40) 富本謙吉は、最初は柳の同志の一人であったが、個人作家という強い自覚から民藝を批判し、柳から離れていく。それでも柳は、富本との復縁を願っていた。二人の間に立ったリーチは、富本の側の性格的な問題を指摘している(リーチ162/二三一)。

(41) 兼子は述べている。「〔職人たちには〕人間的にも純朴な人が多かったから、自分が知らない世界の人たち、そういう人たちの純朴さというようなことをかんじていたんでしょうね……製本屋のおやじさんとはばかに意気投合しちゃってね」(兼子五九四)。

(42) 浅川巧については、第三章注3参照。

(43) 次のような柳評もある。「特に柳先生から得た第一印象で今も変わらないのは、全く気取りのない率直さ、それから柔和さと温かさであった。また大変笑顔の無邪気で美しい人だなと思った。後になって非常に思いやりの深い方だということも段々わかってきた……こんな無邪気な美しい笑顔の人はそうあるものではない」(楠恭「柳宗悦先生の思い出」第一九巻月報)。ここで「無邪気」という言葉が、柳の本質を表現しているだろう。それが理想主義者・柳の長所であり、またときには短所になったと思われる。

(44) 実際のところ、兼子は「大変だった」とはいうが、決して恨んではいない。「またもっていっちゃう」ぐらいの感覚である。兼子に個人レッスンを受けていた弟子の証言では、「兼子はお金の勘定に関しては全然だめなところがあった」(小池一〇一)というから、兼子自身も金銭に執着はなかった様子である。

(45) 名声が高まったことでさまざまなひとが柳をかつぎあげ、また柳自身も、そうと知りながら、かつがれるようなこともあったという。車中で二人きりになった柳は「きわめて人なつこく」「きわめてインティメート」だったが、駅に着くと「さっそく出迎えの民藝関係の人びとにとりかこまれ、民藝運動の家元の姿にかえってしまった」という証言もある(勝見勝「グッド・デザインと民芸」回想四八)。結局、柳を利用しようと集まってきた人たちは兼子を疎んじ、昔からの柳の友人たちは最後まで兼子を大事にしてくれた様子である。

（46）「結婚して一番有り難かったことは、柳の友人とも親しくつきあえたことです」（松橋八六）と兼子は述べている。

（47）柳宗理は述べている。「気難し屋の父のもとで、主婦としての苦労に耐え得たことは、それだけ人間を大きく深くしていたに違いない」（宗理三〇六）。その人間の大きさや深さは、先述のリーチの記した演奏会評からも十分にうかがえよう。

（48）読者として三〇年以上柳の著作に親しんできたという鶴見俊輔は、兼子や宗理ら親近者が証言する「生身の柳宗悦像」に触れえた経験から、次のように述べている。「私の理解しているかぎりでの柳宗悦の思想から見て、家庭の中に自分より大きな存在〔＝兼子〕があるということは喜ぶべきことではなかったか」（鶴見俊輔『柳宗悦』、前掲書、九五頁）。ちなみに鶴見は『柳宗悦全集』の主要な編集委員の一人である。また河井寛次郎の言葉を編集（河井寛次郎「機械は新しい肉体」『蝶が飛ぶ　葉っぱが飛ぶ』、前掲書、所収）してもいる。ところが遺憾なことに、今日では、鶴見と民藝との関係は閑却されている様子である。鶴見を追悼する『現代思想――総特集・鶴見俊輔』（二〇一五年一〇月臨時増刊号、青土社）においても、鶴見の多岐にわたる業績が讃えられるなかで、民藝に関するものはまったく言及されていない。しかし政治的・社会学的な評論が多く、どちらかといえば左翼的な思想家であった鶴見に、民藝に対する強い共感があったことは、彼のナイーヴな人間性を理解する上で、そして彼の思想の本質を把握する上で、無視できない観点ではないだろうか。

第二章

（1）かつて兼子は、柳に、どうして心理学を専攻したのかを尋ねたという。「聞きましたら、やっぱりいろんな不可解なことがある、不思議なことがあったりするので、幽霊やなんかのこと、興味を持ったりしたんだ、って言ってました」（兼子五三九）。

（2）中心的な役割をはたしたのは一八八二年に設立された「ロンドン心霊研究協会」であり、柳が『科学と人生』において挙げている諸事例もこの協会の研究に依拠している様子である（柳は出典について明記していない）。

（3）透視能力をもつ女性として御船千鶴子が注目を浴び、その能力の真偽性をめぐって科学的検証が行われた一連の事件。新聞各紙を賑わせた。しかし実証はされず、「詐欺師」という非難を受けた千鶴子は自殺、千鶴子を支持した帝大助教授の福来友吉は大学を去ることになる。柳はこの福来のもとで心理学を学んでいる（二二上――一三五参照）。

（4）これは柳が『白樺』に寄稿した論文を出版社からの依頼で本にしたものであり、『白樺』編集長の志賀直哉は「向こうから申し込んできたんだから白樺同人のなかでは名誉な事と思われている」と記している（一――七五三）。

（5）この天才・狂者の社会への適応能力という問題については、ベルクソン「〈生きている人のまぼろし〉と〈心霊研究〉」

（『精神のエネルギー』渡辺秀訳、『ベルクソン全集』第五巻、白水社、一九六五年）と重なるものがある。ちなみにベルクソンは、柳の研究資料の源泉であったと思われる先述の「ロンドン心霊研究協会」の会員でもあった（第二章注2参照）。

（6）人間としてこの世に生きる限り、私たちは自分の意識と自分の身体をもつ。意識は過去・現在・未来という時間軸の上で成立するものであるから、時間を必要とする（前の自分と後の自分があってはじめて現在の自分の意識が可能になる）。また身体は空間のなかに場所を占める。そうであるから時間と空間の制約を離れては、人間は「この世」には存在することができない。しかし「この世」を超えた次元——それは「この世」を離れた別のところにある「あの世」ではなく、「この世」に生きながら同時に「この世」を別の仕方で眺めることである——では、その制約から免れるのである。

（7）たとえば物質としての脳機能の停止がほんとうに人間の死であるといえるのか、あるいは、この宇宙を構成している究極的な物質（最終的な素粒子）は物質であるか、それとも霊的な何か（非物質的エネルギー）であるか、という問題に関わってくる。

（8）処女作について、ブレイク一六歳のスケッチを見た柳は、次のように述べている。「帰着の秘密はすべてその出発にある。華やかな花の美は只慎ましい蕾の裡に隠れている。偉大な終極は必ず偉大な端緒を連想させる」（四—三五）。ちなみに由良《ゆら》君美《きみよし》は、この『科学と人生』は実質的には研究ノートであって、柳のほんとうの処女作は次作の『ヰリアム・ブレーク』であると指摘する（由良君美「解説・柳思想の始発駅『ヰリアム・ブレーク』」四—六七九）。たしかに『ヰリアム・ブレーク』のなかには、後の柳の萌芽であるものを十分に見出すことができる。しかしそこでは「蕾」はすでに開きかけているといえないだろうか。筆者としては、やはり最初に刊行された『科学と人生』——まさに「スケッチ」である——をもって柳の処女作とし、そのなかに柳において終生変わることのない、核心的なものを把握したいと思う。それが「宇宙の霊的意志」に貫かれた「法則性」の存在であり、それに則ることで真実が実現されるという世界観であると考える。

（9）鶴見俊輔『柳宗悦』、前掲書、一一七頁。

（10）そこで柳は述べている。「思えばこの一篇は余の思想の出発であった。余は理知を越えた何ものか永遠なものを乞い求めて、それを哲学の根底と見做した。哲学を永遠ならしめるものは純論理の力ではなく、特殊な個人的テムペラメントであると余は厚く信じた」（二—一三）。

（11）この小論において多用される「リズミカル」「動律的」「流動」「生命」「直接経験」という術語は、明らかにベルクソン哲学の影響である。また「直接経験」という表現からは、ベルクソンを高く評価していた西田幾多郎——日本におけるベルクソンの紹介者の一人——の影響を見ることもできよう。すでに述べたように、柳は西田に私淑していた（第一章注3参照）。柳は「私もこの美しい哲学者［ベルクソン］に対して、深い尊敬や親しみを感じる一人である」（三—三四九）と述べているが、この「私も」というい方には、西田の存在が念頭に置かれていたのではないかと筆者は推測している。

(12) このような個性の意味やその内実について、この段階での柳がどこまで正しく理解していたかは明確にはできない（たんなる主観性という意味で読み取れるような記述もある）。しかしいずれにしても、たんなる個性（一般的な意味で個性と呼ばれるもの）ではない本来的な個性の内実を明らかにしていく過程が、これから先のブレイク研究であり、宗教哲学研究であった。ちなみに熊倉功夫は、柳は宗教哲学研究によって白樺派の特色である「自己を生かす道」を捨てたと指摘している（熊倉功夫『民芸の発見』、角川書店、一九七八年、四三頁）。しかし正確にいうならば、本来的な自己、深い個性を生かすために、自我という浅い個性を捨てた、ということである。そしてもし『白樺』同人のなかで、これから先も読み継がれていくのが第一に柳であると仮定するならば、その理由は、柳の思索がこの深い個性に立脚していることによるだろう。真の普遍性とは、この深い個性の先に拡がる領域なのである。

(13) 水尾比呂志、前掲書、七四頁。

(14) ちなみにアカデミズムの世界にとどまりつつ、風雅な境涯に遊んだ哲学者・九鬼周造は「灰いろの／抽象の世に／住まんには／濃きに過ぎたる／煩悩の色」という歌を詠んでいる（『九鬼周造全集』第一巻、岩波書店、一九八一年、一八九頁）。

(15) リーチと出会う以前から、すでに柳はブレイクについて知っていたという。しかし深く魅了されるようになったのはリーチの影響である。柳のためにリーチはブレイクの詩を朗読している。そして『ヰリアム・ブレーク』はリーチに捧げられている。柳の親友であり、その夫婦のよき理解者であり、民藝運動を陰に日向に支えてくれた、この心優しい英国人について、本書では断片的にしか言及できない。リーチが日本のために尽くしてくれたことに対して、私たちが少しでもそれに報いることができたかどうかを省みると、申し訳ない気持ちで一杯になる。本書でも引用している『バーナード・リーチ日本絵日記』あるいは多々納『出西窯』において、そしてなによりも実際のリーチの作品において、リーチの深い人間愛に触れることができるだろう（個人的な経験からすれば、少なくとも民藝の領域で、リーチ以上に優しさを感じさせてくれる作品を筆者は知らない）。なおリーチの詳細については、鈴木禎宏『バーナード・リーチの生涯と芸術』（ミネルヴァ書房、二〇〇六年）を参着されたい。

(16) 由良君美は述べている。「今日の優利な地点から、柳のブレイク理解を学問的にあげつらうことは、やさしい。しかし当時の不利な地平で、なおかつ柳が読み取ったことに対決することは、実は決してなまやさしいことではない」（四―六九九）。また佐藤光は、柳のブレイクに臨む姿勢に、晩年の夏目漱石が講演「私の個人主義」で説いた「自己本位」と通底するものを見ている（佐藤光『柳宗悦とウィリアム・ブレイク――漂流する「肯定の思想」』、東京大学出版会、二〇一五年、三五頁）。この漱石の「自己本位」を哲学的にいえば、それは「実存的」となるだろう。

（17）　ちなみに若き鈴木大拙がスウェーデンボルグの翻訳（『天界と地獄』、一九一〇年）や評伝（『スエデンボルグ』、一九一三年）を刊行しており、柳がその影響を受けていることは間違いない。

（18）　すべてが神的なものに包まれているということは、この世界に存在するすべてのものに神的なものが浸透しているということを意味する。だから「微細」なものにも神の顕現を看取ること――「神は細部に宿る」――が可能である。「すべてのものは彼〔ブレイク〕に神秘の姿を現していた。僅かなものすら彼の心の絃を振わすに足りていた……一枝の花、一粒の砂も彼には底知れない不可思議があった。微細なものは彼にとって荘厳の基礎であった。彼の芸術は精緻な美の統体であった。すべての小細な部分も驚嘆の現れであった」（四―三三七）。

（19）　この「自己寂滅」がブレイクにおける愛である。「愛とは主客の融和である。個性と個性の合一である。自己を外界に見出す悦びである。我を忘れるの情である……」（四―一九六）。

（20）　ここで柳は、ブレイクに類似の思想として、ベルクソン、およびジェームズの名前を挙げている。「彼と共に想い起こされるのはベルクソン又はジェームズ等によって代表される反理知主義の哲学である……〔彼等の趣旨《ママ》によれば〕根本的真理は冷《ママ》な静的状態にあるよりも熱い動的事実にある……実在の閃きは理知的思索にはない。直感的経験にある。反省的思索的分析はただ抽象の世界を吾々に残すのみで具象的真景を描き得ない、生命が求め憧れるのは停止ではない、前進である。永遠な〈時間的持続〉である。ブレークが云う想像とはこの不死な生命の流動を云うのである……」（四―三六七）。あるいは「近世の哲学が明らかに説いた様に、実在を把捉するのは知性ではない、直観である……真理の獲得はいつも直観的経験にある」（四―三二一）と語られる際のこの「近世の哲学」とは、明らかにベルクソン哲学を示している。

（21）　私たちが流出させるのではなく、源泉としての神性からの流出が私たちに注ぎ込み、私たちをとおしてさらに流れてゆくのである。ちなみに「流出」は新プラトン主義の代表的人物であるプロティノスで有名な術語であり、当然のことながら、柳もプロティノスとブレイクの共通性について言及している（四―三六二）。ただし、プロティノスが流出の源泉である神性の働きを強調するのに対し、ブレイクにおいては、流出を可能にさせる個性の能力（すなわち偉大な人格が実現する「特殊的個性」の働き）が強調されていると柳は解釈している（四―三六二）。

（22）　このようにキリスト教を批判し肉体を賛美するブレイクに、柳はニーチェを重ね合わせている。しかし柳は次のように両者の差異を語る。「共に彼等は〈狂者〉と云われている。しかしニイチェ《ママ》の一生とその死は悲惨な運命が伴っている。ブレークの生涯とその死には祝福された法悦が漂っている。一つは苦しみを貫いた力である。一つは喜びに溢れた力である……」（四―三六六）。

（23）　柳晩年の仏教美学における「無有好醜」の立場も、この「存在の肯定」の境涯に等しいものといえよう。しかしこの段階では、まだ「美と醜」の問題は自覚されていない（第九章注3参照）。また河井寛次郎における「大調和」の経験も同様の境地を示している。河井は、「葉っぱが虫に喰われ、虫が葉っぱを喰っているにもかかわらず、虫は葉っぱに養われ、葉っぱは虫を養っている」という出来事に「啓示」を受けて、そこから「この世このまま大調和」という世界観を獲得している（河井寛次郎『蝶が飛ぶ、葉っぱが飛ぶ』、前掲書、六六頁）。

(24) このように心霊現象から人間の心の内奥にある神秘性へとまなざしが移行しえたことは、柳の思想的発展という観点において、きわめて重要な契機であったと思われる。心霊現象にとどまる限り、結局は個々の「現象」に拘束され、現象を超えた次元に達することはできない。しかし哲学的・宗教的な深みが立ち現れるのは、その次元からなのである。

(25) ブレイクと併行して詩人ホイットマンにも柳は深く傾倒し、寿岳文章とともに研究雑誌『ブレークとホヰットマン』を創刊している（実質的には寿岳夫妻が担うことになる）。ホイットマンの詩は健康であり、自然であると、そして民藝の精神と共通するものがあると後年の柳は語っている（五―一二三）。柳はブレイク論と同じようにホイットマン論を書く意志をもっていたが（滞米中はホイットマン関連の文献蒐集で資金を使い果たした）、それは実現しなかった。

(26) 最初は西洋の神秘思想を研究していた柳であったが、エックハルトの語る「無」との出合いを契機として、東洋的な「無」の思想に開眼したという（一九―四八八）。

(27) 西洋系としては、『新・旧約聖書』の他、プロティノス、アウグスティヌス、エリウゲナ、ディオニシウス・アレオパギタ、エックハルト、リュースブルク、聖フランチェスコ、ノヴァーリス、ロダン、エマーソンなどから、東洋系としては、ウパニシャッド、孔孟・老荘思想、仏教、禅宗の祖師の語録などから、あるいはイスラム系の思想家たちからも――よくいえば自由自在に、悪くいえば手当たり次第に――引用されている。

(28) これも文芸誌であり、芥川龍之介の『羅生門』などが発表された雑誌である。

(29) この引用で「神または実在」とされる「実在」は、宗教的もしくは形而上学的経験が、たんなる観念上の事柄ではなく、具体的実質をもっていることを指示するための術語である。「究竟なものは単に思惟概念に止まらず、実際に存在せねばならぬという要求によって、吾々は最もしばしば実在という言葉を選んでいる」（二―一四四）。究極的なもの（存在＝神）の実在であって、個別的なもの（存在者）の実在ではない。

(30) すでにブレイク研究においても「存在の肯定」という概念で、同じ境涯が示唆されていた（第二章注23参照）。しかしこの「不二」であり「美即醜、醜即美」という出来事が柳において明確に自覚され、「無有好醜」として説かれるに至るには、その後の長い歳月と「啓示」とを必要とするのである（第九章注3参照）。

(31) ここでも柳はベルクソンに言及する。柳は、ベルクソンが「時間の流れをその内面において捕らえよう」として「静止し並置せられた時間の念を打破した」という点で、そして「反省以前の時間を追求した」という点で、高く評価する（二―一〇四）。しかしそのようなベルクソンの時間理解――「純粋持続」は、依然として流れる時間である。それをより深めて「永遠の今」――時間性の完全な超越――にまで達しなければならないというのが柳の主張である。しかしベルクソンは次のように述べている。「直観は糸を握っている。この糸が天まで達するか、もしくは地上から少し離れたところにとどまるか、それはただ直観だけが知っている。天まで達するならば、形而上学的経験は偉大な神秘家の経験につながる――私としては真理はそこにあることを認めたい。途中にとどまるならば、形而上学的経験と神秘家の経験は引き離されたままである。だからといって退け合うことはない。いずれにしても、哲学は人間をして人間的条件を超えさせたことになる」（Bergson, *La Pensée et le Mouvant*, P. U. F. quadrige, 1934, p. 50.『思想と動くもの』矢内原伊作訳、『ベルクソン全集』第七巻、白水社、一九六五年、五九頁。訳文は筆者による）。柳の批判を待たずとも、時間性を完全に超越した「永遠の今」が神秘家のもっとも深い境涯であることをベルクソンは熟知している。しかし哲学者ベルクソンにとっては、問題はそう単純ではない。哲学者――かつての柳の言葉を借りれば「理知」の時代の哲学者――としては、ただちに神秘の次元に飛躍することは許されず、あくまでもこの世界に身を置きながらその次元を志向する責任があるといえるだろう。要するに柳の思考は、先に何の躊躇もなくスウェーデンボルグに従ったように、ここでも感情的で慎重さに欠けている。ただそのような問題があるにしても、直観を説くベルクソン哲学と「直に見る」ことを第一に掲げる柳の思想には、間違いなく親近性がある。

（32）「向日性（Heliotropism）」は、すでに『キリアム・ブレーク』の序文に掲げられていた言葉である（四―九）。

（33）たとえば、誰かに手を差し伸べるとき、私たちは自然に、すなわち衝動的に手を出している。考えてしまうと手は出せないだろう。その衝動は人間としての規範に従った行為であるが、しかし同時に私自身の内側から生じた自由な行為である。だからその行為のなかで、私たちは、自分の心の拡がりを感じ取ることができる。あるいは私たちは「隣人を愛せよ」という言葉に共鳴する。それは規範であるが、同時に人間としての私たち自身の本心の欲求でもある。私たちは外側から教えられて「隣人を愛する」ことはできない。自分の内側で「かくあるべき」という規範が生じてくるからこそ、私たちはその言葉に共鳴し、隣人を愛したいと願うのである。そして愛することができないとき、私たち自身の心は閉じて硬くなる、すなわち自由を失うのである。ちなみにこの衝動性――瞬間的な心のはたらきと、美の把握が瞬間的であるということは（第四章注15参照）、「真＝善＝美」が一つであることから生じている。

（34）随想的であることの一例として、たとえば「存在の宗教的意味」という章は「朝記す。昨夜、余に次のような考えが浮かぶことによって、余はその眠られぬ一夜を楽しく過ごすことができた」（三―七）という、きわめて私的な一文で始まっている。

(35) ちなみに同書の次のような一文を読むとき、この考え方が意識的になった背景には、宗教的考察の深まりだけでなく、当時の柳自身の境遇と密接な関係があることが感じ取られる――「余の意志が神の意志であるとき、余に不撓の意志が湧き出るのである。神がよく喚ぶ故の吾が意志であらねばならぬ。かかる命なくしてありうる聖なる意志はあらぬ。神の意志が余に降り、余の意志が神のものに高められるとき、余に全くせられた存在があるのである」（三―一七）。後述するように、この一文が記された一九二〇年は、柳が積極的に朝鮮に関与し始めた時期である。「不撓の意志」あるいは「神の意志が余に降り」というような仰々しい表現は、そのとき柳が抱いていた自らの運命意識あるいは使命感の反映であると思われる。

(36) 第二章注26ならびに第九章注1参照。

(37) 多々納弘光は、美しいものを目にしたときの柳の喜ぶ姿を、次のように述懐している――「その喜びはすごいものでした。わたしは、ものを見て喜ぶということは、こんなに深いものなのかということに驚きました」（多々納五五）。ちなみに柳は、驚きこそが、美を享受するための絶対条件であるとしている――「感歎や驚愕なくしては、美しさを受け取ることは出来ないのです」（九―八八）。なぜならば、そのとき私たちは「充分受け身」であり「謙っている」から。要するに自分が空になって、対象と一つになっているから。これが「直に見る」という経験である。

(38) このような柳の論述傾向に寄せられた批判――たとえば「三十代で論理的冷静さに欠けている」というような批判に対し、柳は次のように反論している。「論理を棄却し等閑にするのは不満足な態度だ、しかし論理に満足してしまうのは一層不満足な態度だと余は信じている。詩情の豊かなテムペラメントの明晰な二十代三十代においてすでに論理的冷静に満足しているならば、彼の四十代五十代六十代においていつ詩情が湧くであろう。事実によればほとんどすべての偉大な独創ある哲学者は彼の哲学の泉を二十代三十代の想像に豊かなテムペラメントに発しているのである」（二―三〇一）。問題はこの「詩情」をどう解釈するかだろう――それを哲学する営みにおいて不可欠なものとするか、あるいはまったく余計なものとみなすか、である。

(39) たとえば「中世紀への辯護」という小論において、柳は中世思想を学ぶことの重要性を訴えている（三―四八〇）。

(40) たとえばマザーテレサは、およそ五〇年間にわたるカルカッタ貧民街での支援活動において、一度たりともその状況に「慣れる」ようなことはなかったという。「彼女（テレサ）が苦しんでいる貧しい人に出会うたびに、それは彼女に強い衝撃を与え、『このような苦しみを見たことがない』と繰り返していた」（マザーテレサ『来て、わたしの光になりなさい』ブライアン・コロディィエチュック編、里見貞代訳、女子パウロ会、二〇一四年、五〇一頁）。

(41) たとえば円熟期の内村鑑三に漲っている宗教的精神の力――『ヨブ記講演』（岩波文庫、二〇一四年）は圧巻である――と比べると、柳の言葉の「軽さ」は否定できない。その「軽さ」は、柳の宗教理解がまだ人生の真の苦悩を知らない若さ故の、概念的な理解にとどまるからであるだろう（柳の宗教論は三〇歳前後の執筆である）。宗教家としては、内村がそうであったように、中年期の人生経験をとおして、概念的に理解された言葉に真実の「重み」を与える宗教的人格を鍛え上げる必要があった。しかしその道は柳に与えられた道ではなかった。

(42) ただしこのように批判しつつも、その功績全体を思うとき、安倍は柳の才能に敬意を表している。「柳君は私などより遥かに天才的であって、こうした私から見れば恐ろしい断言〔言語化不可能な真理を安易に言語化してしまうこと〕も、君の真実を偽ったものとは思われない」（回想三九）。

(43) 宗教学者・鶴岡賀雄もまた、柳宗悦という人間の在り方に「共感と反発」を覚えると述べている（鶴岡賀雄「柳宗悦——近代批判者としての近代人」『日本の宗教学説Ⅱ』田丸徳善編、東京大学宗教学研究室、一九八五年、一八二頁、参照）。

(44) 長男・宗理の誕生にあたって、柳はリーチに報告の手紙を出している。そこで「理」という漢字はロゴス（logos）——宇宙法則・摂理の意——であると説明している。cf. Bernard Leach, *Beyond East and West*, Faber and Faber, 1985, p. 86.

(45) ちなみに批評家・若松英輔もこの「法衣の秘義」を重要視している（若松英輔「柳宗悦——美に用いられた人」第一三章、『目の眼』、二〇一六年七月号、参照）。

第三章

(1) 浅川伯教（一八八四—一九六四）は山梨県生まれ。日本の植民地支配下にあった朝鮮で美術教師をしながら彫刻家をめざしていたが、その後朝鮮陶磁史研究に集中する。陶磁器の破片を拾い集めるところからはじまって、朝鮮各地の窯跡を調べ、「朝鮮陶磁器の神様」と呼ばれる。伯教の作である茶碗や書画も残されている。実際のところ、弟の巧を朝鮮に誘ったのも、柳に朝鮮芸術を知らしめたのも、また後に柳が研究する木喰仏を見出したのも、この伯教であった。河井寛次郎は「これはまあ目の鋭い人でな。美しさのわかった人やからね」（河井寛次郎『炉辺歓語』、東峰書房、一九七八年、二六頁）と伯教を讃えている。浜田庄司もまた「君がいいという品には私達も不思議に批判せず同意出来るような気にさせられた」（浜田二六三）と述べている。ただし、柳とは若干求めるものが異なっていたように感じられる。たとえば伯教は、益田鈍翁など財閥系の茶人と積極的に交際し、「貴族的」な美にも触れているが、柳はその方面での付き合いを好まない。柳はもっと素朴で、その点が実直な弟の巧と深く親しんだ理由の一つであると思われる。『浅川伯教の目＋浅川巧の心』（伊藤郁太郎監修、里文出版、二〇一一年）という書名が、この兄弟の性格の違いを端的に示していると思う。

(2) 柳は学生時代にすでに李朝の壺を一つ購入していた。「神田の通りを歩いていて、硝子越しに一個の壺を内に見つけた。当時は何ものともよく判らなかったが、何か心を惹かれ、大枚三円で買い入れた。学生にとって当時の三円〔今日では五、六万円に相当」は決して安い額ではなかった」（二〇―二〇二）。また兼子の回想でも、浅川伯教の訪問よりも前に、柳は某展覧会で目にした李朝期の品物に深く感じ入っていたという（回想三四四）。そのような柳の潜在的な傾向に対して、伯教持参の「秋草手」は明快な方向性を与えたのである。そして伯教を介しての浅川巧との出会いがなければ、柳の朝鮮での活動は起こりえなかった。また日本での民藝運動が生じえたかどうかもわからない。

（3）　浅川巧（一八九一―一九三一）は、朝鮮総督府山林課に勤務し、養苗および植林に従事していた。朝鮮語に通じ、朝鮮の衣服を身につけ、朝鮮式の生活をしていたため、多くの日本人は巧を「日本語の上手な朝鮮人」であると思ったという。日本による植民地支配を――日本国内で聞かされていた大義名分とはまったく異なるその支配の現実を体感することで――深く恥じて、朝鮮人と心を通わせようと努め、その時代に朝鮮の人々に愛された唯一の日本人であったともいわれている。四〇歳で急逝。危篤の知らせを受けた柳はただちに京都から京城に向かうが間に合わず、その亡骸の前で号泣したという。柳は巧の写真を終生書斎の机の上に飾っており、その人物について尋ねられると、「僕が心を許した親友だ。ただ若い頃に亡くなってしまってね、だけど何かあると語りかけるんだ」と答えたという。そして柳は、巧がいなければ、自分は朝鮮での仕事はその半分もできなかったとも述べている（髙崎宗司『朝鮮の土となった日本人』、草風館、一九八二年、参照）。また柳の勧めにより、巧は朝鮮工藝に関する論考――たとえば『朝鮮の膳』（第三章注13参照）を残している。このような巧の生涯については――伝記的小説として――江宮隆之『白磁の人』（河出書房新社、一九九四年）を参着されたい。また柳は、戦後、巧の先妻の娘・園絵と、後妻・咲子（咲子は河井寛次郎夫人の従姉で、その再婚には柳と河井寛次郎が関わる）を民藝館に呼び寄せている（本書一八頁参照）。

（4）　先に述べたように、その序文では「生涯の方向を更えること」が宣言されていた（本書六五頁参照）。

（5）　柳の他に公に政府を批判したのは吉野作造や石橋湛山ぐらいであったという。そのような柳の言動に、新婚当初の兼子は驚いている。「本当に大胆なことを書きました。皆さんがお書きにならないようなことを書いちゃったりして。私だって、お嫁に来る前にあんな大胆なことを書いたの見たらば、ちょっと考えましたよ（笑）」（兼子五六〇）。

（6）　『宗教とその真理』において「無為」について考察した柳は、そこで「無抵抗主義」に言及している。「これは宗教的真理として否定しえない深さがある。無抵抗とはたんに為す無きの意ではない。また受動消極との意味でもない……余が何事も為さないとは神意にすべてを託する決断である。余の無為において神の為は全くされるのである……無抵抗は無上の能動である。これを越える積極の力はない。これは絶対な行為である。抵抗はたんに相対的行為にすぎぬ。あらゆる戦争に対する口実は宗教を離れる」（二―二〇）。ただし、現実にこの主義を貫くことの厳しさを柳がどこまで認識していたかは、疑問の余地がある（本書九〇頁参照）。

(7) たとえばバスで座っている朝鮮人を立たせて自分が座るような者も少なくなかったという。巧は朝鮮服で生活していたから、朝鮮人と間違えられて、立つように命令され、そして黙って立ったという（髙﨑宗司『朝鮮の土となった日本人』、前掲書、一六二頁）。

(8) 柳の家（我孫子および京都への移住前に住んでいた渋谷高樹町）には、多くの朝鮮人が柳を慕って訪れ、書生として長期滞在するひともあったという。しかし政治に関心が強かった彼らの多くは、あくまでも芸術による融和を願う柳の穏便な姿勢に満足できず、飛び出していってしまったという（兼子五五九）。

(9) 正式名称は「朝鮮〈民族美術〉展覧会――主として李朝期の作品」であり、その収益はすべて美術館設立のために寄付された。そこでの展示品の多くは、柳自身が朝鮮旅行で購入したものであり、「一度集めたものを世に問いたい」と思ったという（一六一―一七二）。

(10) 新進気鋭の陶芸家として脚光を浴びていた河井寛次郎は、この柳による「李朝展」に強い衝撃を受けて、それまでの華やかな美術的作品から堅実な民藝的作品の制作へと転向することになる。

(11) 髙﨑宗司によれば、巧は給料のすべてを注ぎ込み、そのため自らの生活に窮するほどであったという（『浅川伯教の目＋浅川巧の心』、前掲書、一三三頁）。

(12) それはささやかな、しかし心のこもった美術館であった。年二回展覧会を行い、普段は予約制であったという。残された写真を見るかぎりでは（『浅川伯教の目＋浅川巧の心』、前掲書、参照）、今日の日本民藝館に通じる雰囲気が漂っている。

(13) たとえば柳の求めに応じて巧が書いた『朝鮮の膳』を参着されたい（浅川巧『朝鮮民芸論集』髙﨑宗司編、岩波文庫、二〇一〇年）。

(14) 巧の急逝後、朝鮮民族美術館は、兄の伯教によって管理される。戦後、伯教はすべてを朝鮮に引き継ぎ帰国する。

(15) けれども柳の次男・柳宗玄は、韓国を旅した際、彼が柳の息子であると知った人物から「宗悦先生には、私もお世話になった者です……本当に偉い先生でした」と感謝されたという（柳宗玄「父宗悦と朝鮮」回想三四〇）。この問題については引きつづき考えていきたい。

(16) さらに柳は「震災罹災朝鮮人救済音楽会」も計画していたが、兼子の病気により実現しなかった。それは関東大震災の混乱のなかで、一部暴徒によって朝鮮人が殺害されたことに対し、遺憾の意を示すものであったという（松橋一二五）。

(17) そもそも宮城内に美術館の場所を得ることができたのは、当時の朝鮮総督・斎藤実《まこと》の助力であった。兼子によれば「その時、朝鮮の総督だった斎藤実さんが、柳の意図を理解なさって……そこを使ったらいいだろうとおっしゃって、そこに納めてきたわけです」（回想三五四）。この斎藤実は柳の父・楢悦の後輩であった（その親しさから兼子は「斎藤さん」と呼んでいるのだろう。実際に柳は直接斎藤を訪ねて、美術館に理想的な建物を所望している）。あるいは柳の妹・千枝子（早くに死去）の夫は、朝鮮総督府内務局長・今村武志であった。他にも、たとえば東郷平八郎は楢悦のかつての部下であり、先に述べたように後の海軍大将・谷口尚真は、柳の義兄であった。柳の政治批判が許容されたのは、このような亡父・楢悦の海軍人脈が彼を護っていたからであると思われる。ただしそれはあくまでも結果論であり、結果的には、柳自身はまったく意識していなかっただろう（基本的に柳の言動は衝動的である。柳は身の保全を確かめてから行動に移るような用心深い人間ではない）。

（18）柳によれば、中国は「形の美」を、朝鮮は「線の美」を、日本は「色の美」を表現しているという（六―九七）。

（19）江宮隆之、前掲書、一一七頁、参照。ただしこれは伝記的小説であるから、真偽は定かではない。

（20）朝鮮からの批判の詳細については、鶴見俊輔「解説・失われた転機」（六―六九〇以降）を参照。また竹中均が取り上げている柄谷行人からの批判も興味深い。柄谷は、「偉大な美を産み出す民族が独立に値する〔＝そうでない民族は独立に値しない〕」という思考が柳にはあったと批判する（竹中均『柳宗悦・民藝・社会理論――カルチュラル・スタディーズの試み』、明石書店、一九九九年、二七頁、参照）。この批判は、まず柳には「民族の独立」という発想がない――だからこそ柳は「植民地支配」という問題に鈍感であった――ということを見落としている。柳の求める「美の国」においては、民族の優越云々はまったく考慮されないのである。また、柄谷が用いる「偉大な美」という表現も曖昧である。竹中が的確に指摘しているように、柄谷は「高麗」と「李朝」を混同している様子である。「高麗」はなるほど貴族的な美であり、それを蒐集している日本人はすでにたくさんいた。ただし彼らは「ものだけ愛して、それを生み出した人間を愛さなかった」、だから柳は憤慨し、抗議したのである（第四章注14参照）。それに対し、浅川兄弟を機縁として柳が見出した「李朝」の美は、「偉大」と形容されるような美ではなく、土地に根ざして具体的に生きる人々（抽象的概念としての民族ではない）の生活用品が表現する美、すなわち「工藝美」である。それは決して特別な美、偉大な美ではなく、人間が真面目に生きているところにはどこでも必ず顕現するような美である。一般的な傾向として、柳の政治的言説を批判する文献は、つねに具体的なものに触発されて展開していく柳の思考様式を十分に把握しきれていない印象が否めない。それでも柄谷のような思想家が柳に言及してくれるのは、筆者個人としては、喜びである。

（21）柳は「直に見る」こと、すなわち直観は誤ることがないと述べているが、それを鶴見俊輔は、「正しい直観はあやまたず」の意味で理解しようとする。しかしそうすると同語反復（正しい＝誤らない）になり、そこに柳の美学の「あいまいさ」が浮かび上がると鶴見は指摘する（鶴見俊輔「解説・失われた転機」六―六九一）。しかしこの批判を柳は断固拒否するだろう。このような批判は、柳の宗教哲学研究＝神秘思想を正しく理解していないところから生じるものといえる。柳の意図する直観は、主観―客観関係を超越するもの、自分が完全に無になることで対象に充たされる経験である。そこに主観性が僅かでも混在すれば、それはもはや直観とは呼べない。「直観といいますと何か主観的な自分独りぎめの見方、即ち独断的なもののように見なす方もありますが、独断が交わるならもともと純粋な直観ではないので、直観より在りのままな素直な受け方はないのです」（九―九〇）。要するにほんとうの直観には「自分」があってはならない。そして「自分」がなければ、決して誤ることはない――そこで判断を下すのは、もはや自分ではなく「理法」である――ということが、宗教哲学研究において確証され、民藝理論に引き継がれていく柳の思考の核心である。したがって柳的にいうならば、もし美的判断に誤りがあるならば、それは直観の誤りではなく、いまだ直観に到り得ない未熟さ故の誤りである。

(22) 伝記的小説『白磁の人』では、虐げられる朝鮮人の姿を目の当たりにしたことで、柳は「悲哀の美」という誤った解釈を提示してしまったとされている。そして柳は自らの誤りを認め、巧に詫びたことになっている（江宮隆之、前掲書、一一六・一二五頁）。それが事実なのか、あるいは小説上の創作なのかは確認できていない。しかし柳は伯教持参の壺を見たときに、すでに「悲哀の美」を感じ取っていたのであり、その直観には一瞬たりともぶれや動揺はなかったと思われる。この問題について土田真紀は、柳の美的直観それ自体に決して誤りはなく、それを表現する際に用いられた知識や時代認識の仕方が、批判対象になってしまったと解釈している（土田真紀『さまよえる工藝――柳宗悦と近代』、草風館、二〇〇七年、二二三頁）。

(23) その訪問は、中央官僚であり、当時沖縄県に出向して県学務部長をしていた山口泉からの強い要請によるものだった。その頃の沖縄の様子を山口は次のように書いている。「格のある独特な沖縄の良さなどは、いまは大部崩れかけてきた。現在の沖縄の文化は混沌として、料理でも衣服でも建物でも、生活様式全般がひとつの混迷のなかをさまよっているかのようである。なんだか、国籍を失った幽霊のような存在がその代わりに氾濫しているが、こうした新しい沖縄の動向は果たして正しい文化の歩みと認めていいのだろうか」（『月刊民藝』、一九三九年一一月号、四六頁）。そこで山口は、尊敬する柳に実際に沖縄に来てもらい、そのよさを広く伝えてほしいと願ったのである（ただし方言論争の時期には山口は転勤で沖縄を離れている）。ちなみに山口は古くからの柳の愛読者であり、二人の出会いは、山口が埼玉県庁に赴任していたとき、埼玉県内の工藝の将来性（たとえば小川町の和紙）について相談するために柳を訪ねたところに始まる（山口泉「回想の柳先生」回想二〇五）。

(24) 華やかな「紅型《びんがた》」だけは、すでに本土に紹介されていたという。たとえば先に沖縄に関わっていた浜田庄司（第三章注31参照）をとおして、芹沢銈介らに影響を与えていたという。

(25) 柳宗悦・式場隆三郎監修、日本民藝協会制作、一九四〇年（日本民藝館所蔵）。これは一二分程の短い映像であるが、戦前の沖縄の姿──その姿はほんとうに美しく竜宮城のようで、兼子が「浦島太郎がここへ来たんじゃないか」（兼子六〇九）と思ったほどである──を記録した、貴重な資料である。島のさまざまな景色や舞踊や葬送の列、人々の表情、市場の様子（実際の古着市や島豆腐を売る姿）などを目にすることができる。

(26) ちなみに柳が沖縄の立派なものを県外に持ち出しているという批判が新聞に──ただし方言論争勃発後──掲載されたという。しかし柳は、それまで誰も注目しなかったものを、古市で廉価で買い集めていたのである（一六─六五一）。

(27) 柳は沖縄の音楽が生活と密着していることを称賛している。「何しろ沖縄の音楽や踊りは日々の暮らしの中に滲み込んでいて、むしろ暮らしがそれらのものの中にあると云ってよいと思います。近頃の東京などでは、音楽は音楽会の音楽で、家庭の音楽ではありません。まして日々の暮らしが音楽の中にあるのではありません」（一五─四二二）。しかしそのように音楽会に否定的な見解を示している柳が、まさにその沖縄で──買い物の資金を得るために──兼子に音楽会をさせているのは不思議である。また柳は、間違いなく音楽的センスの高いはずの兼子に沖縄の踊りを見せてはいない。「ところが私には踊りを一遍も見せてくれないの。私は音楽会して、尚さんとこへお招き受けて、それだけですね」（兼子六一〇）。

(28) 棟方志功『板極道』、中公文庫、一九七六年、一九七頁。

(29) この一連の出来事については田中俊雄「問題の推移」（『月刊民藝』沖縄特集、一九四〇年三月号、四頁）参照。

(30) この電柱の「目障り」な様子は、坂本万七撮影による写真（日本民藝館所蔵）で確認できる。

(31) 柳の沖縄訪問よりはるかに早く、一九一八年に浜田庄司と河井寛次郎は沖縄を旅し、ともに大きな感銘を受けている（当時京都の陶磁器試験場にいた浜田は、沖縄出身の京大生と知り合い、沖縄に関心を抱く）。そして一九二四年以降、浜田は定期的に沖縄の窯場（壺屋）に入り、現地の陶工とともに作陶を行っている。まだ飛行機のない時代から、浜田は合計三十六回沖縄に渡ったという。また浜田の代表的デザインの一つである「黍紋」は、沖縄の砂糖黍畑から着想を得たものである（丸山茂樹『青春轆轤』、里文出版、二〇〇七年、参照）。このような浜田を一観光客とみなすことは適切ではない。

(32) 『月刊民藝』沖縄特集、前掲書、二〇～二二頁。

(33) その数日前に、吉田嗣延という県庁の役人による柳批判が新聞に掲載されたが、柳は「つまらぬ個人的な一文」として黙殺していた。しかし県学務部からの公式な批判ということで、「一文を書いて報いたい考えを起こした」という。それにしても「学務部がどうしてああまであわてて声明書を出す必要があったのか」と、振り返って柳は疑問を呈している（一五─五九四）。

(34) 『月刊民藝』沖縄特集、前掲書、一〇頁。

(35) 中見真理は、柳の主張は旅行者による一時的なものであって、県民の多くは県側の主張を支持したと述べている（中見真理『柳宗悦――「複合の美」の思想』、岩波新書、二〇一三年、一四八頁）。しかし筆者は、顔の見えない変名・匿名の多数者による支持よりも、一検事が個人的に示した謝意、あるいはこの少数の人々による感謝会こそが、県民の真意を表現したものであると感じている。

(36) だから数十年ぶりに帰郷した山之口貘は、次のように詠んでいる。「島の土を踏んだとたん／ガンジューイ（お元気か）とあいさつしたところ／はいおかげさまで元気ですとか言って／島の人は日本語で来たのだ／郷愁はいささか戸惑いしてしまって／ウチナーグルマンディン　ムル（沖縄方言までも　すべて）／イサクニ　サッタルスバイ（戦争で　やられたのか）と言うと／島の人は苦笑したのだが／沖縄語は上手ですねと来たのだ」（山之口貘「弾を浴びた島」『山之口貘詩集』高良勉編、岩波文庫、二〇一六年、一〇二頁）。

(37) 小熊英二『〈日本人〉の境界――沖縄・アイヌ・台湾・朝鮮　植民地支配から復帰運動まで』、新曜社、一九九八年、参照。先に触れた「日琉同祖論」についても本書で詳細に論じられている。しかしその小熊でさえも、竹中均も指摘しているように（竹中均、前掲書、二三頁）、この論争において柳が「もっとも沖縄にたいして敬意と愛情を示した人物であった」（小熊英二、前掲書、四一六頁）ことを認めている。ただし小熊が、民藝を「泥くさい〈民芸〉」と一言で片づけてしまっているのが、筆者としては、若干気にかかるところでもある。

(38) 直前の発言を見る限り――その発言がなされた背景はどうであれ――柳は、太平洋戦争を全面的に否定してはいなかったものと思われる。「柳先生は、戦争というものにはもちろん反対でいらしたと思うんですけれども……」と、平和主義者としての柳のイメージを構築しようとする水尾比呂志に対して、兼子は「仕方がないと思っていたでしょうね……日本の一大事だからって」と即答している（兼子五一七）。終戦前後の柳の書簡を読むかぎり、兼子の述べているとおりである。このような柳の態度を、たとえば鈴木大拙の態度と比べると、その差は歴然としている。大拙は、一九四四年の段階で、学生たちに「今回の戦争は負けますネ」と公言し、青少年を死に追いやる特攻攻撃を批判していたという（古賀登「終戦と鈴木大拙先生」『鈴木大拙全集』第三巻付録、岩波書店、二〇〇〇年）。

(39) この友人について柳は書いている。「尚侯爵は背が高く美男子で一見貴公子風のところがあった。温和しい質なため、あまり多くの友達がないようだったが、私は比較的よく話し合った。それは遠い琉球から来た王族であるのに何か遠慮がちなので、私の心を引くものがあった。しかし中学時代のことであるから、別に琉球のことに関心をもっている訳ではなく、今から思うと色々尋ねなかったのは残念である。ただ琉球の豚料理の話を聞いたことは未だに忘れない。そうして一度夏休みに是非沖縄に来てほしい、案内したいからといわれ、いつかその望みを果したいと思ったが、何しろ遠い所でついにそのままになった」（一五―五七五）。かつて柳は、この尚昌の支援によって沖縄での研究を予定していたが、尚の急逝により実現しなかった。

(40) 柳の沖縄訪問に際して、東京の尚家から沖縄の尚家（本家）に連絡が入ったという。山口泉が尚家の使用人から聞いた話によると、その歓待は、大正天皇の御幸のときと同じ、琉球王国で最高レベルのものであったという（回想二〇六）。

(41) やはり政治に関しては、現状を是認する傾向――朝鮮において植民地支配を前提としていたように――が柳にあったことは否めないだろう。たとえば満州を視察した柳は述べている。「民藝の仕事を通じ、日支の両国が力を協せることは、決して単なる夢ではなく、また夢に終わらせたくないことだと思います。ともかく民藝を栄えしめることによって、支那固有の美を益々発揮せしめることは、日本人の任務であり、友誼であると考えます」（一五―五七四）。なるほど柳は本心から「支那固有の美」の発揮や「日本人の友誼」を願っていたとしても、現実はそのような理想を語れる状況ではなかったはずである。中見真理は、たしかに柳は「戦意を煽り侵略を肯定するような文章を書くことはなかった」が、それでも「国策と共振し、当時の時代状況のなかできわめて危うい地点に立ちいたったのは、否定できない事実であった」と指摘している（中見真理、前掲書、一六八頁）。

(42) 柳田国男「沖縄県の標準語教育」『月刊民藝』沖縄特集、前掲書、八四頁。

(43) 萩原朔太郎「為政者と文化」『月刊民藝』沖縄特集、前掲書、八九・九〇頁。

(44) 萩原が感じたこの「暗い憂鬱」と同じものを、後に沖縄を訪れた岡本太郎も感じ取っている――「厖大な組織それ自体が運命的に孕んでいる危機、官僚化を喰いとめることはできない。体制の裏側に常にたちあらわれてくる魔性……」（岡本太郎『沖縄文化論』、中公文庫、二〇〇六（一九九六）年、七五頁）。

(45) 沖縄が焦土となりすべてが灰燼に帰した後では、それ以前に柳が蒐集し日本民藝館に所蔵されている沖縄の品々が、かつての「琉球の富」を想起させる貴重なものとなっている。それを正しく見識することによって柳の願いを受け継ぐことが、私たちに課せられた責務ではないだろうか。

(46) このような題名のつけ方に、柳の「上から目線」を感じるひともあるだろう。しかしそれは決して中央から朝鮮・沖縄・アイヌを見下しているわけではない。丸山茂樹が「断定口調で話すのが、柳の癖だ」（丸山茂樹『美の行者・河井寛次郎一三〇〇℃の歓喜』、里文出版、二〇一三年、一二頁）と適切に表現しているように、基本的に柳の語り口は断定調である。だからといって、そこに華族出身であり学習院を主席で通した柳のエリート意識を指摘することは正しくない（柳には教養を鼻に掛けるような態度はまったくない）。むしろそれは根本的な柳の性格――いつでも「教え」すなわち理想を説くことを欲する「啓蒙の精神」に起因するものと筆者は考えている。

第四章

（1）小宮山清三は浅川兄弟の親友。この小宮山もかつて朝鮮に渡ったことがあり、朝鮮の焼物を所有していた。すでに述べたように木喰仏の美的価値を最初に見出したのは浅川伯教であり（第三章注1参照）、それを小宮山の家に預けていた。後に小宮山は「木喰五行研究会」の世話人となって柳を助け、また柳が木喰上人研究から離れた後は、会の中心人物として、研究の発展に寄与した。

（2）柳が作成した上人の「日本廻国遍路足跡」（全集第七巻付録）によれば、上人は、北は秋田・青森を経て松前（北海道）まで渡り、南は九州を一周、四国・紀伊半島・房総半島も一周、東海道、山陽道、中山道、北陸道、山陰道、関越道、信越道を踏破、あるいは佐渡に渡り、また中国山地のなかを歩いている。

（3）寿岳文章は述べている。「いまふりかえってみると、京都時代は、柳さんの自己形成史に、最も重大な意味をもつ十年間であったと思う。柳さんは、その十年間に、〈こと〉の世界から〈もの〉の世界へ移籍し、観念の残滓を捨てて直下に個々物と対決する行動人となった」（寿岳二五四）。しかし筆者の見方では、寿岳が熱く語るように柳は強い決断によって行動人へと「移籍」してもいなければ、観念を放棄してもいない（民藝を理論化する作業は依然として観念的である）。柳は、木喰上人を仲立ちとして、きわめて自然な仕方で、理想主義者として情熱を傾ける対象を民藝へと移したにすぎない。兼子は、興奮して木喰仏を探し求めていた柳が「いつの間にか下手もの〔＝民藝〕に変わりました」（兼子五七一）と、その自然な成り行きについて証言している。

（4）あるいは鶴見俊輔のように、木喰仏と仏教美学とを直結させる見方もある。「〔柳に〕キリスト教への関心のつよくはたらいていた時代には、ウィリアム《ママ》・ブレークの作品の研究があり、仏教への関心のつよくはたらいていた時代には木喰五行上人の作品の研究がある」（鶴見俊輔『限界芸術論』、前掲書、四六頁）。しかしこれはあまりにも単純な図式化であって、柳の思想的発展の順序からしても正確さを欠いている。

（5）これは決して大げさないい方ではない。柳と河井寛次郎――「天下一の陶工」と称された作家――との強い結びつきがなければ、民藝運動は起こりえなかった。そしてこの二人を結ばせたのが、木喰仏なのである。河井は、はじめて京都の柳邸を訪ねたときのことを、次のように述懐している。「なんか変な仏いるんだよ……ありゃおれは打たれたね、何よりも先に。それからわしはわめいたらしいな……そのときに〔二人は〕深く契ったんだな。これが柳との出会いの因縁なんだ。それからおれもかんかんになって、柳といっしょに木喰仏探しに行ったよ」（河井寛次郎『炉辺歓語』、前掲書、二六頁）。

（6）詩人・大岡信は、「柳自身のもつ不思議な魅力」を感じ取っている。「これが最も重要な点だが、村人や篤志家たちの研究への協力を組織化してゆくという事業を次々に成功させていったのは、柳宗悦自身のもつ不思議な魅力にほかならなかっただろう。その魅力は、世が世なら彼を希有の宗教家としたにちがいないような資質から発していた」（大岡信「解説・木喰発見の意味するもの」七―六三五）。すでに指摘したように、柳がほんとうの「宗教家」になりうるとは筆者は考えないが、独特のカリスマ性があったことは事実だろう。ただ民藝を理論化するだけならば、他のひとにも可能であったかもしれない。しかしそれを民藝運動あるいは日本民藝館というように、具体的な形として多くのひとを巻き込む「うねり」を呼び起こしたのは、間違いなく柳宗悦という人格がもつ力であったと思う。

（7）後に柳は『蒐集物語』（一九五六年）という書物も刊行している。こちらは理念というよりも、柳自身の実際の蒐集体験を回想したものである。

（8）柳の甥の染織家・柳悦孝《よしたか》は次のように述懐している。「青山の家は、その頃熱を上げていた李朝の工藝品や木喰仏が書斎に溢れていたが、京都に移転後、民藝運動の展開とともに、ただごととは思えないような馬力で民藝品が集められていた。集めるというより、物の方で慕って集まったという方が当たっていたかもしれない」（柳悦孝「民藝館の出来た頃」第一六巻月報）。

（9）寿岳文章一家が長期入院するという出来事があった。そのとき柳は、寿岳の書いたブレイクに関する論文を本にして――「寿岳が病気にかかってしまった、若い学者に金のないのは当然である、だから寿岳を助ける意味でもこの本を買ってもらいたい」という自らの序文を添えて――小金を工面している。これに対して寿岳の妻・静子は「厚意は有り難いが、柳さんは自分の経験から若い学者に金はないのは当たり前だと書いているけれど、これはおかしい、心がけさえよかったならば、人間はそんなことに苦しまないだけの用意はできているはずだ、人に迷惑をかけるのは自分としては不本意だ」と述べたという（寿岳二―二五）。実際のところ、寿岳一家には非常時に備えて十分な蓄えがあり、後にその事実を聞かされた柳――すでに財産を失っていた――は、「君は案外金を持っているんだな」と驚いたという（寿岳二―一）。一般的に見れば、静子の意見が常識的であり正論であるのかもしれない（とくに寿岳夫妻は経済的に苦労して育ったから、なおさらそう思うのだろう）。しかしまた、そのような常識が欠如していたからこそ、柳は、大きな仕事を果たしえたのだともいえるだろう（その実質的な負担を兼子が背負ったわけである――しかし兼子には理解があった）。ちなみに、若い学者を助けるために彼の本を出すという発想が、じつに柳らしいと思う。

（10）河井寛次郎『炉辺歓語』、前掲書、一七〇頁。

（11）これは決して筆者の感傷ではない。大原孫三郎は、亡くなる前日、朦朧とした意識のなかで、「夢の中で柳宗悦が何かを欲しがっていた。あれを何とかしてやらねばなるまい」と述べていたという（兼田麗子、前掲書、一八九頁）。

（12）商人に引きずられるようでは駄目で、「優れた蒐集家はむしろ商人を引きずるだろう」と柳は述べている（一六―五四九）。

そして柳たちの民藝運動を「安物買い」と美術批評家たちが軽視している間に、「利にさとい道具商たちはその安物に未来を見て、急速に各所に動き出した」(二六一―一五一)。その結果、民藝は広く世間に浸透していったのである(しかしその負の側面として、非民藝なるものが流布することにもなった――第四章注27参照)。

(13) 柳に個人的に民藝品を見せてもらっていたひとが、民藝館が完成してからは、柳から遠ざかってしまったという(浜田一九九)。おそらくそのひとにとっては、ほんとうの関心は民藝にはなく、自分と柳との特別な関係に意味があったのだろう。

(14) この蒐集論(『蒐集に就て』)では触れられていないが、柳の思考では、その敬念は、さらにそのものを生み出した人々・民族・自然風土に対する敬念まで達するものである。先に述べたように、柳は朝鮮に関する一連の政治的文章を公表した(本書八一頁参照)。それは体制に対する批判であると同時に、心ない蒐集家に対する怒りでもあった。「それらの蒐集家は朝鮮の品々が好きではあるのだが、それを通して朝鮮の心を理解しようとするのでもなく、まして朝鮮のために尽くそうとするのでもなく、ただ自分の蒐集欲や知識欲を満足させているのに過ぎない事が判り、これが私を憤慨させた。結局それらの人々のはただ利己的蒐集で、朝鮮に対しては何も尽くさず、少しも報恩の志がないのである……品物だけを愛し、その生みの親たる民族を愛さないのは不合理だと思えた」(一〇―二〇一)。そのような柳の姿勢は、沖縄においてもまたアイヌにおいても、一貫している。

(15) 「民藝」という語が考案されたのはその前年、それも河井・浜田との旅の間での会話から生まれたものであった。それは、日用品を意味する従来の表現――「荒物」(たとえば一昔前では雑貨屋は「荒物屋」と呼ばれていた)や「下手もの」(反対に非日用的な高価な品物は「上手もの」)――では真意が表現できないため、適切な術語が探し求められた結果である。それにしても柳・河井・浜田の三人の絆は固かった。それはなによりこの三人の美的直観が同じ水準にあったからである。「私は物に感心すると、すぐ浜田庄司か河井寛次郎にそれを見せたい衝動にかられます。二人共反応がとても早いからです」(一四―三三〇)。美は直観的に把握されるものであると説く柳にとって、この「反応の早さ」は重要な観点である。「印象は時間的にいえば一瞬時で足りるのです。思い迷って長くかかるような判断は、それだけ不純だともいえるのです」(九―九〇)。

(16) 博覧会終了後、解体を惜しんだ山本為三郎(民藝運動の支援者の一人、アサヒビール社長)によって、山本の大阪の自宅に移築され「三国荘」となる。今日では、その調度品の一部が、アサヒビール大山崎山荘美術館に所蔵されている。

(17) 雑誌『工藝』は、柳においては、関東大震災によって廃刊せざるをえなかった『白樺』の後継である(ちなみに『工藝』刊行に先立って武者小路実篤が雑誌『大調和』を刊行しており、柳はそこに「工藝の道」を連載していた)。両雑誌の類似性について、柳は次のように述べている。「省みると『白樺』と『工藝』とには多くの類似点が読める。それが親しい同人の雑誌であること、しかも互いに共通した信念のもとに立っていること、信念であるからどこか精神的要素の著しいこと、何れも開拓の仕事であること、挿絵を豊富に持ち、それが重要な一部門であること、編集が非ジャーナリスティックであること、妥協の少ないこと、欲することを自由に試みていること等々」（九―一八三）。このような『白樺』・『工藝』の傾向は、同時に理想主義者・柳自身の傾向――すなわち精神性を重要視し、非ジャーナリスティック・非政治的であり、妥協せず、前例にとらわれることなく自由な試みを敢行する――であったともいえよう。ちなみに『工藝』編集の実質的な雑事を引き受けたのは浄土真宗の僧侶・浅野長量である。柳の仕事を評価するとき、決して表には出てこない、このようなひとの存在も忘れてはならないだろう。浅野は柳の葬儀の導師も勤め、列席者の棟方志功によれば、「その法業を身魂をあげてあたってくださっておられた」という（棟方志功、前掲書、一六四頁）。

(18) 大原孫三郎については第一章注26ならびに第四章注11も参照。

(19) 結果的にはそれが幸いして、民藝館はその設立理念の純粋性を保持することができたといえよう。兼子は述べている。「［柳は］政府に関係すると、主義から何から、品物そのものから何から、みんな向こうの――政府くさくなっちゃうんで、いやだということは、私に終始言ってました」（兼子五九三）。

(20) 柳宗理――その実力の故に、後に民藝館の館長に推挙される――は次のように述べている。「父も世襲というものをものすごくいやがって、血縁関係は絶対だめだとしょっちゅう言っておりました。お茶とか何とかがいけないのはそのためだと言ってね」（寿岳五二二）。柳は与えられた特権的境遇に頼らず、自分で道を切り開こうとするひとを心から応援した（第八章注4参照）。自らの還暦に際し、すべての財産を民藝館に譲渡することを決めた柳は、家族を集めて「美田を残さず」（家族に遺産はない）という訓戒を与えている。しかし柳宗民によれば、「父自身は美田を与えられていたようである」――それは事実である――と、少し恨み節ではある（第一〇巻月報）。

(21) 柳は日本がその伝統によって培ってきた審美眼、すなわち「日本の眼」の力を高く評価する。そして一般に「現代的」と讃えられるものが、実はただ「西洋的」にすぎないことを批判し、いたずらに外国の模倣をすること、あるいは外国で評価されたものをただ有り難がるような態度を改めることを要求する。しかしそれはいたずらに日本的なものを誇示することではなく、それぞれの国、それぞれの民族が、それぞれに固有の美――しかしすべてが唯一永遠の美そのものに関与している――を表現することで、世界全体を美的・文化的に豊かにするためである（一一―四二八参照）。これは、かつての宗教哲学研究で、西洋思想のみならず東洋思想をも学ぶことが、これからの日本の宗教哲学の課題であると主張されていたことと共通する考え方である（本書七〇頁参照）。

(22) 兼子によれば「宗悦は自分の思いのままに陳列がすまなきゃ『うん』となかなか言わない、そういう人」だったから、展示替えはいつも深夜にまで及んだという（兼子五八〇）。

(23) 多々納弘光は述べている。「出西窯は日本民藝館展を非常に大事にしてきました。新しい品物を出品して、入選するかしないかをひとつの目安としてきたのです。ほかの公募展も同じだったのですが、日本民藝館展では、浜田先生や河井先生が見てくださるわけですから熱が入りました」（多々納一一〇）。

(24) たとえば古作品を扱った民藝展を訪れた印象から、柳は次のように述べている。「古作物の会は進展性が少ないものです。それが新鮮である場合は、未知の品物の開拓、すなわち創作性が伴うか、または陳列法に新しい考案が加えられるかです。すなわち何を見せ、どう見せるかで変わってきます。しかしこのことは中々容易でなく、従って多くは同質の物を繰り返して列べるということに終わる危険が生じ易いものです」（一六―三七五）。そこで柳は、ただ展示をくり返すのではなく、「民藝について纏まった仕事を遺して頂きたい」と提言する（その例として柳は、民藝に関する歴史的・地理的な調査、職人用語や器具用語の辞典の編纂、職人の組織や民藝の経済的問題の研究などを、思いつくままに列挙している）。このように柳の視点は、つねに民藝に拡がりを与え、民藝の未来へと向けられている。

(25) 柳亡き後、柳の眼による「筋の通った蒐集」に、新たなものを追加すべきではないという意見も出たという。しかし「［その意見は］一理あるが、私達は民藝館は形だけを護るために残されたものではなく、それ以上に形を超越した柳の志を生かすところだと信じている」（浜田一九九）という結論から、蒐集は継続されているという。ただ筆者個人としては、「柳の眼」を学べるように、そうではない眼（決してそれが悪いという意味ではない）と識別する方策は必要ではないかと考えている。ちなみに伝記的小説『美の行者・河井寛次郎　一三〇〇℃の歓喜』（前掲書、四一頁）では、柳の蒐集意欲が度を超えて、もはや柳の所有欲になっていることを、河井が詰るような描写がある。真偽のほどは確認できていないが、先述の浜田庄司の言葉から判断すると、この描写は適切ではないと思われる。むしろ柳は、民藝館の強みは、その質・量ともに充実した所蔵品にあると確言している（一六―三〇二）。自らの所蔵品を多く持たない美術館は、結局他から借り受けて展示を行うために、出費がかさむ。逆に民藝館は、他に貸し出しができるほどに所蔵が充実しているから、経済的にも安定し、小規模ながら自立した運営ができる。これは柳の慧眼というべきであろう。もちろん、柳に「いいものが欲しい」という並々ならぬ所有欲があったのは事実である。しかしそれは、くり返し指摘しているように、決して柳一個人の所有欲を満足させることではなかった。

(26) それでも民藝館は昭和天皇の御幸に授かっている（一九四七年）。最初、いくつかの民藝品を持って皇居に参内し、民藝についての説明をするように要請された柳は、「数点の民藝品を持参致したとて十分ではない。民藝館の陳列を見て頂くこと、それ自体に意味がある」と断ったという（このあたりのこだわりが柳らしい）。それで話は終わったものと思っていたところ、急遽として天皇・皇后両陛下の訪問が決定した。そこで「特別な事をなさず、平素のままの陳列をご覧頂いてよい」と思った柳は、いつもどおりの「心配り」で両陛下をご案内し、そしてお二人は、満二時間、民藝館を堪能されたという。後に侍従から知らせがあり、陛下は民藝館を「大変面白かった」と、また「ああいう実用の土瓶などが、ケースに入れられて、飾るだけの値打ちがあることは面白い」と、その印象を述べられたという（その土瓶は二〇銭で買ったもの、しかしドイツの工芸展に出展し金賞を得たものだったという）。この御幸によって、民藝館ならびに民藝運動の仕事が社会的な信用を得ることができたと、柳は深く感謝している（一六―四九五〜五〇一参照）。

(27) 今日では想像し難いその流行の様子を、柳宗理は次のように書いている。「当初は二、三軒しかなかった民藝店は、東京だけで百を越すと言われる程多くなり、似て非なる民藝品までをも扱うお店となってしまった。それにつれて一般に言われる民藝という言葉も、低級な民藝的な趣味品という意味合いまでになり下がってしまったのである。すなわち民藝店に並んでいる民藝と称するものの多くは、日本民藝館に並んでいる純粋な民藝品とは似ても似つかぬものと化してしまったのである」（柳宗理「解説・日本民藝館とこれからの民藝運動」一六―七二九）。

(28) 民藝館も含めた今日の美術館の存在意義について、柳は次のように述べている。「宗教に代わって、科学の時代を謳歌する風潮さえ強まっているのです。しかし人類がこれによって心の安定や悦びを保証された證《あかし》は、ほとんど見られないのです。その渇きを癒やす一つの道として、識らずして美術館への注意が深まってきたのを感じます……つまり美術館は、近代人の心の飢えに応えてくれる場所になりつつあると存じます」（一六―三四六）。かつて柳は、科学では心の問題は解き得ないという結論から宗教哲学に向かった。そして宗教が困難な時代においては、美術・芸術に望みを托す。しかしまた晩年になると仏教美学を説くことで、美の背後にある宗教的な力に期待を寄せるのである。

第Ⅱ部　柳宗悦の民藝理論

第五章

(1) 熊倉功夫『民芸の発見』（前掲書）は、その書名が、すでに真実を告げている。

(2) 浜田に関する以上の記述は、浜田庄司『窯にまかせて』、日本図書センター、一九九七年、三四・三五頁、参照。

(3) たとえば太宰治の妻・津島美知子は、津軽の太宰の生家（青森県金木）に疎開していた当時（一九四五年頃）、そこで使われていた盥などの日用品が「昔風に厚く、ていねいに作られて」いることに深く感じ入っている。そして「もう歌舞伎の小道具で見るほかないような道具がまだ活きて残っていた」ことに感歎している（津島美知子『回想の太宰治』、講談社文芸文庫、二〇〇八〔一九七八〕年、一二五頁）。

（4） 河井寛次郎『炉辺歓語』、前掲書、五九頁、参照。

（5） たとえば倉敷を拠点に活躍した染織家・外村吉之介《とのむらきちのすけ》は述べている。「ことに柳宗悦先生の「工藝の道」という論文（本として出版される前の雑誌『大調和』での連載）を昭和二年に読みました時から、人間はこの世でどのように生きたらよいのか、何をしたらよいのかということを、具体的にははっきりと教えられて勇み立ちました。これより外に生きる途はないという覚悟が出来たのであります。そしてさっそく先生の膝下に馳せ参じて、民芸運動に加わりました」（外村吉之介〔述〕『木綿往生』、宮城県民藝協会、一九九五年、九頁）。ちなみに大原総一郎〔孫三郎の息子〕の倉敷紡績には、戦時中、沖縄から一〇〇名以上の女学生が勤労動員で働いていた。終戦後、沖縄の壊滅的破壊によって帰郷が困難になった彼女たちのために、大原は沖縄の織物を制作させることを思いつき、柳に相談。柳が指導者としてこの外村を推薦したという。そして外村の指導を受けた女学生たちが、やがて沖縄に戻り、「芭蕉布」のような沖縄の伝統的手工藝を継承していくことになった（前掲書、一〇～一三頁参照）。

（6） たとえば熊倉功夫は「柳宗悦の晩年の論調が、かつての器物中心の民藝論とは傾向を異にし、むしろ人間論の色彩を強めた」と指摘している（熊倉功夫「解説」『柳宗悦茶道論集』熊倉功夫編、岩波文庫、一九九七年、二一八頁）。

第六章

（1） 柳は述べている。「美術は理想に迫れば迫るほど美しく、工藝は現実に交われば交わるほど美しい」（八―七八）。たとえば柳は、美術に属する画家・梅原龍三郎とは親しい友人であり、梅原もまた、柳の活動を一つの創造的行為として認めていたという（一六―一四〇参照）。

（2） 河井寛次郎は「国家」と「国土」という表現の区別で、この問題を端的に説き明かしている（河井寛次郎『葉っぱが飛ぶ、蝶が飛ぶ』、前掲書、一二五頁）。国家は抽象的に論じられるものであるが、国土は人々が現実に生きる場であり、具体的な生活の基盤である。民藝はこの国土との関わりから生まれてくる。

（3） このような民藝の姿勢は、民具研究の立場からすれば、時代考証を妨げる迷惑な出来事となる。民藝と民具の差異については竹中均による丁寧な分析があるが、そのなかで竹中は、民具学者・神崎宣武による次のような批判を採り上げている。神崎によれば「民具研究を進めるうえからすると、民藝運動が先行し、趣味的な審美性をもとにして抽象的な概念（いわゆる懐古趣味や手づくり信仰のようなもの）を広めたことが、大なり小なり障碍をともなっている」（竹中均、前掲書、一一四頁）。念のために一言添えると、「懐古趣味や手づくり信仰」は決して柳の意図した民藝ではなく、流行現象としての民藝がもたらした、誤解された「民藝」である。それでも純粋に美的価値を求める民藝が、それとは異なる価値観に立脚する民具研究の障碍となることは避けられない事実であるだろう。

（4）自らは民藝作家ではなく「個人作家」の自覚をもつリーチは、柳は天才に依拠する美術を否定したのではなく、ただ天才以外にも「長い年月にわたって多くの人々〔無名の人々〕が創り出した、より広大な分野があったということ」を説いたのであり、その分野がこれまでまったく無視されていた分野だからこそ強調したのだと説明する。そしてリーチは、世の美術愛好家の多くが、その無名の分野から生まれくる美を認めようとはせず、いわゆる既存の美術だけを論じて満足していると、その視野の狭さ、その創造力のなさ、あるいは気概のなさに憤慨している（リーチ224／三二二）。

（5）実際に古作品から学びつづけた浜田庄司の定義によれば、ものには「生まれもの」と「つくりもの」があるという。「生まれもの」とは一切の作意なく、時代の雰囲気のなかで、自然に生み出されてきた実用品である（具体的にいえば中世紀の作品）。それを浜田は「古民藝」と呼び、意識時代の今日において制作される民藝、すなわち「つくりもの」から脱しえない民藝と区別する。浜田は「われわれはどうしてもつくりものから卒業できんのだ……おまえたちの仕事が生まれものになるにはかなり努力しないとならんぞ」と述べて、若い職人たちを叱咤激励したという（多々納一〇〇）。

（6）浜田庄司は職人たちに次のように諭したという。「古民藝、古作というものに学びなさい。わたしも古作の前にいってペしゃんこになる。古民藝、古作をしっかり受け止め、根を生やす仕事をしなさい」（多々納一一一）。柳が民藝館をとおして美の原理の体得を願ったように、浜田も、彼の拠点である益子に「益子参考館」を開設している。そこで浜田は、自らを魅了してやまない優れた工藝品を展示し、各人がそれらを「参考」にすることを期待している。また柳がこの世を去り、河井、浜田も亡くなった後、残された最晩年のリーチは、「人の師がなくなれば、無事の器を師とするほかない」と説いたという（多々納一三二）。

（7）このことを柳は、次のように説明している（九—六七〜六九）。たとえば今日、日常生活で蠟燭を用いることは現実的ではない。しかし考えるべきことは「そのために蠟燭の光は美しさを失ったか」ということである。「そこに見られる光の温かさ、柔らかさ、静けさを否定するわけにはゆかない。之に比べると如何に街頭に輝くネオンの色が浅く、冷たく、喧しいであろう」。蠟燭の光は、今日でも、やはり蠟燭ならではの美しい光を発している。それを見失ってはいけない。「もし蠟燭の美しさが見えなければ、ネオンの光を深めることはできないだろう。なぜなら美の見方がなくば、残るものはただ化学的なるもの以外に何もないからである。だがそれだけで美は生まれて来ない」。たとえ過去であろうとも、そこに現在の私たちの及ばない何かがあるならば、私たちは謙虚にそこから学ぶ姿勢が必要であると柳は訴える。それが古作品から学ぶということであり、同時に、創造的な未来へ向かう態度なのである。今日、イルミネーションが盛んに行われている。それは人々が照明をたんなる道具とみなしているのではなく、そこに美的な何か、心をときめかせる何かを求めていることの証であると思われる。おそらく柳はいうだろう――これから美しい照明を日常において実現しようと願うならば、あるいはより魅力的なイルミネーションの創作を求めるならば、本来の照明の美について学ぶ態度が不可欠である、と。

（8）日本民藝館において「展示」されてしまった民藝品は、もはや実用から切り離されることで、その本来の美が発揮されないという批判が可能だろう。なるほどそれは事実である。しかしそれら展示品の今日の存在理由は、もはや実際に用いられることにではなく、今日の私たちに「正しい美」の指針を示すところに存する。私たちにとっての実用品、すなわち私たちが正しく選択し、正しく使用すべきものは、やはり今の時代に生み出されるものでなければならない。それが同時代に対する責務であり、その責務を正しく果たすことが、また次の世代への受け渡し＝「伝灯」となるのである。

（9）だからこそ消費者の責任の重さについて、柳は次のように述べている。「器物に対し、買手が正しい買手だと、作手をも売手をもよくすることを考う《ママ》べきであります。この意味で消費者は、社会に重要な位置を占め、これが一国の文化を上下さす大きな力となることを知らねばなりません」（一一―六二七）。

第七章

（1）そして「乱された美」のなかにいると、美的感覚が麻痺し、ますます美が失われていく。同様なことはウィリアム・モリスも述べている――「モリスによれば、無益なものを堆積して置く為に、美しいものが除かれるばかりでなく、美感そのものが鈍化され堕落させられるのである」（本間久雄『生活の藝術化――ウィリアム・モリスの生涯』、銀書院、一九四六年、一六三頁）。

（2）たとえば今日の技術では、好きな図柄・写真を、自由にシャツにプリントすることができる。しかしそれは図柄・写真の展示場所をシャツに求めたのであって、シャツそれ自体の美しさと直接的な関係はない。シャツの美しさは、あくまでもシャツの用途（それぞれの目的に応じた形態・素材・色彩）に制約された不自由な制作過程のなかでのみ実現されるものである。技術的に可能であるからといって、いたずらにプリントすることは、法を破り、結果的にシャツを醜くするだろう。

（3）柳は「技巧と美、または器用さと美とを混同する場合」が多いことに注意をうながしている。「人間にもずるい質の人があって、上べをうまく飾り、言葉巧みに人を惹きつける術を心得た人があります。そうしてそれ等に誤魔化される人が案外多いのです。同じように品物にもそういう質のものが大変多く、之に迷わされないように注意せねばなりません。是は主に技巧を凝らしたもの、器用さで片付けたものに多く、その作意に誤魔化されて、美しさと思い誤ってしまうのです」（九―

九二）。決して技巧が悪いわけではない。ただ技巧と美とは別の問題であって、技巧に対する賛嘆と美的感動とを混同してはいけない、ということである。

（4）松井健『柳宗悦と民藝の現在』、吉川弘文館、二〇〇五年、九二頁、参照。

（5）ここから寿岳文章は「民藝運動は、それを支える堅固な土台として、平和を守りぬく強い信念に徹しなくては、本物にならないのではないか……民藝品の美しさはわからなくても、全身全霊を平和の確立にささげている人があれば、私はその人を、民藝品の美しさはわかっても、平和の確立に無関心な人よりも、はるかに高く評価し、はるかに深く尊敬する」（寿岳八八）と議論を発展させていく。しかし柳からすれば、やはり民藝品のほんとうの美しさをわかることの方が重要であるだろう（そもそも、ほんとうの美しさをわかるひとならば、平和に無関心でいられるはずがないだろう）。もちろん不穏な権力に対抗する平和運動は、寿岳が述べているように、高く評価・尊敬され、また強く支持されなければならない。しかし柳にとっては、宗教哲学研究で確認したように、一切の対立関係を超えたところに、求めるべき真理――不自由に対立する自由すなわち相対的自由ではなく、一切の対立関係を超えた絶対的自由――がある。民藝はその真理に関わる。だからこそ「安らかな美」なのである（ただしここで難しいのは、超越的な次元を志向することが、現実の難題を回避する口実ともなりうることである）。若い頃、寿岳は柳に傾倒していたが、次第に心理的に離れていく。その一番の理由は、このあたりの両者の感覚の違いにあったのではないかと筆者は考えている。

（6）柳は述べている。「無地とは模様がない意味ではなく、模様がその極に達した〈空〉の境を示すとも云えよう。それは一切の模様を含んだ無とも云えよう」（八―二六四）。「空」の境涯の意味はさておき、無地においては、素材、形態、色彩、技術の質がもっとも顕わになる――誤魔化しがきかない――のは事実であるだろう。あたかも沈黙を担うことのできないひとが饒舌に逃れるように、無地であることのできないものが、その欠乏を覆い隠すために過剰な装飾に頼るのだろう。

（7）『陶磁器の美』において「不規則中の規則」「不完全中の完全」と呼ばれていたものを想起されたい（本書一五〇頁参照）。またこのような自然に生じる「ずれ」や「不規則」を、晩年の柳は、茶道における「数奇」と関連づけて、「奇数の美」とも呼んでいる（一七―三六二）。

（8）後に述べるように、民藝運動が確立した後の柳は、今度は、イメージとして固定化された「民藝」にとらわれる人々、民藝を熱烈に支持することでかえって本来の民藝の妨げになる人々、すなわち民藝の「内敵」に強い警戒感を抱いていた（本書二二三頁参照）。彼らはまったくの善意で働いてくれるからこそ、問題は複雑である。

（9）柳宗理は述べている。「柳宗悦は機械そのものに対しては絶対的否定論者ではなかった。彼も機械時代の趨勢をよく知っていたし、ゆくゆくは機械製品を良くしなければならない、とたびたび言っていた。特に戦後アメリカに渡ってイームズと知り合い、その生活態度と物を見る眼にたいそう感激したようである。その節、彼はイームズの椅子や、シュルンボームのコーヒー沸し等、機械製品の良いものを買ってきて私に見せてくれた」（宗理三一八）。ちなみにこの最後の一行から、さほど家庭を顧みることのなかった柳の、父親らしい一面が偲ばれよう。また柳は死の直前、宗理に――最初で最後の――「激励の手紙」を送ったという（宗理三一九）。

（10）すでに述べたように、政治的な大局を眺める視点は柳には欠如していた（第三章注38参照）。

（11）第六章注5参照。

（12）棟方志功は最初は油絵に打ち込んでいたが、版画に自らの適性を感じ取り、転向する。そして版画の手ほどきを受けた平塚運一から、「版画は彫ることよりも刷ることがやっかいなのだ。たいていは版画というと彫ることを土台にするけれども、刷ることを大事に考えることが大切だ」との説明を受けたという（棟方志功、前掲書、六〇頁）。また棟方は、この平塚をはじめ、版画の世界には（それまで彼が属していた油絵の世界――多分に自力の意識が強いのだろう――と比較して）、「いい人」が多かったとも述べている。「そんな人たちの中で、わたくしも版画という世界は、非常に身近な中で育っていくものだと思いました。おごらず、てらわず、版画のやさしさ、親しさの中から、本当の版画の美しさが生まれてくるのではないかと思いました。いい道に入ったと、わたくしは嬉しくてたまりませんでした」（前掲書、六一頁）。棟方が感じるこのような「版画のやさしさ・親しさ」と、版画が間接美の表現であるということは、決して無関係ではないと思われる。

（13）柳は、工藝が堕落する外的要因として――「特に工藝のような民衆から生まれて来るものは、時代の力に左右されることが大きい。だからもし時代が悪くば、美しいものは至難になろう」（九―四五〇）、内的要因として――「伝統は型である。ともすればただの形式に陥りやすい。もし受取り方が、生気のない習慣に沈めば、伝統は凝固してしまう。この弊害が現れる時、作物もまた生命を失ってしまう」（九―四四九）を指摘する。

（14）要するに、民藝品の制作だけが民藝運動なのではない（第六章注9参照）。多々納弘光は述べている。「民藝運動といいましても、主義主張だけを並べたてましたところで運動は進みません。思想があって、その思想に沿った生産、そして流通が伴いませんと運動は完結しません。そこまでできて多くの人が美の喜びに恵まれるという民藝運動の根幹が達成されるのです」（多々納八九）。最近では、鞍田崇が、作家やクラフトショップオーナーと連携しつつ、民藝の思想と実践との理想的な融合を試みている（鞍田崇『民藝のインティマシー――「いとおしさ」をデザインする』、明治大学出版会、二〇一五年、参照）。

（15）ちなみに（学問としての）美学に大きな影響力をもつカントは「天才主義」の立場をとっている――真に美を生み出しうるのは天才だけであり、またその美を真に理解しうるのも天才だけである。しかし同時にカントは、天才＝卓越した個人作家にとっても、「修練」による正しい「規則」への服従が不可欠であると考えている。「ある目的を実現するためには、一定の規則が要求され、その規則から逸脱することは許されない。ところで才能の独創性が、天才の性格の一つ（しかし唯一ではない）の本質的部分であることから、浅薄な考えの人々は、自らが華々しい天才であることを示すためには、あらゆる規則が課する強制的な修練を捨てるしかないと思ってしまう」(Immanuel Kant, *Kritik der Urteilskraft*, von Karl Vorländer (Hrsg.), 7. Aufl., Meiner, 1990, S. 186.『判断力批判（上）』篠田英雄訳、岩波文庫、一九九二年、二六一頁。訳文は筆者による)。

（16）そのような心理を、たとえば丸谷才一は、次のように描いている。「戦後の日本の近代化は人間を孤立させ、孤立していなかった時期……つまり戦争のころを憧れさせ」（丸谷才一『笹まくら』、新潮文庫、二〇一六〔一九六六〕年、一三〇頁）。

（17）同志社中学校の教師をしていた青田五良《ごろう》を中心に、京都の民家を借りて、まったくの素人の若者たちが手工藝の制作をはじめたもの。青田は丹波の農村のお婆さんから機織りを学んだという。しかし青田の女性関係から、協団の人間関係が難しくなり解散（そのため多くの文献では青田の存在は否定的に扱われている）。その後、青田は教職を辞し、極貧のなか機織りをつづけるが、体を壊し、早くに世を去った。青田は「まだこの道は暗く、人のかよわぬ道だが、いずれは誰かが歩いてくれるだろう。私はその踏台になる」と語っていたという。その青田――「心身共に傷つきやすい芸術家」――から機織りを学んだ一女性が大事に保存していた、青田自身が植物染料で染めた糸の美しさ・気高さに魅了されて機織りを始めたのが、その女性の娘・志村ふくみである（志村ふくみ『一色一生』、講談社文芸文庫、二〇〇四〔一九八二〕年、一六二～一六四頁、参照）。また木工家・黒田辰秋も、この協団に参加していた一人である。

（18）それが奇跡的に実現されたのが島根の「出西窯」である。そしてさまざまな困難のなかでその協団が存続されてきた大きな理由は、それが「他力」の宗教的意識――「無自性」がメンバーの「共通の旗印」であった（多々納一四三）――に支えられていたからであると思われる。

（19）ウィリアム・モリス『ユートピアだより』川端康雄訳、岩波文庫、二〇一三年、一一一頁。

（20）モリス、前掲書、一一九頁。

（21）モリス、前掲書、二九二頁。

（22）あるいは柳は述べている。「実際のお婆さんの述懐では、『こんな仕事はちっともやりたかーねー』という所なのである。しかるにやりたくてやる以上の自由さがあるのである」（一八―一六五）。

（23）河井寛次郎『蝶が飛ぶ、葉っぱが飛ぶ』、前掲書、一〇七頁。

（24）このように述べる浜田は、職人といえども今日ではもはや受け身であってはならず、自ら「ものを見る目」を養うことを要求する。多々納弘光は浜田から次のような厳しい叱責を受けたという――「お前たちは、民藝というのを少し甘く見てはいないか。素直に一所懸命つくれば美しいものができるというのは間違いないことだ。だけど、生活の背後がもうそもそも古民藝ができた頃と違うんだから、君たちはしっかりとものを見る目を養わないとだめだ。いつまでもそんな他力本願のような観念的なことをいっとってはだめだ」（多々納一〇六）。この「生活の背後」の違いが、「生まれもの」と「つくりもの」の違いである（第六章注5参照）。

(25) この個人作家をめぐる問題は、民藝理論ならびに民藝運動の実際において、その根幹に関わる難問である。時代はたしかに美に対する明確な自覚のある個人作家を必要としている（たとえば第七章注24の浜田庄司の言葉を参照）。しかし、個人作家に依存することは、もはや無名の職人の力を信じないことにもなり、民藝の前提が崩れてしまう。前者、個人作家を尊ぶ立場としては、たとえば最初は柳と同志であった富本謙吉は、徹底した個人の研鑽による美の実現を主張して柳から離れていった。あるいは日本滞在中に柳夫妻と交流のあったブルーノ・タウトは、柳の「眼の力」や蒐集に「大変な敬意」を払いつつも、民藝があまりにも自然に任せたままで「質の追求に乏しい」ことを批判している（田中辰明『ブルーノ・タウト』、中公新書、二〇一二年、一〇八頁）。後者、無名の職人世界を保持する立場としては、三宅忠一や寿岳文章が、職人の伝統世界の自立性を主張して、柳から離れていった。さらにいえば、人間国宝の認定を（自分は無名にとどまるという理由で）河井寛次郎が拒んだのに対し、（自分の名が立つことによって民藝全体が評価されるという理由で）浜田庄司が受諾したのも、この二つの立場をめぐる認識の差異であるだろう。実際のところ、柳はこの二つの立場の間で苦悩していた様子である。染織家・志村ふくみは、かつて柳に「［彼女の織った着物が］民芸の道からはずれたこと、従ってあなたはもはや民芸作家ではないという、半ば破門のような宣告をうけた」（志村ふくみ『ちよう、はたり』、ちくま文庫、二〇〇九年、二三頁）という。そして民藝運動から離れ、自覚に徹する個人作家の道を歩んでいった。その歳月を振り返って、志村は次のように述べている。「今、四十年をすぎて思い出せば私も若く未熟であり、先生の真意を受けとることができず、ただその言葉に傷ついて、いたずらに苦しんだのであろう。丁度、柳先生も民芸という全く前人未踏の新しい民芸運動に没頭していらっしゃる時期であり、民衆の作か、個人の作かで日夜、内外からの反発、圧迫もあり、苦しんでいらしたのだと思う。実際その時期の民芸作家でこの問題に苦しまない者はひとりもいなかったであろう。むしろその苦しみを通して、自分のなすべき道を見出し、築き上げてきた人達が今、個人作家として立っているのである。今となれば、なぜあんなに苦しんだのか。唯一尊敬してやまない柳先生に対して、裏切ったような道をあえて歩んできた私であるが、私の中でますます輝くのは柳先生という偉大な人格なのである」（前掲書、一〇三頁）。先述の出西窯は、二つの立場が上手く調和し、柳の理想が実現された貴重な事例であるだろう（第七章注18参照）。

(26) 日本民藝館には、柳を支えた個人作家たちの作品も展示される。それらを民藝ではないとする批判もあるが、民藝館が未来を志向する限り、柳とともに民藝運動を立ち上げ、古作品＝古民藝から多くを学んだ彼らの作品もまた、後進にとって学ぶべき題材になるだろう。たとえば浜田庄司は、古作品＝古民藝に学ぶことの重要性を説き、また「わたしも古作の前にいってぺしゃんこになる」（多々納一一二）と述べている（第六章注6参照）。そのように述べる浜田の作品と古作品＝古民藝とを比べてみることにも、大きな意義があるだろう。

(27) 柳宗理によれば、柳亡き後、運営を任された日本民藝館の理事たちのなかには、「あいつはまだ若いからだめだとか、わかってないとか、目がないとか、そういうことばっかり言っている」（寿岳五二）ような人間もあったという。

(28) 河井寛次郎は述べている。「それ〔直に見ないこと〕は概念の固定化なのだ。柳ほどそれを怖れた人はいなかった。常に新しく正しい眼と心とで未来を見つめていたのだ……常に固定した概念を打ち破って進んで行くことこそ、柳が若い人達に托した悲願だったと思う」（河井寛次郎『炉辺歓語』、前掲書、二〇六頁）。

(29) たとえば柳は、過剰な機械主義を戒めて、次のように述べている。「よし発達したものでも、有害となる時は抑制してよい。平和が約束される時、極めて発達した武器に人は執着するであろうか」（八―二二一）。もっとも現実はそう単純ではない――人間は平和を約束しないし、武器に執着するのである。それにもかかわらず、この一文のように安易な断言をしてしまうところが理想主義者・柳の特徴である。

(30) このような意味で、「健康の美」とは、毎日食する炊きたての美味しい「白いごはん」に喩えられよう。私たちは「ご馳走」（＝華やかな美術的な美）を食べつづけることはできない（まず体が壊れてしまう）。それに対し、毎日の「白いごはん」が美味しければ、他は質素な副菜であっても、それだけで日々の生活は明るくなり、生きる力が張ってくるのではないだろうか。そして私たち（少なくとも多くの日本人）が、人生の最期に食べたいと願うもの――「帰趣」すべきところ――は、「白いごはん」を心を込めて手で握った「おむすび」――ある意味では究極の手仕事と呼べよう――ではないだろうか。その「おむすび」をとおして人々の心の奥深くに関わってきた佐藤初女《さとうはつめ》は、次のように書いている。「最期の日になにを望むか、なにを食べたいか、きっとそれは特別なことではなく、その人がこれまで繰り返してきた日常のような気がします。だからこそ、毎日の食事にこころを尽くして、最期の日まで、一日一日を積み重ねていくことに意味があると思うんです。食べることは本当に生きることですし、その中でも、食の基本となるごはんを食べることが、いちばん力になると思っております」（佐藤初女『いのちの森の台所』、集英社、二〇一〇年、五〇頁）。この「東北のマザー・テレサ」と呼ばれた佐藤初女については、拙論「〈いのちをむすぶ〉哲学――佐藤初女の愛と実践」（『交域哲学』第九号、早稲田大学交域哲学研究所、二〇一六年）を参照。

(31) 阿満利麿『柳宗悦――美の菩薩』、リブロポート、一九八七年、一七一・一八五頁、参照。

(32) 鶴見俊輔『柳宗悦』、前掲書、二一七頁。

(33) 柳は「渋さ」という表現を好むが、私たちにとっては「侘び・寂び」の語の方が親しみがあると思われる。意味している内容は同じである。

(34) ちなみに柳の師である鈴木大拙は、自ら「也風流庵」を名乗っている。

(35) このような動性――自己性が滅却することで自己をとおして大きな生命が息吹くという、律動的・リズム的な出来事――は、すでに宗教哲学研究において明らかにされていた内容である（本書六四頁参照）。

(36) かつて沖縄を訪ねた岡本太郎――ただしそれは戦後であって、もはや柳たちが目にしたとおりの沖縄ではない――は述べている。「民芸の専門家たちに高く評価されている壺屋のやきものにしたって、窯場をいろいろ廻ってみたが、ひどくつまらない。中には悪くないものもあるけれど、それだけのこと。そのやきものを通して、沖縄のエネルギー、その魅力がぐんと押して来て、こちらが腰をぬかしてしまうようなものではない……紅型のよさを私は認めるのだが、しかしこれもたいした問題をつきつけてくるほどのものじゃない」（岡本太郎、前掲書、四五頁）。そのような岡本を圧倒したのが、彼が沖縄の離島で見た「文化の底辺」――「ぎりぎりの手段で生きる生活者の凄み、美しさ」であり、「余剰や、ヴァニティがかけらもない、絶体絶命の生命の流動のようなもの」であった（前掲書、六六・六七頁）。それが原始性であるだろう。しかし原始性は、芸術作品としては表現可能であっても（たとえば岡本の代表作である「太陽の塔」は、彼が沖縄の御獄《うたき》――聖なるものが顕現する場――で獲たインスピレーションにもとづいている）、文化的生活――民藝もそのなかでの出来事である――においては、ある程度まで抑制され調整されなければならないだろう。

(37) それは柳が宗教哲学研究から離れた後の著作であるから、そこから影響を受けたとは考えられない。『道徳と宗教の二源泉』（一九三二年）の刊行に先立つ『工藝の道』（一九二八年）において、すでに健康性のイメージは出来上がっている。

(38) Bergson, *Les deux Sources de la Morale et de la Religion*, P. U. F. quadrige, 1932, p. 241.『道徳と宗教の二源泉』中村雄二郎訳、『ベルクソン全集』第六巻、白水社、一九六五年、二七五頁（訳文は筆者による。以下二源泉と略し、原書と邦訳の頁を併記する）。

(39) 二源泉241／二七五。

(40) 二源泉246／二八一。

(41) この問題については、拙論「ベルクソンにおける宗教性について――魂の〈知的健康〉をめぐって」（『フィロソフィア』第一〇四号、早稲田大学哲学会、二〇一六年）を参照。

(42) シュヴァリエ『ベルクソンとの対話』仲沢紀雄訳、みすず書房、一九九七年、二二四頁。
(43) 二源泉328／三七一。
(44) 柳の民藝運動とバウハウスとの直接の交流はない。ただし、第二次世界大戦後、バウハウス創立者であったグロピウスは民藝館を訪れ、民藝品に深い感銘を受けていたという。あるいはコルビジュエやタウトのような「機械時代」を代表する人々も、民藝館に足を運び、感激していたという（宗理三一九）。
(45) 浜田庄司は次のように述べて、若い職人たちを励ましたという。「もしも人から『おまえさん、上手になったね』なんていわれても喜ぶことないぞ。『ああ、何となく君のものには正しさが出てきたな』なんていわれたら、ちょっぴり喜べ」（多々納一二二）。この厳しくも優しい言葉で示されているのも、「健康の美」による判断基準の一例であるだろう。

第Ⅲ部　民藝理論以後

第八章

(1) この茶会については、当日の様子については近藤京嗣「柳宗悦と茶」、道具立てについては乙訓健二「民藝館の茶会」を参照（ともに第一七巻月報）。
(2) すでに柳自身が、この二人の先達者の茶道観について論じている。柳によれば、岡倉天心は「不完全さ」すなわち少し物足りなさの残るところに、久松真一は「完全さの否定」すなわちあえて完全さを拒むところに、茶道の美学を見ている。それに対し柳は、完全・不完全の意識を超えた境涯、自然に任せた無事の境涯、そしてそこから自ずと生まれてくる「健康の美」に、茶道の美学の由来を見ている（一七―三六七〜三七〇）。
(3) もっとも岡倉天心の場合は、西欧諸国に対する日本文化の紹介が主たる目的であったから、茶道を批判するという思考はまったくない。久松真一の場合は、久松自身が禅の修行者でもあったから、なるほど茶道界に対して、厳格な「道」の修養を要求している。しかしながら、久松は、既存の茶道界・茶道文化それ自体は、すでに完成されたものとみなしている――久松は、志のある学生のために「心茶会」を立ち上げたが、そこで指導者として「家元」の力を借りるのである。あるいは久松は次のように述べている。「河井〔寛次郎〕さんの陶器は現代実に勝れた陶器ですが、茶道文化的なものではない。本質から云うと非常に違ったものであるにかかわらず、それを同じ物にしてしまう、これでは茶の個性というものはまるっきり解ってはいないということになります」（久松真一『茶の精神』、弘文堂、一九五一〔一九四八〕年、四四頁）。たしかに河井寛次郎の――とくに晩年の――茶碗には、茶室に収まり切れないものがあるのも事実である。しかし柳にとっては、この「茶道文化的なもの」という規定が、すでに不自由さを意味するのである。そのような柳の見方の是非はともかく、こうした文脈から見るとき、柳が企画・実行した「民藝茶会」――いわゆる「茶道文化的」ではない茶器を用いる――が、いかに冒険的な試みであったかが理解されよう。

(4) ただし柳の批判は、単純な封建制批判ではない。たとえば柳は徳川時代を高く評価する――「工藝の一般化を想いみれば、私たちは徳川時代を第一に押さねばならぬ」(一九―二〇五)。そもそも古作品=古民藝における職人の制作も、後述する「妙好人」も、封建制による安定した社会で実現された出来事である。ただし、既得権として封建制に寄食する態度――「封建制の暗い一面」(一九―四七一)――を柳は嫌悪するのである。基本的には柳は実力主義者である。過去の封建制は許容するとしても、今日においては、もはやそこにしがみつくことは許されないというのが柳の基本的な考え方である(このような柳の態度については第四章注20ならびに第七章注28参照)。

(5) たとえば浜田庄司は、日本民藝館展に出品された多くの焼きものを「全体に重い。重いんだ」と一喝したこともあったという(多々納一一一)。それは今日の生活形態では、古作品=古民藝のような、大振りでどっしりとしたものでは使い勝手が悪い場合が出てくる。だから今日の作家たちは、そのような事情、すなわち現代性をも考慮したうえで制作していかねばならないというメッセージだった。

(6) ちなみに浜田庄司によれば、柳の家では「玄関から勝手口の犬猫の皿にいたるまで」すべてに「筋が通っていた」という(浜田二二八)。

(7) たとえば柳には「久松博士の『禅と美術』を見、且つ読んで」という一文がある(一七―四五一)。そこで柳は、禅と茶の実践のひと――柳はそうではない――である久松真一に敬意を表しつつ、久松の美論を批判的に論じている。

(8) 熊倉功夫『茶の湯日和』、里文出版、二〇一二年、一八五～一八七頁。熊倉の語る民藝論・柳論には、明晰な論述のうちに深い情趣が感じられるが、それは熊倉自身がこのような経験を背後にもっていることと無関係ではないと思われる。ちなみに「生きがいとしての茶の湯」について、たとえば川端康成に次のような描写がある――「菊子は修一に別れたら、お茶の師匠にでもなろうかなんて、今日、友だちに会って考えたんだろう?」(川端康成『山の音』、岩波文庫、一九七二〔一九四九〕年、一八六頁)。

(9) 戸田勝久「学術文庫版まえがき」『茶と美』、講談社学術文庫、二〇一四年、五頁。

(10) 熊倉功夫「解説」『柳宗悦茶道論集』、前掲書、二一七頁。

(11) ただし、少子化が進み、また女性も普通に働く時代にあって、主として主婦層に支えられてきた従来の家元制度がどこまで保持されうるかは疑問である。いわゆる「女性のたしなみ」としての茶は終わり、男女を問わず、ほんとうに茶を愛し楽しむ人々によって、これまでの茶道文化が継承・発展されていく時代に入るのではないだろうか。そして茶道界も――そこに時代の変化に対応する柔軟さがあるならば――意識的かつ構造的な変革が求められるのではないだろうか。そのとき、柳の茶道論は、一つの指針を示すことになるかもしれない。戸田勝久は次のように述べている。「茶の湯世界とは多く嚙み合うことのなかった柳宗悦の茶の湯美論、または提言を拝聴することによって、茶の湯の将来への展望を開かなければならない」（戸田勝久「解説」『茶と美』、前掲書、三五一頁）。

第九章

（1）一般的にいえば、若い頃に西洋の学問を修めた学者が、晩年になると東洋的な思惟に回帰する傾向がある。しかしすでに考察したように柳の回帰ははるかに早く、二〇代半ばの宗教哲学研究で果たされている（第二章注26参照）。晩年の仏教美学をもって柳が東洋に回帰したとみなすような図式的な理解は適切ではない。

（2）その理由として柳は、やはり自分が東洋人であること、東洋的な思想を深く表現しているのは仏教であること、民藝が根拠とする他力的な世界観は仏教の念仏門に通じること、この三つの点を挙げている（一八―二四）。

（3）この場合の「啓示」とは、ひたすら純粋に求めつづけるなかで、もはやそれ以上はないという臨界点（その点を人間が見定めることはできない）まで達したとき、外部からの一刺激によって答えが与えられるような瞬間――「啐啄同時《そったくどうじ》」――であるといえよう。その瞬間を柳は次のように回顧している。「私がこの願にいたく心打たれましたのは、予々形のある美の問題を取扱い、引いては美とは何なのか、その本質は何か、何を指して美しいというのか。そういう問題に永い歳月の間、考えを廻らしておりましたので、美醜の二字を含むこの願に、目を留める縁が熟していたとも思われます。今でも忘れません。ある夏のこと、越中城端の別院で、『大無量寿経』を繙いていた時、はたとこの第四願に眼が吸いつけられ、恍惚として何か開眼の如き想いに浸ったことを今も覚えております」（一八―一一一）。なるほどブレイク研究や宗教哲学研究のなかに、すでに美醜の対立を超えた次元を志向する表現が用いられていた。しかしその問題は、まだ柳の意識において明確に主題化されずにいた――その段階では縁は熟してはいなかったのである（第二章注30参照）。

（4）二つの「ぶつ」について、柳は次のように述べている。「私には物と仏、文字は変わるが、同じ意味合いがあるのである。その物が美しい限りは」（一六―六六二）。

（5）ここで柳は、法然、親鸞を経て、一遍上人において「人―仏」という対立関係は止揚され、真の意味での念仏三昧の境地が確立されたと述べている。「法然上人はいう、仏を念ぜよ、さらば仏は必ず人を念じ給うと。親鸞上人は説く、たとえ人が仏を念ぜずとも、仏が人を念じ給わぬ時はないと。だが一遍上人はいう、仏も人もなく、念仏自らの念仏であると」（一九―一〇三)。

(6) 西田幾多郎や鈴木大拙、あるいは田辺元や三木清も、それぞれの晩年の思索において、他力思想に傾倒していく。その心理を小坂国継は次のように説明する。「〔彼らの傾倒は〕太平洋戦争の末期という未曾有の状況を抜きにしては考えがたい……もはや個人の力ではどうにも抗うことのできない巨大な時代の波が否応なく個人を呑み尽くそうとしていたのである。ここにいたっては〈もはや成るようにしか成らない〉といった一種の諦念が個人の意識を蔽いつくしていたように思われる。それが、彼らを浄土仏教、とくに親鸞の他力信仰へと向かわせる要因となったのではなかろうか」(小坂国継『近代日本哲学のなかの西田哲学』、ミネルヴァ書房、二〇一六年、一七七・一七八頁)。このような切迫した時代状況と関連した問題意識を、柳のなかに見出すことはできない。柳において他力思想は、ひたすら「民藝美の根拠づけ」という観点から展開されている。ここにも政治的な事柄に対する柳の感覚の弱さと、現実を避けて美しく清らかな世界に没入する傾向を指摘することができる。

(7) 鈴木大拙は『日本的霊性』(一九四四年)で妙好人を取り上げ、さらに『妙好人』(一九四八年)を刊行している。柳はこの大拙と二人で妙好人についての講演旅行も行っている。またある書簡では、大拙を円覚寺に訪ね、妙好人関係の書籍を譲り受けたことに礼を述べている(二一中―四二五)。ちなみにその書簡のなかで、柳が大拙を評して「文字禅」という言葉を使っていることは興味深い。決して言語では把握できない禅境を言語化していくことに、柳は大拙の偉大さを見ているようである。そこに自らは宗教の門に入らず、しかし宗教的な境涯を語る柳自身の立場の正当化をうかがうこともできるだろう。

(8) 柳は書いている。「彼〔源左〕の声は非常に美しかったと多くの人がいっている。『鈴のなるように響いた』……彼のお念仏は柔らかく温かく澄んだ声であった」(一九―三五八)。かつての宗教哲学研究における「法衣の秘義」のように、つねに感性的な経験に着目するのが、柳の宗教論の特色である。私たちは、妙好人の行跡を讃える多くの美辞麗句よりも、この「柔らかく温かく澄んだ声」という表現――簡潔ながら的確で、リズムがある――でもって、源左の宗教的境涯の深さを測ることができるだろう。

(9) この肯定は、「不二」であり「即如」である「無有好醜」の境涯に身を置くことであり、さらに遡れば、ブレイクにおける「存在の肯定」を示している(第二章注23参照)。

(10) ところで柳は、「妙好人」という在り方の影の部分――与えられた境遇のすべてをありのままに引き受けることは宗教的には真理であるとしても、それが大衆に現状を忍苦させる支配者側の都合のよい口実となりうる場合もある――をまったく見ていない。これもまた柳の政治的見識が問われるところではあるが、それは彼の妙好人評価が、ひたすら民藝品＝妙好品の確証を求めるものであったことが要因だろう（第九章注6参照）。

(11) このような「願い」がかけられるようになった背景には、民藝運動をとおして全体としての社会美を実現することが現実的に困難となり、もはや一個人の心の在り方に期待せざるをえなくなったという実情があるのかもしれない。そこに熊倉功夫は晩年の柳の「孤独の影」を感じ取っている（熊倉功夫『民芸の発見』、前掲書、一五二頁）。その指摘には共感できるところもある。それでも筆者は、宗教哲学者として出発した柳、そして理想主義者でありつづけた柳から、この「願い」に積極的なものを感じている。やはり消極的な態度では、仏教美学を構築していくだけの気概は湧いてこないと思うのである。

(12) 宗教的意識がなければ、残るのは「せいぜい人道主義的なものだけ」であるとリーチは嘆いている（リーチ153／二一六）。それは、ただ宗教的意識——一個人の内面において「理法」に触れることで感じ取られる宗教的情緒、いいかえれば一なる生命のなかでの自他の境なき魂——だけが、人道主義——あくまでも自分とは明確に区別される他者に対する義務意識から生じる援助活動——を超えて、人々の心を深い次元で結びつける、ということだろう。

(13) あるいは柳宗理は「お寺や神社に行っても、拝んでいるおやじの姿を、私はついぞ見なかった」とも証言している（回想三一七）。

(14) 柳の宗教的感性が凝縮されている短詩『心偈《こころうた》』（一九五九年）——それを柳は「私の長い心の遍歴（宗教的真理への思索）の覚書」と呼ぶ——も、もともとは『物偈』から始まっている（一八—四八七）。それは柳が愛しく思う物に寄せた短詩であり、河井寛次郎は、柳に頼んで、自らの作品に言葉を与えてもらっている（ただしそれらが箱に書かれたことによって、柳の批判した「箱書」に堕する危険を孕んでいることも否めない）。いつでも柳は、具体的なものに触れるところから宗教的着想を得ている。柳においては、美的直観の深さが、そのまま同時に宗教的体験の深さにつながるのである。

(15) 正直に告白するならば、これまで長い間、筆者自身も批判的な見方をしていた。しかし本書を書き進めていくなかで、批判する気持ちは薄れていった。そして日本民藝館の展示を見れば見るほど、柳に対する崇敬の念が高まるのである。

終章

(1) 久野恵一「宗理さんと民藝」『柳宗理——美しさを暮らしの中で問い続けたデザイナー』、河出書房新社、二〇一二年、一六四頁。

(2) 学生時代を軍需工場で過ごした多々納弘光を、終戦後、作陶へと向かわせたのは、やはり生きることについての真剣な自問自答——外側から答えを与えられるのではなく自分の内側から答えを見出すこと、前者は容易であるが後者は困難である——であった。「戦中は、やがて国のために命を捧げるのだと教え込まれてきたわけです。終戦でそれがなくなりました。

これは若いわたしにとっては非常に大きなことでした。これからどうして生きようか、そう考えざるを得ませんでした」（多々納一六）。

（3）ヤスパースは述べている――「役に立たないという理由で哲学を排除し、哲学を無視できると考えるようなひとは、不明瞭なかたちの哲学にとらわれることになる」（Karl Jaspers, *Allgemeine Psychopathologie*, 9. Aufl, Springer, 1973, S. 643.）。

（4）彼らだけではない。民藝に関わっていた他の多くの職人たちにも、そのような心があった。多々納弘光は、出西窯で思うような白色が出せず行き詰まってしまったとき、近くの志布名焼の船木道忠に教えを請うている。「教えていただきたいと思いながら、やはり遠慮があって申し出にくかったんですけれど、思いきってお訪ねしました。船木先生は、わたしたち出西窯の化粧土づくりのことを、ゆっくりゆっくり聞いてくださいました」（多々納一〇四）。この「ゆっくりゆっくり」という表現に、船木の心の広さ、深さを感じることができるだろう。

（5）鈴木大拙は自身の創設した松ヶ岡文庫の後継者として柳に期待していたが、それは叶わなかった。

おわりに

筆者が初めて柳宗悦を読んだのは、二〇代前半、大学院の修士課程の学生のときである。たまたま書店で熊倉功夫編『柳宗悦茶道論集』（岩波文庫）が目に留まり、買い求め、帰りの電車のなかで読み始めた。それは六月か七月、梅雨の最中の土曜日の夕方で、車内は多くの濡れた傘によってやたらと湿っぽく、蛍光灯が煙って感じられたことや、週末特有の緩んだ気配が漂っていたことなどが、今でもこの書を手に取る度に、鮮明に思い出される。読み始めてただちに――最初の「茶道を想ふ」の書き出しから――そこに示されている事柄の真実に心打たれ、説得力のある文体に魅了された。「点茶心指」に胸が熱くなった。そしてこの書をきっかけとして、仏教系の著作、あるいは民藝系の著作と、折に触れて、柳の文章に親しむようになっていった。しかしながら、その頃の筆者の関心はもっぱらカール・ヤスパースを中心とした実存哲学研究にあり、柳を読むのは、いわばちょっとした気分転換にすぎなかった。まして自分が柳についていつか何かを書くというようなイメージは、まったく抱いてはいなかった。

ところが三〇歳を過ぎて、ヤスパースについての博士論文をまとめているとき、次は柳について書きたいという意欲が忽然と湧き上がってきた。ヤスパース形而上学の核心には「暗号文字の解読」――この世界に存在するすべてのものは「暗号」であって、その暗号を媒介として私たちは超越的なもの（柳的にいえば「理法」）に触れ、そのとき世界はほんとうの意味で美しくなる――という思想がある。そのような思想を、ただ抽象的な哲学概念として取り扱うのではなく、実際に私たちに関わる人間の真理として、いいかえれば、私たちがこの現実生活を正しく生きていくための一つの課題として表現していきたいと思うようになった。そしてその真理を具体的なものに即して端的に説いているのが柳であり、柳の民藝理論であることに気がついたのである。

もっとも、距離を置いて眺めれば、ただそれだけが筆者が柳を論じる理由ではないのも事実である。当時、筆者は茶道（表千家）の稽古をしていて、「型」の意味について反省したり、茶碗をはじめとする諸々の工藝品に触れたりする機会が多くあったということも一つの理由として挙げられよう。あるいは筆者が――まったく不器用ながらも――手仕事を好み、ものを大事に長く使いたがる――たとえば小学校入学時に与えられた「お道具箱」のはさみが今でも手許にあって健在である――性格であるということも少なからず影響していると思う。さらに遠く記憶をたどれば、家の近くの鉄工所の作業風景を飽きもせず眺めていたような、何とはなしに棟方志功の作品に惹かれていたような、自分の子供姿を思い起こすことができる。学生に「柳の話をされている先生は、心なしかいつもより楽しそうです」と指摘されたこともあるから、自分ではまったく意識しないところで、民藝と筆者との間には、深く通じ合うものがあるのかもしれない。

ともかく諸縁に導かれて、昔の自分がまったく予想もしてはいなかった仕方で、柳について、民藝について思索し、本書において、その一通りの成果をまとめ上げることができた。遠まわりをしてきたようではあるが――もっとも自分の人生全般が目的地の見えない遠まわりであるようにも感じているのだが――まさにそのことによって、柳を哲学・思想家として再認識し、その多彩な活動に有機的連関を与えるという、本書の特色が生じえたともいえるだろう。

しかしながら、哲学的な理解というものは、あくまでも理解する人間の器の反映である。いかに試みたところで、その人間の器以上のものを引き出すことはできない。そして筆者自身にいまだ人間的にも学問的にも未熟なところがある限り、本書をもって最終決定的な「民藝の哲学」とすることはできない。これよりいっそうの研鑽に励むとともに、識者による叱正を請う次第である。

＊

本書の出版にあたっては、ひとえに小坂国継先生（日本大学名誉教授）のお世話になりました。出版に関する知識のまったくない筆者に、先生は、くり返し幾度となく、的確な助言と温かい励ましを与えて下さいました。先生には学問に対する深い愛があり、そのお気持から、貴重な機会を授けて下さったように感じられます。先生のご厚意に少しでも応えられるように、今後とも精進してまいりたいと思います。

また、学部の卒業論文以来長年にわたりご指導いただいた恩師・佐藤真理人先生（早稲田大学名誉教授）、早くから筆者の柳研究を後押しして下さった田島照久先生（早稲田大学教授）、いつでも相談に応じて下さった越部良一学兄（法政大学講師）、毎週末の文通（Eメール）がかれこれ一五年にわたり継続されている——そしてこれからも継続していけたらと心より願う——親友の菊地智（ルーヴァン大学研究員）に、この場を借りて、御礼申し上げます。

最後に、ミネルヴァ書房編集部の大木雄太氏に感謝申し上げます。編集者として「柳を手がけてみたい」と述べて下さった大木氏と出会えたことは、筆者にとって僥倖でした。

二〇一七年初秋

大沢啓徳

柳宗悦全集・目次概観

＊各巻から主要なもの、柳の活動範囲を示しうるもの、本書と関連のあるものを適宜抜粋した。

第一巻
『科学と人生』「聖なる勇士」「御わかれの記」「凡ての女子に」「愛せんとする意志」「諸先生に望む」「学習院のこと」「妹の死」「〈白樺〉の仲間」「宗教家としてのロダン」「ロダンの肖像」「ルノアーとその一派」

第二巻
『宗教とその真理』『宗教的奇蹟』「宗教的自由」「即如の種々なる理解道」「神に関する種々なる理解道」

第三巻
『宗教の理解』『神に就て』「宗教哲学に於ける方法論」「宗教的〈一〉」「中世紀への辯護」「死とその悲みに就て」「法衣の秘義」「僧と俗」「聖貧に就て」「信と美との一致に就て」

第四巻
『キリアム・ブレーク』

第五巻
『ブレークの言葉』「ホキットマンに就て」

第六巻
『朝鮮とその藝術』「〈音楽会〉趣意書」「李朝陶磁器展覧会に就て」「日鮮問題の困難に就て」「朝鮮に於ける教育に就て」「〈高麗〉と〈李朝〉」「朝鮮茶盆」「朝鮮の品々」「不思議な朝鮮民画」「朝鮮陶磁の美とその性質」「浅川のこと」

第七巻
『木喰五行上人略伝』『木喰五行上人の研究』『木喰上人和歌選集』「上人の霊に告ぐ」「日州国分寺に於ける上人の大業」「木喰上人の遺跡を全国に調査して」「円空仏と木喰仏」「木喰五行研究会趣意書」

第八巻
『工藝の道』『民藝の趣旨』『工藝の協団に関する一提案』「雑器の美」「工人銘」「美の標準」「作物の後半生」「私の念願」「工藝と美術」

第九巻
『工藝文化』「どうしたら美しさが分るか」「美の国と民藝」「〈白樺〉と〈工藝〉」「再び民藝に就いて」「健康性と美」「地方性の文化的価値」「民藝学と民俗学」「完全品と疵物」「用と美」「物と文化」「時局と美の原理」

第一〇巻
『民藝の立場』「民藝運動は何を寄与したか」「直観の自由」「改めて民藝について」「三度民藝について」「四十年の回想」「民藝と国民性」「北欧の工藝」「民藝と民俗学の問題〈対談　柳田国男〉」

第一一巻
『手仕事の日本』「丹波布の美」「植物染料と化学染料」「北国の生活と手仕事」「思い出す職人」「樺細工の道」「簑について」「絣美について」「因幡の紙」「山陰の新民藝」「西洋の家具」

第一二巻
『陶磁器の美』『藍絵の猪口』『日田の皿山』『諸国の土瓶』『丹波の古陶』「日本民窯の現状」「苗代川の黒物」「益子の絵土瓶」「古伊万里染付民器の美しさ」「土瓶考」「行燈皿」「スリップ・ウェアの渡来」「中国の陶磁器」

第一三巻
『初期大津絵』「大津絵の話」「工藝的絵画」「民画について」「仏教系の版画」「絵馬」「版画の間接美について」「陶器に現れた文

字」「文字と拓本」「表具の理」「表具覚え書」

第一四巻

「個人作家の使命」「民藝と個人作家」「作家の品と民藝品」「私の知れるリーチ」「河井に送る」「河井の性格とその仕事」「浜田庄司の仕事」「芹澤のこと」「棟方と私」『船簞笥』

第一五巻

「琉球の富」「なぜ琉球に同人一同で出かけるか」「国語問題に関し沖縄県学務部に答ふるの書」「沖縄人に訴ふるの書」「敢えて学務部の責任を問ふ」「琉球学の第一歩」『芭蕉布物語』「アイヌへの見方」「アイヌ人に送る書」「台湾高砂族の織物」「支那民藝解説」「台湾の生活用具について」

第一六巻

『日本民藝美術館設立趣意書』『日本民藝館』『蒐集に就て』『蒐集物語』「日本民藝館の使命」「民藝館の仕事」「藝術院における民藝館の推薦事情」「孤独な民藝の仕事」「民藝館と宗教」「近代美術館と民藝館」「民藝館の自覚」

第一七巻

『茶の改革』『茶道を想ふ』「〈喜左衛門井戸〉を見る」「大名物を見て」「妙心寺の午後」「茶道の功徳」「〈茶〉の病」「茶偈」「奇数の美」「疵の美」「日本の眼」「食器と女」

第一八巻

『美の法門』『無有好醜の願』『美の浄土』『法と美』『物偈』『心偈』「工藝に於ける自力道と他力道」「美醜以前」「不二美」「民藝美の妙義」

第一九巻

『南無阿弥陀仏』『妙好人因幡の源左』「才一の歌」「信女おその」「妙好人の辞世の歌」「受取り方の名人」「来迎の思想」

柳宗悦関連年譜

和暦	西暦	齢	関係事項	一般事項
明治二二	一八八九	0	3・21父・楢悦（五六歳）、母・勝子（三三歳）の三男として東京・麻布に誕生。	2月大日本帝国憲法公布。
二四	一八九一	2	1月父・楢悦死去。	1月内村鑑三不敬事件。
二五	一八九二	3	5・18中島兼子誕生。	11月「万朝報」創刊。
二六	一八九三	4	9月麻布幼稚園入園。	7月御木本幸吉・真珠養殖に成功。
二八	一八九五	6	9月学習院初等学科入学。	4月日清講和条約調印。
三四	一九〇一	12	9月学習院中等学科入学、後の『白樺』の仲間と出会う。	8月与謝野晶子『みだれ髪』刊行。
四〇	一九〇七	18	4月学習院高等学科入学、英語教師に鈴木大拙、ドイツ語教師に西田幾多郎。	6月谷中村強制執行。
四二	一九〇九	20	9月バーナード・リーチとの交友はじまる。	10月伊藤博文暗殺。
四三	一九一〇	21	4月『白樺』創刊、兼子と知り合う。9月東京帝国大学文科大学哲学科入学。	5月大逆事件。6月柳田国男『遠野物語』刊行。8月韓国併合。
四四	一九一一	22	10月『科学と人生』（籾山書店）刊行。	1月西田幾多郎『善の研究』刊行。9月平塚らいてふ他『青鞜』創刊。
四五	一九一二	23	ウィリアム・ブレイクへの関心高まる。	9月明治天皇御大葬、乃木希典殉死。
大正二	一九一三	24	4月兼子と婚約。7月東京帝国大学文科大学哲学科卒業。12月青山へ転居。	2月尾崎行雄・憲政護憲運動。11月鈴木大拙『スエデンボルグ』刊行。
三	一九一四	25	2月兼子と結婚。9月我孫子へ転居、浅川伯教を識る。12月	7月第一次世界大戦はじまる。11月夏

四	一九一五	26	『キリアム・ブレーク』（洛陽堂）刊行。6月長男・宗理誕生。7月リーチ北京に行く。	目漱石「私の個人主義」講演。1月二一カ条の要求。11月芥川龍之介『羅生門』発表。
五	一九一六	27	8月最初の朝鮮行き。9月北京にリーチを訪ねる。	12月夏目漱石死去。
六	一九一七	28	2月次男・宗玄誕生、庭にリーチの窯と仕事場を建設。	3月・11月ロシア革命。
七	一九一八	29	1月・2月東京、4月京都、5月信州にて「為白樺美術館設立・柳兼子音楽会」を開催。	7月武者小路実篤「新しき村」建設。11月第一次世界大戦終了。
八	一九一九	30	2月『宗教とその真理』（叢文閣）刊行。4月東洋大学教授となる。5月「朝鮮人を想ふ」（読売新聞）発表、浜田庄司を識る、リーチ窯焼失。	3月三・一独立運動（万歳事件）。5月五・四運動、和辻哲郎『古寺巡礼』刊行。6月ヴェルサイユ条約調印。
九	一九二〇	31	5月兼子・リーチと二回目の朝鮮行き、両国の融和のための講演会ならびに兼子による音楽会を開催。6月「朝鮮の友に贈る書」（『改造』）発表。	1月国際連盟設立。3月戦後恐慌（沖縄はサテツ地獄）はじまる。
一〇	一九二一	32	1月「朝鮮民族美術館の設立について」発表、三回目の朝鮮行き、『宗教的奇蹟』（叢文閣）刊行。4月渋谷高樹町へ転居、明治大学講師となる。5月「朝鮮民族美術展覧会」開催（於神田）。6月兼子と朝鮮行き（四回目）。8月妹・千枝子死去。11月『ブレークの言葉』（叢文閣）刊行。	11月原敬首相暗殺。12月魯迅『阿Q正伝』発表。
一一	一九二二	33	1月美術館設立準備のための朝鮮行き（六回目）。9月「失われんとする一朝鮮建築のために」（『改造』）発表、『朝鮮とその藝術』（叢文閣）刊行。11月『宗教の理解』（叢文閣）刊行。12月『陶磁器の美』（私家本）刊行、三男・宗法誕生、死去。	10月ムッソリーニ政権獲得。12月ソビエト連邦結成。
一二	一九二三	34	4月リーチ展開催（於神田）。7月『神に就て』（大阪毎日新	9月関東大震災。

			聞社）刊行。9月『白樺』終刊。11月八回目の朝鮮行き。	
一三	一九二四	35	1月甲府にて木喰仏と邂逅。4月京城（ソウル）に「朝鮮民族美術館」を開館、京都へ転居。河井寛次郎を識る。6月甲州丸畑にて木喰上人自筆稿本を発見。これより六七歳までの全国各地の旅（木喰仏―民藝の蒐集・調査・助言・提言）のはじまり。	8月甲子園球場完工。12月宮沢賢治『注文の多い料理店』刊行。
一四	一九二五	36	3月雑誌『木喰上人之研究』創刊。4月『木喰五行上人の研究』（木喰五行上人研究会）刊行、同志社女子専門学校教授となる。10月兼子とともに同志社大学の学生を連れて訪朝（一一回目）。12月『信と美』（警醒社）刊行、「民藝」という語の案出。	4月治安維持法公布。
一五	一九二六	37	1月高野山にて河井・浜田と日本民藝館設立を発願。4月「日本民藝美術館設立趣意書」発表、関西学院講師となる。9月「下手ものの美」（越後タイムス）発表。10月朝鮮民族美術館にて李朝美術展開催（十二回目の朝鮮行き）。	12月大正天皇崩御、昭和天皇即位。
昭和 二	一九二七	38	1月四男・宗民誕生。2月「工藝の協団に関する一提案」発表。3月青田五良を中心に上加茂民藝協団発足（二年で解散）。4月「工藝の道」（『大調和』）連載開始。6月『雑器の美』（工政会）刊行、東京鳩居堂で最初の日本民藝品展開催。10月朝鮮にて講演ならびに兼子の音楽会開催（一三回目の朝鮮行き）。12月ブレイク百年記念展を京都で開催、東北・山陰・九州の旅（翌年1月まで）。	3月金融恐慌はじまる、川端康成『伊豆の踊子』刊行。5月第一次山東出兵。7月岩波文庫刊行はじまる、芥川龍之介自殺。
三	一九二八	39	3月御大礼記念博覧会に「民藝館」を出展。4月兼子渡欧。7月朝鮮民族美術館で李朝陶磁展開催（十四回目の朝鮮行	4月第二次山東出兵。5月第三次山東出兵。11月ミッキー・マウス誕生。

			き)。12月『工藝の道』(ぐろりあそさえて)刊行、兼子帰国。	
四	一九二九	40	3月『工藝美論』(万里閣)刊行。4月『初期大津絵』(工政会)刊行、浜田とシベリア経由で欧州へ旅立つ。5月より英・仏・独・北欧をめぐり各地の美術館・博物館視察ならびに家具陶磁器類を蒐集。8月渡米。10月ハーヴァード大学で講義開始。	5月・6月小林多喜二『蟹工船』発表。9月ヘミングウェイ『武器よさらば』刊行。10月ニューヨーク発世界恐慌。
五	一九三〇	41	5月フォッグ美術館で大津絵展開催、講義終了。7月兼子とともに帰国。	4月ロンドン海軍軍縮会議締結、水野広徳『海と空』刊行。
六	一九三一	42	1月雑誌『工藝』創刊。寿岳文章と雑誌『ブレイクとホヰットマン』創刊。4月浅川巧死去。5月・8月山陰の旅。9月東北の旅。	4月癩予防法改正。9月満州事変。
七	一九三二	43	4月朝鮮での講演会ならびに兼子の音楽会開催(一七回目の朝鮮行き)。5月大阪・東京で民藝品展開催。8月松江で著述。	3月満州国建国宣言。5月五・一五事件(犬養毅首相暗殺)。10月リットン調査団報告書公表。
八	一九三三	44	1月『民藝の趣旨』(私家本)刊行。4月『蒐集に就て』(私家本)刊行。5月京都から東京(小石川)へ転居、専修大学教授となる。6月・7月ハワイ大学に招かれ講義と展覧会。9月京都・山陰・山陽の旅。12月リーチ個展開催(於東京鳩居堂)、会津・九州の旅。	1月ヒットラー政権獲得。3月国際連盟脱退。5月京大滝川事件。
九	一九三四	45	1月九州・山陰・山陽の旅。3月日本大学講師となる。6月日本民藝協会設立、初代会長就任。7月信州・越中の旅。8月陸中の旅、河井・浜田・リーチと山陽・九州の旅。9月東北・四国の旅。11月現代日本民藝展覧会開催(於東京高島屋)。12月『美と工藝』(建設社)刊行、リーチとともに高崎	10月陸軍省「国防の本義とその強化の提唱」(陸軍パンフレット)配布。

			にタウトを訪問。	
一〇	一九三五	46	1月駒場へ転居。3月・4月北陸・山陰の旅。5月柳邸にて大原孫三郎からの寄付の申し出。10月日本民藝館の建設はじまる。11月河井と東北の旅。12月河井と四国の旅。	2月美濃部達吉・天皇機関説事件。
一一	一九三六	47	3月『茶道を想ふ』（私家本）刊行。4月「国展」にて棟方志功を見出す。5月河井・浜田と朝鮮・満州の旅。10月日本民藝館開館、初代館長就任。	2月二・二六事件（斎藤実内大臣、高橋是清蔵相暗殺）。
一二	一九三七	48	5月河井・浜田と朝鮮の旅（二〇回目）。6月『美の国と民藝』（私家本）刊行。11月山形の旅。	7月盧溝橋事件。8月吉野源三郎『君たちはどう生きるか』発表。
一三	一九三八	49	4月現代朝鮮民藝品展開催（於東京高島屋）。10月陸中の旅。11月会津の旅。12月最初の沖縄行き、沖縄の工藝の調査・蒐集を始める。	4月国家総動員法公布。
一四	一九三九	50	2月民藝館で東北の簑展開催、山形の旅。4月二回目の沖縄行き。4月雑誌『月刊民藝』（日本民藝協会）創刊。12月琉球新作工藝展を開催（於東京高島屋）、『琉球の織物』（日本民藝協会）刊行、三回目の沖縄行き。	5月-9月ノモンハン事件。9月ナチス・ドイツのポーランド侵攻、第二次世界大戦はじまる。
一五	一九四〇	51	1月沖縄方言論争勃発。2月東北の旅。3月「民藝と民俗学の問題」で柳田國男と対談。5月山陰の旅。7月四回目の沖縄行き。10月最後の朝鮮行き（二一回目）。11月民藝館で琉球工藝文化展開催。12月民藝館で朝鮮工藝文化展開催、伊豆で著述。	10月大政翼賛会発会。
一六	一九四一	52	4月東北の旅。6月『民藝とは何か』（昭和書房）刊行、民藝館で内外工藝対比展開催。7月『茶と美』（牧野書店）刊行。8月箱根で著述、『工藝』（創元社）刊行。9月民藝館で	12月太平洋戦争はじまる。

一七	一九四二	53	初期大津絵・アイヌ工藝文化展開催。1月『工藝文化』（文藝春秋社）刊行。4月民藝館で開拓地の民藝展開催。6月『私の念願』（不二書房）『工藝の美』（私家本）刊行。7月・8月日光中禅寺湖畔で著述。9月『藍絵の猪口』（日本民藝協会）刊行。11月『雪国の蓑』（日本民藝協会）刊行、東北の旅。12月箱根で著述。	6月ミッドウェー海戦敗戦。
一八	一九四三	54	1月中禅寺湖畔で著述、大原孫三郎死去。2月母・勝子死去、『日田の皿山』（日本民藝協会）刊行。3月『芭蕉布物語』（私家本）刊行、約一ヶ月半台湾の旅。6月民藝館で南方各地蕃布展開催。9月『和紙の美』（私家本）刊行。10月『諸国の土瓶』『木喰上人の彫刻』（日本民藝協会）『信と美』（生活文化研究会）刊行。12月静岡（鈴木家）に滞在。	5月アッツ島で日本軍二五〇〇名玉砕。6月谷崎潤一郎『細雪』連載禁止。9月上野動物園の猛獣薬殺。10月学徒出陣壮行会。
一九	一九四四	55	1月民藝館で日満支現在民藝展開催。5月角館で樺細工を助言。6月岩手の旅。7月・8月中禅寺湖畔で著述。12月民藝館で新作工藝展開催、狭心症の症状がおこる。	10月特攻隊出撃開始。11月東京空襲はじまる。12月鈴木大拙『日本的霊性』初版刊行。
二〇	一九四五	56	1・2月静岡で静養。3月民藝館臨時閉館。5月民藝館焼失危機。6月所蔵品一部疎開、焼物を庭に埋める。7月東北・越後・越中の旅。8月疲労により体調不良、一時危篤状態。12月民藝館再開。	4月米軍沖縄上陸。8月原爆投下、終戦。10月国際連合設立。
二一	一九四六	57	1月九十九里浜で著述。5月信州・北陸の旅、妙好人の遺跡を訪ねる。7月・8月・9月信州で著述。10月民藝館でアイヌ・台湾染織展開催。11月東北の旅。	3月鈴木大拙『日本的霊性』第二版刊行。11月日本国憲法公布。
二二	一九四七	58	1月民藝館閉鎖、住宅接収危機。3月接収解除。7月大拙と妙好人をテーマに北陸講演旅行。10月天皇皇后民藝館御幸。	5月日本国憲法施行。

			11月北海道の旅。12月民藝館にて第一回日本民藝協会全国協議会開催、『民藝館案内』（日本民藝館）刊行。	
二三	一九四八	59	6月『手仕事の日本』（靖文社）刊行。7月・8月城端別院（富山）で著述。11月第二回日本民藝協会全国協議会（於相国寺）で「美の法門」講演、山陰・山陽・四国の旅。	6月太宰治入水自殺。12月鈴木大拙『妙好人』刊行。
二四	一九四九	60	3月『美の法門』（私家本）刊行。4月京都・山陽・信州の旅。7月鳥取にて妙好人源左の調査。10月第三回日本民藝協会全国協議会（於城端別院）で私有財産すべてを民藝館に譲渡することを公表。	7月国鉄下山事件。10月中華人民共和国成立。
二五	一九五〇	61	1月・2月静岡で著述。4月関西の旅。7月・8月・9月信州で著述。9月『妙好人因幡の源左』（大谷出版社）刊行。11月大原美術館二〇周年記念会に出席、山陽・山陰の旅。	6月朝鮮戦争はじまる。8月黒沢明『羅生門』公開。
二六	一九五一	62	1月雑誌『工藝』（一二〇号）終刊。1月・2月・3月静岡で著述。5月・6月・7月九州・山陽・山陰・北陸・佐渡・八丈島の旅。8月「南無阿弥陀仏」（『大法輪』）連載開始。10月山陰・信越の旅。	9月サンフランシスコ講和条約・日米安全保障条約調印。
二七	一九五二	63	2月房州で著述。5月毎日新聞社文化使節として志賀直哉・浜田とともに渡欧、イタリア・フランス・スペイン・イギリス・北欧などを廻る（リーチと合流）。10月より渡米、各地で講演（リーチ・浜田による陶技実演）。	4月手塚治虫『鉄腕アトム』連載開始。
二八	一九五三	64	2月リーチ・浜田とともに帰国、リーチ柳邸に滞在。5月リーチと山陰・山陽・四国の旅。8月・9月リーチ・河井・浜田と信州で『焼物の本』（柳没後刊行）の打ち合わせ。10月リーチと東北・北陸の旅。	7月朝鮮戦争休戦協定。11月小津安二郎『東京物語』公開。

二九	一九五四	65	2月『柳宗悦選集』（春秋社）刊行はじまる、リーチ・河井・浜田と房州で打ち合わせ。4月三人と九州の旅。5月グロピウス民藝館来館。8月三人と信州で打ち合わせ。9月『日本民藝館』（私家本）刊行。10月北陸・越中の旅。11月リーチ帰国。	3月ビキニ水爆実験で第五福竜丸被曝。
三〇	一九五五	66	3月丹波の旅。8月『南無阿弥陀仏』（大法輪閣）刊行、四国・山陽・関西の旅。11月志賀夫妻・兼子と倉敷の旅。12月第一回民藝茶会。	11月コルビジュエ訪日（国立西洋美術館設計）。12月リーチ『日本絵日記』刊行。
三一	一九五六	67	2月熱海で湯治（心臓不調）と著述、『蒐集物語』（中央公論社）刊行。3月信州で湯治。4月第二回民藝茶会。5月山陰の旅。8月山陽・関西・信州の旅。9月『丹波の古陶』（私家本）刊行。11月トインビー民藝館来館。12月不整脈で東京女子医大入院、脳血栓により左半身麻痺となる。	5月水俣病公式確認。12月最後のシベリア抑留者帰国。
三二	一九五七	68	2月東京逓信病院へ転院。3月退院。これより麻痺回復せず味覚も失う。9月民藝館でアイヌと台湾工藝展開催。10月雑誌『民藝』を日本民藝協会機関誌に定める、『無有好醜の願』（私家本）刊行。11月文化功労賞受賞。	8月東海村で原子炉が臨界点に達する。
三三	一九五八	69	病臥しながら執筆活動。6月著作権のすべてを民藝館に移譲。7月『民藝四十年』（宝文館）刊行。10月『茶の改革』（春秋社）刊行。	10月遠藤周作『海と毒薬』刊行。12月東京タワー完工。
三四	一九五九	70	健康若干回復し民藝館に出勤、著述・揮毫を行う。5月『心偈』（私家本）刊行。10月民藝協会全国大会（於名古屋）に録音の挨拶を送る。	6月国立西洋美術館開館。9月伊勢湾台風。11月岡本太郎沖縄訪問。
三五	一九六〇	71	1月朝日賞受賞し贈呈式に出席、『民藝図鑑第一巻』（宝文	5・6月安保闘争、樺美智子死去。

			館）刊行、『柳宗悦宗教選集』（春秋社）刊行はじまる。5月『美の浄土』（私家本）刊行。7月皇太子ご夫妻民藝館来館、民藝館で印度民藝展開催。	
三六	一九六一	72	1月『民藝図鑑第二巻』（宝文館）刊行。3月『法と美』（私家本）刊行。4月『船簞笥』（私家本）刊行。4・29朝・原稿を書き、民藝館に出勤、椅子に座ったまま脳出血により昏睡状態となる。5・3死去。5・7日本民藝館葬。墓所・小平霊園。	4月アイヒマン裁判はじまる。7月胎児性水俣病患者公式確認。8月ベルリンの壁建設。
五九	一九八四		6・1兼子死去（九二歳）。	3月宮崎駿『風の谷のナウシカ』公開。

＊作成にあたって、水尾比呂志編「年譜」（『評伝柳宗悦』付録）、松橋桂子編『柳兼子音楽活動年譜』（日本民藝協会）ならびに『近代日本総合年表・第四版』（岩波書店）を参照した。

人名索引

ら 行

事項索引

さ　行

た　行

な　行

は　行

ま　行

や・ら・わ 行

《著者紹介》

大沢啓徳（おおさわ・ひろのり）

1975年　東京都生まれ。

2010年　早稲田大学大学院文学研究科哲学専攻博士課程修了。博士（文学）。

現　在　早稲田大学，日本大学，立教大学，東京工芸大学，獨協医科大学，東京電機大学にて非常勤講師。

論　文　「リクールとヤスパース――実存哲学の一展開」（『リクール読本』法政大学出版局）

「実存的交わり・考――吃音と〈生〉という観点から」（『フィロソフィア』第97号，早稲田大学哲学会）

「芸術作品の前に立つということ――ベルクソンにおける美学と倫理」（『交域哲学』第8号，早稲田大学交域哲学研究所），など。

シリーズ・人と文化の探究⑮

柳宗悦と民藝の哲学

――「美の思想家」の軌跡――

2018年2月20日　初版第1刷発行　〈検印省略〉

定価はカバーに
表示しています

著　者　大　沢　啓　徳

発行者　杉　田　啓　三

印刷者　坂　本　喜　杏

発行所　株式会社　ミネルヴァ書房

607-8494　京都市山科区日ノ岡堤谷町1
電話代表（075）581-5191
振替口座　01020-0-8076

冨山房インターナショナル・新生製本

ISBN 978-4-623-08147-9
Printed in Japan